本书受到云南省哲学社会科学学术著作出版专项经费资助
此书为教育部人文社会科学项目的结题成果

明清云南书院与边疆文化教育发展研究

肖雄◎著

中国社会科学出版社

图书在版编目（CIP）数据

明清云南书院与边疆文化教育发展研究／肖雄著．—北京：中国社会科学出版社，2017.7

ISBN 978－7－5203－0019－3

Ⅰ.①明…　Ⅱ.①肖…　Ⅲ.①书院—教育史—研究—云南—明清时代②边疆地区—文化教育—教育史—研究—中国　Ⅳ.①G649.299.74②G40－055

中国版本图书馆CIP数据核字（2017）第047454号

出 版 人　赵剑英
责任编辑　李炳青
责任校对　刘　娟
责任印制　李寡寡

出　　版　中国社会科学出版社
社　　址　北京鼓楼西大街甲158号
邮　　编　100720
网　　址　http://www.csspw.cn
发 行 部　010－84083685
门 市 部　010－84029450
经　　销　新华书店及其他书店

印　　刷　北京明恒达印务有限公司
装　　订　廊坊市广阳区广增装订厂
版　　次　2017年7月第1版
印　　次　2017年7月第1次印刷

开　　本　710×1000　1/16
印　　张　15.5
字　　数　218千字
定　　价　68.00元

目　　录

绪　论

一　选题理由及其意义

正如张正藩先生所言："书院之名，初见于唐，本为修书之所，后世所称学校式之书院，实始于五代，而成于宋初。"[①] 宋时，书院普遍兴起。元明清时期，书院制度进一步发展，书院教育历久而不衰。时至清末，受西学东渐的冲击，书院改制为近代学校。其间，作为中国传统教育组织机构的书院，存在达千年之久，对中国传统教育的发展和文化的传承，以及政治革新、社会进步诸方面，均影响尤深。

从广义上理解，最初的教育应产生于民间的社会生产生活实践活动中，上古先人通过口耳相传，把生产生活知识与技能传授给下一代；与此同时，也伴随有宗教知识的传授与个人思想品德的养成等教育活动。随着国家的产生，尤其是文字产生之后，国家设立相应的学校教育机构，就中国而言，则有官办的"校""序""庠"，垄断了部分教育资源，即所谓学校教育意义上的"官学"，形成"学在官府"的教育垄断局面；从目前的史料记载来看，难有民间教育机构的设立，即所谓的"私学"。时至所谓"礼崩乐坏"的春秋

① 张正藩：《中国书院制度考略》（自序），江苏教育出版社 1985 年版。

战国时期，“天子失官，学在四夷”，民间开始设立教育机构招徒授学，如郑国的邓析，鲁国的少正卯，尤其是鲁国的孔子。孔子周游列国难为“良相”，则返回鲁国做其“良师”，在家招徒授学，弟子三千，为春秋时代开办私学最为显著者，可以说孔子的办学真正开中国私学之先河。战国时期私学更为兴盛，可以说私学的发展孕育了诸子百家，而诸子百家授徒讲学的风行造就了私学的兴盛。其后的历史发展，私学与官学并存共荣，或此消彼长，官学如汉时的太学，魏晋南北朝时期的太学、国子学，隋唐时期的国子馆、太学馆；而各种形式的私学也并未中断，如两汉、魏晋南北朝时期的书馆、经馆和精舍，隋唐时期的私塾、家学等。其后历朝历代的官学随治乱之世而时兴时废，而在民间私学方面则出现了一种影响中国教育达千年之久的学校式的教育组织机构——书院。

据文献考证，早在唐代，“书院”之名即已出现。然而，唐代的所谓书院，或为藏书、修书之所，或为官员、学者读书之处，而真正具备聚徒讲学功能的所谓“学校式”书院兴起于何时，从目前的文献来看仍难以确定，需进一步考证与分析。然而时至五代时期，修建书院逐渐蔚然成风，书院则由最初的藏书、修书之所和读书之处发展为切磋学问、聚徒讲学之教育机构。及至两宋，以四大书院为代表的书院教育进入鼎盛时期，成为传统中国私学发展的高峰。其后书院教育历元明清三代而不衰，虽受官方的控制与参与而或多或少具备了官办色彩，但书院教育毕竟是传统时代中国教育的重要组织形式。

书院教育不仅是中国传统教育的重要组织形式，而且在书院教育的过程中传播与继承了以儒家为核心的中国传统文化，更在教育活动过程中切磋学问，激发新思想，创造新知识，成为中国思想革新、文化进步的重要源泉，书院也因此成为中国传统文化人评议时政，推动政治更新、社会变革的理想聚集地，更成为各时代的学者们追求学术独立与人格尊严的最佳去处。所以，历史悠久、影响深远的中国书院，自然值得深入而全面的研究，不论是从宏观上全面考察中国书院的整个发展历史，还是就书院的教与学、书院的管理、书院的藏书等方面做专题研究；不管是断代研究历朝历代的书院教育与建设，还是区域研究各地的书院发展状况以及对某个书院进行个案研究，都将成为书院研究的重要方向和关注点。

从中国传统书院发展的源与流来看，书院的兴起应是读书人在寻求一个理想读书之处而自然形成的结果，起初并无官方的统一号召与推动。书院教育的影响力亦随读书人的四方问学与讲学而波及各地，各地的书院设立虽然时间上有先有后，但书院追求自由讲学读书之共同点各地并无多少区别，本书选取云南传统书院作区域性的研究，首先力求考证清楚书院教育何时流入云南，其次力图深入探讨云南传统书院的教与学、书院的管理等更为细致的方面。当然，笔者还希望能通过云南一省的书院教育，来了解整个传统中国的书院教育，做一叶知秋式的努力。事实上，云南书院研究自然应属于中国书院研究的一部分。立于书院研究的整体性与区域性相互推进的视角考虑，云南书院完全具有深入而细致研究的必要。更重要的是，研究云南书院具有一定的理论意义与现实价值。

众所周知，西学东渐，在中国全面“西化”即近代化的浪潮中，国人对中国近代化一度丧失了批评的自觉，近代化在近代已具有“霸权话语”的意味，中国传统在某种情况下成为近代被否定的对象。在此背景下，书院纷纷改制为近代学校，书院教育方式在此反传统的浪潮中也就难以延续。然而，时至今日，对中国传统文化的理解已变得比较理性，对于承载千年中国文化传播重任的中国传统书院的认识已较为深刻，因此才有当下对中国传统书院的充分关注。当今中国传统文化的重要性已被国人所认识，“弘扬中华文化”之吁求，虽然为官方言论，但至少也给学术界探讨书院教育提供了一种动力。因此，深入探讨云南书院兴起的经过，精确描述云南书院的建设与规制，详细分析云南书院的运作过程，并在此基础上探讨书院与云南边疆民族文化教育的关系，以期在中国传统书院文化的研究中获得更为深刻的认识，亦为当下中国教育改革提供某些历史经验，研究云南书院由此具有了较强的现实意义。

目前，学术界对中国书院的整体论述已十分丰富，对区域性的书院关注也逐渐增多。对湖南书院、四川书院、河北书院、河南书院和清代江南书院等，都已有过较深入的论述。但遗憾的是，云南书院一直缺乏学术界的关注，特别是与云南文化教育的关系，从总体上看缺乏研究。其实，对云南书院的深入讨论，推动与丰富了中国书院的区域性研究；另外，立于中国教育史的视角，云南书院的发展历史也是中华文化传播的一部分历史，认真研究探讨云南书院历史，有助于深化中国文化史特别是中国教育史的研究，因而对云南书院的研究具有了较强的理论价值。

总而言之，对云南书院展开深入而细致的研究是完全必要的。

二　学术史回顾

如需研究云南书院，首先得从中国书院说起，而要了解目前云南书院的研究现状，则要从中国书院的当前研究状况论起。对于中国传统书院的研究，其实早在民国时期，即中国传统书院改制为近代学校以后不久，就已引起学者与社会人士的关注。1923 年，青年毛泽东在创办自修大学时，就对已废弃的书院教育与近代学校教育进行了一番比较，指出书院教育并非一无是处，未必要全盘废弃，认为书院教育重视自由学习，尊重学习者的个性，而近代学校教育整齐划一的课堂教学，“用一种划一的机械的教授法和管理法去戕贼人性”，“消磨个性，灭掉灵性”，主张不妨“取古代书院的形式，纳入现代学校的内容"。[①] 另外，胡适先生于 1923 年 12 月 2 日在东南大学做过《书院制史略》的演讲，明确提出"书院之废，实在是吾中国一大不幸事"，认为"一千年来学者自动的研究精神，将不复现于今日了"，表现出对传统书院教育制度在清末被废弃的一种强烈反思。[②] 曹松叶于 20 世纪 20 年代末也写过《宋元明清书院概况》的论文，对中国宋元明清时期的书院进行数量统计，从宏观上把握宋元明清时期中国书院建设的整体状况，以期唤起国人对传统书院教育的历史回视。[③] 此后盛朗西的《中国书院制度》一书出版于 20 世纪 30 年代，则对中国传统书院的发展做了通史性的总结，全面陈述了中国传统书院的千年发展历程，并就书院的教与学、藏书、祭祀等方面进行了探讨，论述有所深入。[④] 总之，发轫于 20 世纪 20 年代的书院研究，至抗战爆发以前，形成了一个高潮，成果丰硕。此后，受战争及政治变革的影响，书院研究曾一度沉寂，然而进入 20 世纪 80 年代，此研究再次蓬勃兴起，研究论文和专著大量涌现。目前，中国传统书院的研究可谓硕果累累，学术界俨然形成一股"书院研究"的热潮。仅最近几年教育部立项的课题，就有五项与"书院"相关，即湖南师范大学张楚廷的《中国书院教育制度研究》、江西师范大学胡青的《宋元之际书院教育与江南社会教化研究》、湖南大学肖永明的《儒学·书院·社会——中国书院的社会教化功能研究》、南京大学徐雁平的《十七至十九世纪江南书院与学术文化研究》、湖南大学李兵的《书院与科举互动关系研究》。此类课题的立项，正反映学术界对书院研究的充分关注。更重要的是，大量有代表性的书院专题论文接连发表，如最近几年有李兵的《元代书院与程朱理学

① 毛泽东：《湖南自修大学创立宣言》，《东方杂志》1923 年 3 月第 20 卷第 6 号，第 134—135 页；此文另发表于《新时代》1923 年 4 月创刊号。

② 胡适：《书院制史略》，《东方杂志》1924 年 2 月第 21 卷第 3 号，第 142 页。

③ 曹松叶：《宋元明清书院概况》，《国立中山大学语言历史学研究所周刊》第 10 集第 111—114 期（1929 年 12 月—1930 年 1 月）连载。

④ 参见盛朗西《中国书院制度》，中华书局 1934 年版。

的传播》[《浙江大学学报》(人文社会科学版)2007年第1期],刘虹、张森的《明清河北书院与科举关系刍议》[《河北师范大学学报》(教育科学版)2008年第1期],谢长法的《宋元时期书院的教化功能刍议》[《山西师范大学学报》(社会科学版)2008年第1期],徐美君的《论中国古代书院的学术功能》(《四川教育学院学报》2008年第1期),王建梁的《清代汉学与书院互动之规律初探》[《河北师范大学学报》(教育科学版)2008年第1期],赵连稳的《北京清代书院经费支出考察》[《中央民族大学学报》(哲学社会科学版)2011年第6期],肖永明、于祥成的《书院的藏书、刻书活动与地方文化事业的发展》[《厦门大学学报》(哲学社会科学版)2011年第6期],朱汉民、唐云的《元初江南遗民书院及其文化特色》(《大学教育科学》2014年第5期),顾建娣的《清代的旗人书院》(《近代史研究》2015年第6期),等等,共同推动了中国书院史的研究;一些有代表性的专著陆续面世,如整体性的研究有陈元晖的《中国古代的书院制度》(上海教育出版社1981年版),张正藩的《中国书院制度考略》(江苏教育出版社1985年版),李国钧等的《中国书院史》(湖南教育出版社1994年版),陈谷嘉、邓洪波主编的《中国书院制度研究》(浙江教育出版社1997年版),樊克政的《中国书院史》(台湾文津出版社1995年版),等等,断代研究的有徐梓的《元代书院研究》(社会科学文献出版社2000年版),白新良的《明清书院研究》(故宫出版社2012年版),等等,区域性的研究有胡昭曦的《四川书院史》(巴蜀书社2000年版),邓洪波的《湖南书院史稿》(湖南教育出版社2013年版),徐雁平的《清代东南书院与学术及文学》(安徽教育出版社2007年版),朱汉民、邓洪波、高峰煜的《长江流域的书院》(湖北教育出版社2004年版),等等,个案性的研究有杨慎初等的《岳麓书院史略》(岳麓书社1986年版),李才栋的《白鹿洞书院史略》(教育科学出版社1989年版),等等,以及专题性的研究如胡青的《书院的社会功能及文化特色》（湖北教育出版社 1996 年版），李兵的《书院教育与科举关系研究》（华中师范大学出版社 2005 年版），等等，共同深化了中国书院史的研究。最为突出的，则是湖南大学岳麓书院中国书院研究中心邓洪波的研究专著，邓氏的《中国书院史》一书十分详细地陈述了中国传统书院从唐代萌芽，在五代两宋时期成形，元明清时期继续发展的整个历史过程，其中就各时期的书院数量进行统计，各代书院的各项功能给予分析，也对历朝历代有代表性的书院进行个案研究，可以说是近百年来书院研究的集大成之作。[①] 上述论文与专著，有对中国传统书院制度的全面论述，有对书院个案的细致分析，有对某省书院的区域考察，有对书院某个侧面的专题论述，共同深化了中国书院史的研究。同时，以陈谷嘉、邓洪波为代表的学术团队对中国传统书院的各种史料进行了全面而扎实的整理，目前已出版了数部书院史料集，如《中国书院史资料》《中国书院学规》《中国书院章程》《中国书院学规集成》，为今后的书院研究提供史料上的便利。[②] 当然，上述研究成果也成为云南传统书院研究的基础，为云南书院研究提供可行性研究思路和论述范本。

确实，对于地处西南边陲的云南之传统书院，虽然在明清两代发展迅速，但目前学术界却重视不够，较长时间缺乏专门系统的研究，研究总体上较为薄弱。就目前而言，已有数篇未刊硕士学位论文针对云南的传统书院进行了初步探讨，薛梅的《云南五华书院研究》，研究了云南最具代表性的书院，对五华书院做了个案研究，但分析深度不够；党洁的《云南古代书院的历史研究》则对云南传统书院做了整体疏理，所论较为浮浅，有待于进一步的分析；陈富贵的《清代昆明书院研究》仅就昆明地区的书院进行较为深入

① 参见邓洪波《中国书院史》，武汉大学出版社 2012 年版。

② 陈谷嘉、邓洪波主编：《中国书院史资料》，浙江教育出版社 1998 年版；邓洪波主编：《中国书院学规》，湖南大学出版社 2000 年版；邓洪波主编：《中国书院章程》，湖南大学出版社 2000 年版；邓洪波主编：《中国书院学规集成》，中西书局 2011 年版。

的论述。[①]除此之外，朱汉民等著的《长江流域的书院》、蔡寿福主编的《云南教育史》略为提及云南的书院，党乐群教授的《云南古近代学制》一书中也略有梳理。[②]余则为数篇论文，如李天凤的《明清云南书院发展述略》、刘光智的《云南书院及其向学校的转化过渡》、田景春的《试论明清时期云南的书院教育》等，所做论述仅为宏观把握，具体分析远远不够。[③]因此，云南书院研究尚有巨大的拓展空间，完全可做全面而系统的史实重建与理论分析。

三　研究方法与史料来源

历史学的实证方法是本书的基本研究方法。在西方，兰克（Ranke）即提出了“如实直书”的口号；在中国，傅斯年深受兰克史学观的影响，秉承中国乾嘉学派的家法，极为简洁地概括出“史学便是史料学”的著名命题。虽然他们的说法有所偏颇，也招致了批评，但强调历史研究的实证精神却是无可指摘的，所以傅氏的另一名言“上穷碧落下黄泉，动手动脚找东西”，更能体现这种精神，不致使人误解。现代史家章开沅先生在其弟子的博士论文出版时所写的序言中，说：“我只想借此机会再次强调：实证研究应是史学研究的基础。”[④]史家茅海建先生在其《戊戌变法史事考》的自序中也有一段肺腑之言：“在不可靠的‘史实’上，现在正运行着大量的推导、演绎、归纳也只能是不可靠的，学术发展到今天，我们的手

① 参见薛梅《云南五华书院研究》，云南师范大学2006年硕士学位论文；陈富贵《清代昆明书院研究》，云南师范大学2012年硕士学位论文；党洁《云南古代书院的历史研究》，云南师范大学2013年硕士学位论文。此三篇学位论文，均为未刊稿。

② 参见蔡寿福主编的《云南教育史》，云南教育出版社2001年版；党乐群《云南古近代学制》，云南教育出版社2006年版。

③ 参见李天凤《明清云南书院发展述略》，《教育评论》2003年第2期；刘光智《云南书院及其向学校的转化过渡》，《云南师范大学学报》（哲学社会科学版）1985年第2期；田景春《试论明清时期云南的书院教育》，《昆明学院学报》2015年第5期。

④ 章开沅：《序言一》，见苏全有《清末邮传部研究》，中华书局2005年版。

中已经不缺乏结论，相反的是，我们的思考却为各种各样相互抵牾的结论所累。其中一个大的原因，即为各自所握的‘史实’皆不可靠。因此，到了21世纪，我个人以为，在我们这一专业中，最重要的工作似为‘史实重建’。”① 这是一个史学家的深切体会，其中流露出他因史学界对历史实证原则坚持不够而产生的焦虑情绪，切中了历史研究的现状，也点出了后现代主义者质疑历史客观性的一个原因。史实重建，求真求实，这是史学赖以存在的基石；史学工作者只有抱着求真务实的态度去研究历史，诠释历史，才有可能不断接近历史的真相。

当然，史学研究中，史学工作者的“想象”也是必要的，诚如英国历史学家麦考莱所言：“一个完美的历史学家必须具有足够的想象力，才能使他的叙述既生动又感人。”② 英国另一史家柯林武德则明确反对那种剪刀加糨糊式的历史学研究，认为“史家必须在自己的心灵中重演过去”，他说，“那就是发现历史学家远不是依赖自身以外的权威，使他的思想必须符合于权威的陈述，而是历史学家就是他自身的权威”。③ 但是，这种“历史的想象”却有一个限度，那就是必须建立在基本史实基础上，“我们问一项历史陈述是否真实，也就是指它能否诉之于证据来加以证明”。④ 余英时也强调，“历史家所构成的历史景象必须获得证据的支持。无证据可依之景象，无论其如何生动，都是虚构（fiction），也许有艺术上之价值，但绝无史学上之价值”。⑤

基于上述认识，为了重建云南传统书院的历史，史料收集则成

① 茅海建：《戊戌变法史事考》（自序），生活·读书·新知三联书店2004年版。

② ［英］麦考莱：《论历史》，见何兆武主编《历史理论与史学理论》，商务印书馆1999年版，第260页。

③ ［英］柯林武德：《历史的观念》，何兆武、张文杰译，商务印书馆1997年版，第330页。

④ 同上书，第343页。

⑤ 余英时：《一个人文主义的历史观——介绍柯林伍德的历史哲学》，见其著《文史传统与文化重建》，生活·读书·新知三联书店2004年版，第15页。

为第一重要工作。由于云南传统书院的记载主要保存在明清云南方志中，笔者花费了近五年时间，搜寻到110多种云南古方志，在其中的艺文志和学校志中找到许多有关云南历代书院的相关记载，这些记载真实反映了云南书院的相关情况，其中的书院记就有近110篇，详细而具体地记录了书院的修建过程、书院规模的大小、书院各种经费的来源与开支的情况、书院藏书的目录及其数量等。这些古方志中的书院资料，成为本书写作的主要史料来源。此外，在云南省图书馆，收藏有清代晚期的书院条规与章程，各地书院刻印的课艺集，更成为研究云南书院的第一手资料。在云南省图书馆也收藏了厚实的两大本的书院调查手抄本，其中有部分山长和学生名录、书院的规模、书院的经费来源等情况，也成为研究云南书院的鲜活资料。① 史料收集到位，也就成为本书写作顺利完成的根本。

① 民国初年，在云南省教育机关的发动下，云南各县对各该地清代书院进行全面调查，手抄的调查报告装订成两大册，收藏于云南省图书馆中。

第一章

书院源流

中国书院萌芽于唐，盛于两宋，继续发展于元明清，于清末光绪年间，受西方教育之影响而改制为近代学校。其名之来历，发展之源流，承担之功能，于此一一分说，以得中国书院发展之总观。

清代学者袁枚，在《随园随笔》一书中指出："书院之名，起于唐玄宗时，丽正书院、集贤书院皆建于省朝，为修书之地，非士子肄业之所也。"① 似乎在说，书院之名最早出现于唐玄宗之时，在此之前并无其名。

据《新唐书》记载："开元五年，乾元殿写四部书，置乾元院使，有刊正官四人，以一人判事；押院中使一人，掌出入宣奏，领中官，监守院门；知书官八人，分掌四库书。六年，乾元院更号丽正修书院，置使及检校官，改修书官为丽正殿直学士。八年，加文学直，又加修撰、校理、刊正、校勘官。十一年，置丽正院修书学士。光顺门外，亦置书院。十二年，东都明福门外，亦置丽正书院。十三年，改丽正修书院为集贤殿书院。"② 其中，对书院之名起源记载较为详细，最初修书之地称为"院"，因其功能为修书，故其

① 袁枚：《随园随笔》第十四卷，见《袁枚全集》（五），江苏古籍出版社 1993 年版，第 247 页。

② 《新唐书》卷四十七《百官志》，中华书局 1975 年版，第 1212—1213 页。

“院”以“修书”修饰之，连用而合称为“修书院”，再简称为“书院”。总之，书院之名似乎由此演变而来。从中亦可知，最早以“书院”名之者，为修书之所，非学子读书之处。

然而，对于书院之名是否确实起源于开元年间一事，对中国书院制度有过研究的张正藩先生却认为：“书院之名，是否始于唐玄宗时之丽正、集贤？即在玄宗之前，是否已有‘书院’，且为‘士子肄业之所’？此一问题，似值得探究。”① 此言意味着张氏对书院之名是否起源于开元年间一事，持怀疑态度，也许在开元之前已有书院之设置。其实，据《大明一统志》记载：“果山书院，在（顺庆）府城北五里，蜀汉谯周建。”顺庆府即今南充市，三国时也许已建有书院，如其记载可靠，则书院设立时间远远早于丽正书院。②

据史料记载，西汉的兰台、东汉的东观皆为宫中藏书之所，并于汉桓帝延熹二年设秘书省，掌管图书。此后梁武帝时的文德殿、北齐的文林馆、后周的麟趾殿、隋朝的观文殿等机构，皆“列藏众书”，为藏书机构。至唐代仍设秘书省，主图书、著作二事，收藏图书供教育文化活动。然而，“秘书，御府也。天子犹以为外且远，不得朝夕视，始更聚书集贤殿”。③ 所以说，集贤殿书院同时又为藏书之地。

据学者研究，开元年间设立丽正书院、集贤殿书院之后，有多所书院先后出现，如在唐贞元、元和年间，江西就已设立桂岩书院，长庆初又有景星书院、李渤书堂，其后有飞麟书院、登东书院、东佳书院。此外，衡阳的石鼓书院、漳州的松州书院，“大致都立于天

① 张正藩：《中国书院制度考略》，江苏教育出版社 1985 年版，第 2 页。

② 《大明一统志》卷六十八《顺庆府》，李贤、彭时等纂修，天顺五年刊刻，四库全书本。另据方志文献记载，唐代已有多所书院，其中有民间私学性质的湖南攸县光石山书院、陕西蓝田瀛洲书院、山东临朐李公书院、河北满城张说书院、福建龙溪松洲书院。这些唐初的民间书院，其记载均出自明清所修的地方志，距离唐朝年代久远，实有进一步考证的必要。

③ 王应麟：《玉海》卷一六七，见陈谷嘉、邓洪波《中国书院史资料》，浙江教育出版社 1998 年版，第 18 页。

宝乱后”。[1] 然而，开元之后设立的书院，功能已逐步发生变化，由修书之所变为某些文人学者读书之地。“以故家积书之多，学者就其书之所在而读之，因号为书院。”[2] 据研究，见于史志的唐代书院有三十余所，其中明确记载为学者仕人读书之处的有浙江的溪山书院、九峰书院，福建的梁山书院、松洲书院，湖南的韦宙书院、卢藩书院、文山书院，四川的丹梯书院、凤翔书院、西溪书院、青莲书院，贵州的儒溪书院，陕西的李公书院。[3]

与此同时，唐代书院在由修书之地发展为藏书之地，进而为学者仕人读书之处时，也成为切磋学问、问难讨教的理想场所。据《江西通志》记载，唐朝太常卿幸南容告老还乡后，于贞元、元和年间在家乡创办桂岩书院，开馆授业，聚徒讲学。再如江西的东佳书院，“唐义门陈衮即居左建立，聚书千卷，以资学者，子弟弱冠，皆令入学”，[4] 由藏书之地、个人读书之地发展为聚徒讲学之处，书院职能在转变。

其实，雕版印刷发明之前，私家很难拥有自己的藏书，私学主要靠口耳相传。雕版印刷发明，为私人藏书提供了条件，但也不是任何一个读书人都能比较容易地拥有个人藏书，缺乏书籍的读书人往往会前往藏书之处而读之，因而藏书之地发展为读书之处，也在情理之中。在藏书之地获得可读之书，并不意味着读书人能顺利读懂所获之书，寻找能懂能解所读之书的学者做指点，并就藏书之地因地制宜设立讲堂讲解所读之书，读书之处又发展为教与学的场所，又是符合逻辑发展规律的自然结果。唐代聚徒讲学的书院，史志记载时间已在清代，内容比较简单，不免令人怀疑其真实性。五代时

---

① 聂崇岐：《书院和学术的关系》，见卞孝萱、徐雁平编《书院与文化传承》，中华书局 2009 年版，第 6 页。

② 欧阳玄：《贞文书院志》，见清同治《丰城县志》卷九，王家杰修，周文凤等纂，同治十二年刊本。

③ 王炳照：《中国古代书院》，商务印书馆 2007 年版，第 19—22 页。

④ 嘉靖《九江府志》卷二十二，上海古籍书店 1962 年影印本。

的窦氏书院，有关记载却比较详细：后周范阳人窦禹钧，“诸子进士登弟，义风家法为一时标表。于宅南构一书院，屋四十间，聚书数千卷。礼文行之儒，延置师席。凡四方孤寒之士无供需者，公或为出之。无问识不识，有志于学者，听其自至，故其子见闻益博，凡四方之士，由公之门登显贵者，前后接踵”。[①] 凡“文行之儒”，即“延置师席”，书院已具讲学之功能。此为家族书院，其记载见于宋时，内容详尽，看来确有其事，意味着五代时已有讲学之书院。

时至宋初，一则是唐末历五代数十年间的战乱而导致的官学衰微，另一则为宋初确立的抑武事而兴文教政策，导致官学一时难以振兴下的私学兴起。对此背景，朱熹有过如此描述：“予惟前代庠序之教不修，士病无所于学，往往相与择胜地，立精舍，以为群居讲易（习）之所，而为政者乃或就而褒表之，若此山、若岳麓、若白鹿洞之类是也。”[②] 因官学未兴，私学相与兴起，并获得“为政者”的赞许。另一宋代学者吕祖谦也有类似说法，他说：“窃尝闻之诸公长者，国初斯民，新脱五季锋镝之厄，学者尚寡，海内向平，文风日起，儒生往往依山林，即闲旷以讲授，大率多至数十百人。嵩阳岳麓睢阳及是洞为尤著，天下所谓四书院也。”[③] 由此，天下讲学风起，各类聚徒讲学的书院相继兴起，传于后世的宋代四大书院即为其时书院之兴起的重要表征。

最早提到宋代四大书院的是宋代文人范成大。其在乾道九年游衡山，瞻仰石鼓书院后曾言：“始，诸郡未命教时，天下有书院四：徂徕、金山、岳麓、石鼓。”[④] 其中金山书院又称为茅山书院。六年

---

① 《范文正公文集》卷三《窦君谏议录》，同治正谊堂本。

② 朱熹：《衡州石鼓书院记》，见《朱子文集》卷十（《丛书集成》本），商务印书馆 1936 年版。

③ 吕祖谦：《白鹿洞书院记》，见《吕东莱文集》卷六（《丛书集成》本），商务印书馆 1937 年版。

④ 范成大：《骖鸾录》，《范成大笔记六种》，中华书局 2002 年版，第 55 页。

之后，吕祖谦在《白鹿洞书院记》中所提四大书院却又不同，正如上述所言，吕氏所提四大书院为嵩阳、岳麓、睢阳和白鹿洞。除岳麓书院相同外，二者出入很大。元代马端临在其《文献通考·学校考》中，综合上述说法，认为白鹿洞书院、石鼓书院、应天府书院和岳麓书院为“宋兴之初，天下四书院”，应天府书院即睢阳书院。以后各方学者对宋代四大书院各有不同提法，议论纷纭，难以定案。虽然如此，此一争议却说明宋代已具有几所影响后世的著名书院，应无疑义。其中，白鹿洞书院、岳麓书院、应天府书院、嵩阳书院、石鼓书院、茅山书院在宋代已著称于世，对后世影响尤深。

据统计，两宋共有书院近700所，除了近60所为唐及五代时期所建外，其中建于北宋的约有140所，建于南宋的约为500余所。也就是说，经历宋初书院的发展，在南宋时期书院建设达到高潮，其中建于理宗时期的书院，达到300所之多。[①]

元代书院建设，尤盛于两宋。据清代学者朱彝尊所言：“书院之设莫盛于元，设山长以主之，给廪饩以养之，几遍天下。”[②] 然而，从文化史的视角而言，其时之书院的影响力远不及两宋。

元朝统一中国后，忽必烈推行“汉化”文教政策，提倡尊孔崇儒。作为儒家文化的载体之一，传播儒家文化的民间机构——书院，自然也进入“汉化”文教政策的涉及范围。中统二年（1261）六月，元世祖下令保护一切文化教育设施，其中书院“禁诸官员使臣军马，勿得侵扰亵渎，违者加罚”，对书院采取保护政策。在书院建设方面，早在元太宗八年（1236），就建有太极书院，此为元代自建的第一所书院；至元二十八年（1291），元朝明文规定：“先儒过化之地，名贤经行之所，与好事之家出钱粟赡学者，并立为书院。”据研究，元朝在修复宋代书院的基础上，新建有书院143所，书院总

① 王炳照：《中国古代书院》，商务印书馆1998年版，第73页。

② 朱彝尊：《日下旧闻》卷十一，康熙年间刻印本。

量已近千所之多，真可谓元代书院“几遍天下”。[①]

当然，元朝在注意保护原有书院、新建各类书院的同时，也倾向于对书院加以控制。此即可从元朝对书院十分重视的角度去理解，但此种控制，往往也限制了书院的自由讲学，不利于书院师生的自由学术研究，在思想与学问方面难有创造性成果，此为元代书院对其时、后世影响力不大的原因。

明朝建立后，其采取“世治宜用文”政策，重视教育，注意发展各级官学，强化科举考试制度，“明初教士，一归学校”。因此，导致民间书院教育备受冷落，从而“讲学书院之风一变，其存者徒以崇祀先儒耳”。直至成化、弘治年间，这种局面才得以逐步改变，荒废多年的白鹿洞书院、岳麓书院相继修复，“流声光于天下”。明朝政府也逐步改变原来对书院教育冷漠的态度，提倡兴建书院，在正德年间，书院建设达到鼎盛时期。据统计，明代共建书院近1600所，远超前代，其中正德、嘉靖年间，建有书院达634所。正如柳诒徵所言：明初百余年，“国学网络人才”，原来“士之散处书院者”，“皆聚之于两雍，虽有书院，其风不盛”；正德之后，“国学之制渐堕，科举之弊孔炽，士大夫复倡讲学之法，而书院又因之以兴”。[②] 因“国学之制渐堕，科举之弊孔炽”而致书院兴起。

至于明朝正德年间书院兴盛，还有另一个原因，则是与王学的兴起有密切联系。王阳明贬谪贵州龙场驿，经龙场悟道，提出“致良知”一说，心学思想体系逐步形成。王阳明通过创办龙冈书院，先后讲学于文明书院、濂溪书院、白鹿洞书院、稽山书院、敷文书院，使其心学思想流于四方，“风靡天下”，弟子门人遍于国中，各类讲阳明之学的书院经其弟子提倡而修建于各方。可以说，王阳明的思想和学术活动，推动了明中叶书院的复兴，书院的兴盛又为王学思想的传播提供便利条件。

---

① 王炳照：《中国古代书院》，商务印书馆1998年版，第138页。

② 柳诒徵：《江苏书院志初稿》，江苏教育出版社1998年版，第45页。

清朝统一中国之初，对思想文化采取严密控制政策，顺治九年通令全国，“不许别创书院群聚徒党，及号召地方游食无行之徒，空谈废业”。康熙当政后，重视中国文化，开始允许书院聚徒讲学，手书“学达性天”匾额赐给历史悠久之书院，如白鹿洞书院、岳麓书院等。在雍正时期，清朝对私家书院严加禁止，但提倡官办书院，令各省会所在地兴建或修复书院一二所，以领该省文风。此后，各省各府州县纷纷设立书院，“或绅士出资建立，或地方官拨公帑经理”。乾隆时，认为“书院之制，所以导进人才，于学校所不及”，重视书院的建设。其后书院发展迅速，据统计，清代书院共有3000余所，边远省份也建有书院。①

中国古代书院，自唐五代，经宋元明清，延续千余年。然而时至清末，西学东渐，近人有感于西方的强大得益于其教育的先进，遂有将书院改为近代学堂之议，“将大小各书院，一律裁改，开设各项学堂”，“省会之大书院为高等学，府州县之书院为中等学”。此类建议，最终影响维新变法的决策者。1898年，光绪皇帝发布上谕：“即将各省府厅州县现有之大小书院，一律改为兼习中学西学之学校。至于学校阶级，自应以省会之大书院为高等学，郡城之书院为中等学，州县之书院为小学。”上谕发布之后，各省均遵旨奉行，如直隶将莲池书院改为省会高等学堂等。虽因维新变法终止而暂停改书院为学堂，但清末十年新政开始之时，光绪二十七年又重提书院改学堂之议。终在1901年9月14日，以光绪之名义发布上谕：“著各省所有书院，于省城均改设大学堂，各府及直隶州均改设中学堂，各州县均改设小学堂。”② 此后各级书院纷纷改为近代学堂，千年之久的传统书院不复存在。

---

① 曹松叶：《宋元明清书院概况》，《中山大学语言历史研究所周刊》1930年第10集第114期。

② 朱有瓛：《中国近代学制史料》第一辑下册，华东师范大学出版社1986年版，第65页。

第二章

明清云南书院之概况

如前所述，对于全国而言，书院之名应始于唐，书院教育应始于五代，鼎盛于两宋，发展于元明清时期。对于地处西南边陲的云南而言，据目前掌握的资料，书院之建立，晚于中原各省份，应始于明代弘治年间。

第一节　明代云南书院建设及其特点

确实，云南位于西南边陲，受中原文化的影响素被认为较晚，故对迟至明代才进入云南的书院教育少有深入研究者，已有的研究在云南书院建设兴起的时间与地域、明代书院的建设规模等方面也众说纷纭，难成定论，实有必要进行深入考证与分析。

一　云南书院最早兴建时间和地域考

虽然云南早在秦汉时期已受中原文化的影响，但在较长历史时间内，中原儒家文化影响波及的过程较为缓慢。至唐宋时期，虽然南诏国和大理国崇尚中原儒家文化，但也深受佛教文化的影响，并且有其本土文化。在多种文化影响下的云南，儒家文化的影响毕竟有其限度。就目前所掌握的史料来看，唐宋时期中原地区普遍兴起的以传播儒家文化为主的书院教育并没有进入云南，不见唐宋时期云南建有书院的记载。

元代，云南再次纳入统一王朝版图，元朝在此设立行省制度。此时书院教育在全国推行，理应会影响到云南。据陈谷嘉、邓洪波、王炳照等先生的研究，云南其时建有一所书院。其后，徐梓的《元代书院研究》则认可了这一统计数据。[①] 然而这些著作并未指明这所书院谓之何名、建于何处，更没有明确说明其所据资料，所以元代云南建有一所书院之说难成定论。其实，早在1930年曹松叶先生所做的统计中，并未见元代云南建有书院之数据；其后何佑森、王颋、白新良三位先生针对历代各地所建书院所做的统计数据显示，元代云南并无书院之建设。[②] 事实上，考察目前所见有关云南元代及以后所出之史料，特别是历代所修之方志，不见有关元代云南建有书院的任何记载。查阅明代景泰年间陈文纂修的《云南图经志书》，其中涉及学校的记载已相当详细，对云南各府州县学校建设之记录已很完备，但所记全为景泰年间及前代官学，并无书院之记录；天顺年间《大明一统志》，所记全国各地历代所建书院甚详，但不见云南元代有书院的记载。[③] 因此，基本上可推断，元代云南无书院之建设。考察云南书院应从明代论起。

明朝统一云南后，推行"世治宜用文"的文教政策，重视教育的建设与发展，从洪武年间开始即在云南各地设立官学。比如云南府学，元至元年间建，元末毁于战火；时至明洪武年间，又得以重

---

① 陈谷嘉、邓洪波主编：《中国书院制度研究》，浙江教育出版社1997年版，第356页；王炳照：《各省（区）历代书院统计表》，见氏著《中国古代书院》，商务印书馆1998年版，第202页；徐梓：《元代书院研究》，社会科学文献出版社2000年版，第163页。

② 曹松叶：《宋元明清书院概况（续）》，《国立中山大学语言历史学研究所周刊》1930年第10集第112期；何佑森：《元代书院之地理分布》，《新亚学报》1956年第1期；王颋：《元代书院考略》，《中国史研究》1984年第1期；白新良：《中国古代书院发展史》，天津大学出版社1995年版，第37页。

③ 参见天顺《大明一统志》，李贤、彭时等纂修，天顺五年刊刻，四库全书本；景泰《云南图经志书》，郑颙撰，陈文纂修，明景泰六年刊本。

建，“西平侯沐英勒周子太极图，并朱子白鹿洞规于碑”。[①] 然而，书院的发展则更晚。如上所述，根据景泰《云南图经志书》、天顺五年（1461）成书的《大明一统志》中无云南书院之记载，也就基本可以确定，天顺五年以前云南应无书院。所以，明代云南的书院晚于官学之建立。其实，据目前所见史料，明代云南书院建设始于明弘治年间。

据明清方志记载，弘治年间云南共建有四所书院。其中正德年间周季凤修纂的《云南志》，明确记载有两所书院。一所为苍山书院，在大理“府城外西南陬苍山之麓，弘治十二年巡按御史谢朝宣建”。就其规模而言，“中为正厅，左右为两厢房，后有步瀛桥及贮书楼等”。[②] 志中也收录有提学副使王臣的碑记，其中有言：“弘治十有二年秋八月，大理苍山书院成。”由此而论，主持修建者和修建时间已十分明确。王臣碑记中也比较清晰地描述了书院建成的大致过程：“侍御关右谢公朝宣奉命来按是邦，恻然悯之，谋于按察副使太原王君槐，毁浮屠之刹若干，命有司改创书院于苍山之下，延名师以教庠序弟子员若郡人之俊秀有志者，崇正黜邪之旨于是乎晓然矣。有司用命惟谨，请于巡抚都宪白洲李先生，既以为宜，而太监刘公昶，黔国沐公崑、侍御林公世远、吴公学、周公鲁又乐然相之。遂抡材鸠工，不数月而告成。”苍山书院在谢朝宣的倡议下及各级官员的参与下建成，应无疑问。[③] 另一所为崇正书院，在蒙化府“城西门外，本废僧寺，弘治十四年署府事曲靖府同知胡光即其地建书院，名曰崇正，辟异端也”。[④] 又据万历年间李元阳等修纂的《云南

---

① 天顺《大明一统志》卷之八十六，李贤、彭时等纂修，天顺五年刊刻，四库全书本。

② 正德《云南志》卷三，周季凤纂修，明嘉靖三十二年刻本。

③ 王臣：《苍山书院记》，正德《云南志》卷三十二，周季凤纂修，明嘉靖三十二年刻本。其后，万历《云南通志》也有关于苍山书院的记载，并收录有王臣的《苍山书院记》一文。

④ 正德《云南志》卷六，周季凤纂修，明嘉靖三十二年刻本。

通志》记载，该书院“岁久倾圮，嘉靖乙丑通判吴绍周、土官知府左柱石重修”，殿阁斋廊祠舍亭池，无不完美，改名为明志书院。李元阳的《明志书院记》记下了崇正书院的兴建及改建过程，“蒙郡故有书院，创于胡倅文光，历岁既久，倾圮殆尽”，后由吴绍周等人主持重修。[①] 如此而言，明弘治年间云南建有苍山、崇正两所书院应可确定无疑。

天启年间刘文征修纂的《滇志》除记载有苍山、崇正两所书院之外，另记载在大理府属浪穹县也有一所弘治年间所修的书院，名叫龙华书院，据载：“龙华书院，在县治北，弘治戊午知县蔡霄杰建。”[②] 弘治戊午年即弘治十一年（1498），此为有明确年份记载的云南最早的书院。然而，时间上距离弘治更近的正德、万历年间的云南方志却没有关于龙华书院的相关记载，虽然不排除漏记的可能，但仍有继续考证的必要。当然，即便仍需考证，龙华书院已载入明代方志，应该还是可以肯定其存在的。

此外，在清代方志中明确记载建于弘治年间的腾越州秀峰书院，[③] 却不见于明代所修各方志中，目前仅见于乾隆年间所修的《云南腾越州志》和光绪年间所修的《永昌府志》中，距明代弘治年间已年代久远，记载是否可靠，实可存疑，尚有待于做进一步的考证。如此，如果明确载于明清方志中的这四所弘治年间的书院是真实的（至少苍山书院和崇正书院确定无疑），那么明代云南书院建设最早应兴起于以大理为中心的滇西一带，而不是以昆明为中心的滇中地区，该地区在嘉靖、隆庆年间才逐渐建立书院，晚于滇西二十多年。

总而言之，明代云南书院建设最早兴起于弘治年间以大理为中

---

① 万历《云南通志》卷八，邹应龙等修，李元阳纂，明万历四年刻本。

② 天启《滇志》卷之八，刘文征纂，明天启五年刻本，北京大学图书馆馆藏抄本。

③ 赵廷光主编的《云南文庙存佚》一书中，即以腾越州秀峰书院为云南所建最早的书院。但书中没有注释，不知其所据何种资料。参见赵廷光主编《云南文庙存佚》，云南人民出版社 2009 年版，第 169 页。

心的滇西地区。当然，这一结论也符合云南历史发展的逻辑，也切合儒家文化进入云南的历史实际。南诏国和大理国都以大理为政治中心，自然也就成为文化中心。虽然南诏国和大理国深受佛教文化的影响，但同样也崇尚中原儒家文化，其时南诏国和大理国的文人学者与政治精英们“无不阅读汉文书籍，接受汉族文化的熏陶”，也就把儒家文化引入大理地区，出现读儒书的“儒释”和知佛理的“释儒”，那么书院教育最早进入以大理为中心的滇西地区也就可以理解了。①

二　明代云南各地书院建设考

弘治以后，书院教育在云南全省各地逐步展开，儒家文化也就借书院教育进入云南各府州县，推动云南各地文化教育的发展。据目前所见方志，明代云南各地所建书院情况见表2－1。

表2－1　明代云南各地所建书院统计

序号	书院名称	所在府	具体地址	始建时间	始建者	资料来源②
1	五华书院	云南府	府治西北	嘉靖三年	巡抚都御史王启	万历《云南通志》
2	文昌书院	云南府	府西门外文昌祠左	隆庆年间	巡按御史刘翾	万历《云南通志》
3	梅谷书院	云南府	晋宁州治东五龙山	隆庆年间	邑人王守约	万历《云南通志》
4	云峰书院	云南府	安宁州北门外	嘉靖元年	知州王琼	天启《滇志》
5	文明书院	云南府	禄丰县治北	隆庆元年	县丞周大用	万历《云南通志》
6	松岩书院	云南府	禄丰县治南	嘉靖元年	参政刘鹤年	万历《云南通志》
7	桂香书院	云南府	禄丰县城北金山巅	隆庆年间		康熙《禄丰县志》

① 参阅尤中《云南民族史》，云南大学出版社2004年版，第206、251页。
② 资料来源除有具体说明者外，一般出自方志中的学校志。

续表

序号	书院名称	所在府	具体地址	始建时间	始建者	资料来源
8	海春书院	云南府	昆阳州月山左麓	隆庆年间	合学公建	康熙《云南府志》
9	泊阳书院	云南府	三泊县治西	隆庆四年	知县王拱仁	万历《云南通志》
10	文昌书院	云南府	易门县城内	隆庆年间	合学公建	康熙《易门县志》
11	碧澜（瑶华）书院	云南府	嵩明州杨林驿	嘉靖年间	参政刘鹌年	康熙《嵩明州志》
12	罗阳书院	云南府	罗次县治南十五里	隆庆二年	巡抚都御史陈大宾	万历《云南通志》、康熙《罗次县志》
13	苍山（苍麓）书院	大理府	府城西南，中和村苍山祠东北	弘治十二年	御史谢朝宣	正德《云南志》、万历《云南通志》
14	源泉书院	大理府	府学署西	嘉靖四十五年	同知江应昴	万历《云南通志》
15	龙关书院①	大理府	府治南三十里玉龙关内	嘉靖年间	同知江应昴	万历《云南通志》
16	桂林书院	大理府	府治北四十里喜洲	嘉靖年间	参议张拱文	万历《云南通志》
17	玉泉书院	大理府	赵州州治东北	嘉靖二年	兵备副使姜龙	万历《赵州志》
18	凤仪书院	大理府	赵州州治左	万历三十七年	通判殷才	天启《滇志》
19	青华书院	大理府	云南县城外西南	正德十五年	兵备道林魁	万历《云南通志》
20	五云书院	大理府	云南县学旧址	嘉靖四十一年	兵备副使沈桥	万历《云南通志》
21	九峰书院	大理府	云南县治南	万历年间	兵备道马鸣銮	康熙《云南县志》
22	象山书院	大理府	邓川州治西	嘉靖年间		万历《云南通志》、崇祯《重修邓川州志》
23	玉泉书院	大理府	邓川州治北一里			万历《云南通志》
24	新州书院	大理府	邓川州城内	崇祯年间	知州敖浤贞	崇祯《重修邓川州志》

① 又名玉龙书院。

续表

序号	书院名称	所在府	具体地址	始建时间	始建者	资料来源
25	桂香书院	大理府	邓川州东大市坪			崇祯《重修邓川州志》
26	登龙书院	大理府	邓川州南中所			崇祯《重修邓川州志》
27	白云书院	大理府	邓川州上关			崇祯《重修邓川州志》
28	宁川（凝川）书院	大理府	浪穹县治西	正德四年	知县蔡杲	万历《云南通志》、天启《滇志》
29	龙华书院	大理府	浪穹县治北	弘治十一年	知县蔡霄杰	天启《滇志》
30	桂亭书院	大理府	浪穹县学宫西南	万历年间	邑人副使赵以康	康熙《浪穹县志》
31	秀峰书院	大理府	宾川州学西南	嘉靖二十三年	知州朱官	天启《滇志》
32	崇正书院	临安府	府治西门外	嘉靖三年	分巡副使王忠	天启《滇志》
33	景贤书院	临安府	府学左	嘉靖六年	兵备副使戴书	天启《滇志》
34	龙泉书院	临安府	石屏州北二里乾阳山麓	万历年间	知州徐应斗	天启《滇志》、康熙《云南通志》
35	秀山书院	临安府	石屏州宝秀玉屏山下	万历年间	知州萧廷对	乾隆《石屏州志》
36	州前书院	临安府	石屏州	万历年间	知州冯应鳌	乾隆《石屏州志》
37	五亩书院	临安府	石屏州	万历年间	知州萧廷对	乾隆《石屏州志》
38	张本寨书院	临安府	石屏州	万历年间	知州萧廷对	乾隆《石屏州志》
39	见湖书院	临安府	蒙自县文庙左	隆庆年间	盐运使尹廷俊	康熙《蒙自县志》
40	栋川书院	姚安府	府城外西北隅	正德八年	知府黄澍	天启《滇志》
41	南中书院	姚安府	城东关	万历十三年	参政李材	天启《滇志》
42	三台书院	姚安府	府学右，旧系德丰寺禅堂	万历年间	知府李载贽	天启《滇志》

续表

序号	书院名称	所在府	具体地址	始建时间	始建者	资料来源
43	文明书院	姚安府	大姚县城东一里	万历年间	知县谢于教	康熙《大姚县志》、道光《大姚县志》卷十四：谢于教《文明书院记》
44	龙泉书院	楚雄府	府治南雁山之麓	嘉靖四十年	佥事彭谨	隆庆《楚雄府志》、万历《云南通志》
45	南峰书院	楚雄府	府治南	嘉靖三十三年	巡按黄中	隆庆《楚雄府志》
46	龙冈书院	楚雄府	府城南	嘉靖六年	知府祝弘舒	天启《滇志》
47	文龙书院	楚雄府	定远县治左	嘉靖三十八年	知县越民表	天启《滇志》、万历《云南通志》
48	景贤书院	楚雄府	南安州			天启《滇志》
49	靖阳书院	曲靖府	府城外西北山麓		布政朱家民	天启《滇志》
50	兴古书院	曲靖府	府治东报恩寺右	天启年间	郡人吏部主事李希撰	康熙《云南通志》、咸丰《南宁县志》
51	崇正书院	曲靖府	越州卫城南			天启《滇志》
52	通泉书院	曲靖府	马龙州南和丰寺内			雍正《马龙州志》
53	龙山书院	曲靖府	马龙州	正德十六年		雍正《马龙州志·艺文志·延寿庵记》
54	澄心书院	澂江府	府察院左	隆庆年间	知府徐可久	天启《滇志》
55	桂香书院	澂江府	府治东			天启《滇志》
56	点苍书院	澂江府	府治西	嘉靖年间	知府严烨	天启《滇志》
57	玉笋书院	澂江府	河阳县治东			康熙《河阳县志》
58	敬一书院	澂江府	路南州城内	万历三十四年	同知李洁	天启《滇志》
59	复性书院	鹤庆府	府治东南	隆庆年间	知府周赞	康熙《鹤庆府志》
60	龙溪书院	鹤庆府	南关外月城西	正德年间	知府吴堂	光绪《鹤庆州志》
61	金华书院	鹤庆府	剑川州西门外华山	隆庆年间	知府胥铉	天启《滇志》、康熙《剑川州志》

续表

序号	书院名称	所在府	具体地址	始建时间	始建者	资料来源
62	学修书院	鹤庆府	剑川州崇仁寺右		知州罗史灿	康熙《剑川州志》
63	正学书院	永昌府	府学左	嘉靖四十二年	知府杨朗	万历《云南通志》
64	保山书院	永昌府	府城明伦堂左	嘉靖四十二年	知府杨朗	天启《滇志》
65	见罗书院	永昌府	府城内	万历年间	知府陈严之、副总兵邓子龙	天启《滇志》、光绪《永昌府志》
66	博南书院	永昌府	永平县学前			天启《滇志》
67	秀峰书院	永昌府	腾越州学宫前	弘治年间	兵备道赵炯	乾隆《云南腾越州志》、光绪《永昌府志》
68	凤山书院	永昌府	腾越州来凤山右	隆庆年间	御史刘翾	万历《云南通志》
69	崇正（明志）书院	蒙化府	府城外西北隅	弘治十四年	同知胡光	正德《云南志》
70	萃华书院	寻甸府	府治东五里	嘉靖年间	知府王尚用	嘉靖《寻甸府志》
71	养正书院	寻甸府	府城西北	正德年间	知府戴鳌	康熙《寻甸州志》卷之八《时雨亭记》
72	梧冈书院	寻甸府	木密城北	嘉靖年间	参政刘鹤年	乾隆《滇南文略》卷二十七：杨士云《梧冈书院记》
73	文峰书院	武定府	府治南	万历二十七年	知府刘懋武	天启《滇志》
74	新城书院	景东府	府治东	万历十五年	通判尹学孔	天启《滇志》
75	北池书院	元江府	府学后	嘉靖四十年		天启《滇志》
76	道南书院	元江府	恭顺州①治北门外	万历年间		道光《他郎厅志》
77	鹤麓书院	广西府	府治	万历年间	知府萧以裕	乾隆《广西府志》
78	文昌书院	广西府	府城中	万历年间	知府陈忠	乾隆《广西府志》

① 恭顺州明代属元江府辖，清代雍正年间改名为他郎厅，改属普洱府辖。

从表 2-1 可知，除弘治年间所建 4 所书院外，正德年间所建书院有云南县的青华书院、浪穹县的宁川书院、姚安府的栋川书院、马龙州的龙山书院、鹤庆府的龙溪书院、寻甸府的养正书院，共 6 所；嘉靖年间所建书院有云南府的五华书院、安宁州的云峰书院、禄丰县的松岩书院、嵩明州的碧澜书院、大理府的源泉书院、龙关书院和桂林书院、赵州的玉泉书院、云南县的五云书院、邓川州的象山书院、宾川州的秀峰书院、临安府的崇正书院和景贤书院、楚雄府的龙泉书院、南峰书院和龙冈书院、定远县的文龙书院、澂江府的点苍书院、永昌府的正学书院和保山书院、寻甸府的萃华书院和梧冈书院、元江府的北池书院，共 23 所；隆庆年间所建书院有云南府的文昌书院、晋宁州的梅谷书院、禄丰县的文明书院和桂香书院、昆阳州的海春书院、三泊县的泊阳书院、易门县的文昌书院、罗次县的罗阳书院、蒙自县的见湖书院、澂江府的澄心书院、鹤庆府的复性书院、剑川州的金华书院、腾越州的凤山书院，共 13 所；万历年间所建书院有赵州的凤仪书院、云南县的九峰书院、浪穹县的桂亭书院、石屏州的龙泉书院、秀山书院、州前书院、五亩书院和张本寨书院、姚安府的南中书院和三台书院、大姚县的文明书院、路南州的敬一书院、永昌府的见罗书院、武定府的文峰书院、景东府的新城书院、恭顺州的道南书院、广西府的鹤麓书院和文昌书院，共 18 所；天启年间所建书院有曲靖府的兴古书院，仅 1 所；崇祯年间所建书院有邓川州的新州书院，亦仅 1 所。

除此之外，其他暂时难以考证其年代但又明确记载于所修云南方志中的明代书院，有邓川州的玉泉书院、桂香书院、登龙书院和白云书院，以及南安州的景贤书院、曲靖府的靖阳书院、赵州卫的崇正书院、马龙州的通泉书院、澂江府的桂香书院、河阳县的玉笋书院、剑川州的学修书院、永平县的博南书院，共 12 所。除玉笋书院见于清代康熙年间所修方志《河阳县志》、通泉书院见于清代雍正年间所修方志《马龙州志》外，其他 10 所书院，全见于明代方志，记载应比较可信。

表 2－1 所统计的 78 所明代云南所建书院，其中共有 53 所见于明代方志，应该不用存疑；13 所书院目前最早见于康熙年间所修方志，时间上相距明代不算太远，应可大致肯定其存在。有 10 所书院最早见于雍正、乾隆年间所修方志，虽然相距明代较远，但记载有据，不排除有更早的记载。也许目前暂时未能发现更早的相关记录，或是记载这 10 所书院更早方志已佚失。此外，仅有道南书院、龙溪书院这两所书院分别最早见于道光年间所修方志《他郎厅志》和光绪年间所修方志《鹤庆州志》中，时间上离明代更远，确实需要进一步的考证。然而，根据历史研究不应轻易否定的原则，现所统计的明代书院已明确载入明清方志中，记成文字，于此姑且信之。所以目前大致确定以 78 所书院为明代云南所建书院数目。①

虽然此处并非最后论定之数，此后根据新发现的史料，明代云南所建书院的数目可能有所增加或有所减少，但是研究明代云南所建书院，现所得 78 所书院之数据，与目前其他相关研究比较，资料来源相对可靠，描述也较为详细。就目前的明代书院研究而言，白新良的《中国古代书院发展史》一书涉及明代书院部分应该最为翔实，详列了明代云南共有 79 所书院，当前大部分学者也引用这一数据。但是，与本书基于云南方志统计的数据对照，该数据还是存在一些出入。其中大理府玉龙书院即其地龙关书院（民国《大理县志稿》），安宁州泊阳书院即三泊县书院（康熙《云南府志》），异名但实为同一书院，统计重复。大理府桂香书院应建于清代，康熙三十

① 据清代所修的云南方志，有几所书院在方志中没有明确指明建设时间，难以断定是明代或是清代所建。其中有武定府的武阳书院（康熙《武定府志》）、黑盐井提举司的龙江书院（康熙《黑盐井志》）、石屏州的崇正书院和宝山书院（乾隆《石屏州志》）、腾越州的春秋书院（光绪《腾越州志》）、广西府的凝秀书院（乾隆《广西府志》）等，因不见于明代所修方志或清代更早所修的方志中，所以暂不纳入统计中，有待于新发现相关史料而确定其建设时间。

年提督诺穆图因明代李元阳讲学之旧址改建。[①] 查阅明代方志及李元阳个人文集《李中溪先生全集》，不见李元阳建有书院的记载，所以不能简单地将李元阳个人讲学地确定为书院。[②] 罗次县的碧城书院（康熙《罗次县志》）应建于清代，康熙年间由知县谢曾祚所设，并不建于明代。白新良认定为明代所建书院的武定府武阳书院（康熙《武定府志》）、黑盐井提举司龙江书院（康熙《黑盐井志》）、石屏州崇正书院和宝山书院（乾隆《石屏州志》）、腾越州春秋书院（光绪《腾越州志》），仅见于清代方志，并没有标明所建时间和主持修建者，难以考证出其为明代所建书院，如此等等。更重要的是，白氏的研究虽附有参考文献，但没有明确注明每所书院所据资料来源，所以部分书院是否为明代书院难以确证，也就具有许多值得商榷之处。另从所附参考文献来看，征引文献不足，大量的明清云南方志没有纳入考证视野，所以有广西府的鹤麓书院和文昌书院、寻甸府的梧冈书院等部分明代所建书院漏列。[③]

除了白新良的研究外，曹松叶《宋元明清书院概况》一文中提出明代云南书院共有 50 所，从目前的研究来看，与实际数目对比，出入较大，统计并不完整。陈谷嘉、邓洪波主编的《中国书院制度研究》中统计明代云南书院共有 66 所，但仅列出数据，并没有详列书院名称、修建时间及所据资料来源等。王炳照先生在《古代中国书院》书后附表所列明代云南书院则为 67 所，但表中只列出数据，也没有详列各书院名称、修建时间等具体情况及所据资料来源等。1996 年出版的云南省地方志编纂委员会所编的《云南省志·教育

① 参阅黄元治《桂香书院记》，其中有言："桂香书院，故为文昌祠，祠有楼曰桂香，康熙三十一年壬申提督军门诸公拓之为桂香书院。"《大理府志》卷二十九，傅天祥等修，黄元治等纂，康熙三十三年刻本。李元阳，字仁甫，号中溪，大理人，明代白族思想家、史学家。参阅伍雄武《明代白族思想家李元阳》，伍雄武、杨国才主编《白族哲学思想史论集》，民族出版社 1992 年版，第 113 页。

② 李元阳：《李中溪先生全集》，民国元年刻本。

③ 参见白新良《中国古代书院发展史》，天津大学出版社 1995 年版，第 55—121 页；白新良《明清书院研究》，故宫出版社 2012 年版，第 68—126 页。

志》中，对于云南省各地古代书院进行统计，列出云南各市州地区明清两代所建书院数目，指出明代所建书院为70所，但也没有详列书院名称、修建时间等具体情况及所据资料来源等。[①] 由此而论，本书通过明清方志特别是明代方志的检索，考察每一所书院的名称、修建地点、修建时间及主持修建者，最后大致确定明代云南共建有书院78所，应更为可信。

三　明代云南书院建设之评析

与全国相比较，云南书院建设起步虽晚，兴起于明弘治年间，但发展迅速，历弘治、正德，在嘉靖年间进入鼎盛时期，隆庆、万历两朝继续其盛况。综观云南明代书院建设发展历程，至少可获得如下一些认识。

（一）从时间上考察，明代云南书院建设与全国各地书院建设大致同步。从洪武年间开始，明朝就重视教育，在全国各地遍建官学，修建学宫，云南亦为如此。据万历《云南通志》所载：云南府官学“在府治东南，汉章帝元和二年建，唐天宝间废，元至元间总管张立道复置学舍，建文庙，后平章政事赛典赤拓大之。国朝洪武初西平侯沐英重建，规制始备”，云南府所辖晋宁州、安宁州官学也都建于或重建于洪武年间；大理府官学，“正统间知府贾铨重修”，大理府所辖太和县、云南县、浪穹县、赵州、邓川州官学都建于或重建于洪武年间；临安府官学“在府治西，元平章王惟勤创建。国朝洪武十六年重修，二十二年通判许莘始大其规”，该府所辖石屏州、阿迷州、宁州、通海县、河西县、嶍峨县、蒙自县官学，也都建于或重建于洪武年间；永昌府官学“在府治西，正统九年刑部侍郎杨宁

① 《云南省志·教育志》，云南人民出版社1996年版，第129页。赵廷光主编的《云南文庙存佚》一书中也提出云南明代所建书院为70所，可能沿用了早于该书出版的《云南省志》中的数据。

建”，该府所辖永平县官学建于洪武年间，腾越州官学建于成化年间，[①] 如此等等，不一一列举。由此可知“明初教士，一归学校”，官学已建于云南各地。官学兴盛，民间书院教育则备受冷落，云南此时无书院建设应在情理之中了。至明朝成化、弘治年间，荒废多年的白鹿洞书院、岳麓书院相继修复，明朝政府逐步改变原来对书院教育冷漠的态度，提倡兴建书院。[②] 云南书院建设始于弘治年间，其时云南共建有书院 4 所。就目前可明确修建时间的明代书院而言，虽然在正德年间云南仅建有 6 所书院，但在嘉靖年间云南书院建设进入鼎盛时期，共建有书院 23 所。隆庆、万历年间，云南继续其书院建设盛况，所建书院达到 31 所，与其时全国各省书院建设步伐相同。天启、崇祯年间，一方面全国各地已遍建书院，另一方面明朝已内忧外患，社会动荡不安，全国书院建设深受影响，所以全国各地所建书院数量不多，云南此时所建书院仅两所。所以说，明代云南书院建设与全国其他各省书院建设大致同步。[③]

（二）从地域上考察，云南书院建设地域相对集中。根据《明史·地理志》对云南府州县设置的记载，明代云南共领有 20 府：云南、曲靖、寻甸、临安、澂江、广西、广南、元江、楚雄、姚安、武定、景东、镇沅、大理、鹤庆、丽江、永宁、永昌、蒙化、顺宁。[④] 就明代云南书院地域分布而言大理府先后建有书院 19 所，云南府 12 所，临安府 8 所，永昌府 6 所，楚雄府 5 所，曲靖府 5 所，徵江府 5 所，姚安府 4 所，鹤庆府 4 所，寻甸府 3 所，元江府 2 所，广西府 2 所，蒙化府、武定府、景东府各 1 所。明代书院，主要分布在 20 府的 15 府中，集中于受中原文化影响较早较深的地区，如大理府、云南府、临安府三地，共有 39 所，已占 50%。这说明，书院的建设在地域

---

① 万历《云南通志》卷八，邹应龙等修，李元阳纂，明万历四年刻本。

② 王炳照：《中国古代书院》，商务印书馆 1998 年版，第 157 页。

③ 参阅白新良《明清书院研究》，故宫出版社 2012 年版；邓洪波《中国书院史》，武汉大学出版社 2012 年版。

④ 《明史》卷四十六，中华书局 1974 年版，第 1171—1197 页。

上相对集中。对于云南那些受中原文化影响较小的边疆地区，所建书院较少，尤其是一些少数民族居住的偏远地区，不见建有书院的记载。

（三）书院一般由各地官员动议而建，难免受官方势力的影响，具有一定官方色彩。据史料记载，自唐代书院兴起之时，书院大多为民间私人聚书讲学之所；宋代书院兴盛之时，书院更多为学者私人创立，虽有官方参与书院创建活动，但书院注意保持独立讲学的风格，与官方的联系并不紧密。至元代推行尊孔崇儒的文教政策，在保护书院设施的同时，官方势力也强力渗入书院教育，加强对书院经费的管理与控制，由各级官府为书院委派山长，选任主讲，书院由此逐渐丧失独立讲学的地位，难以坚持学术独立的精神。时至明代，遍建官学，书院迟至成化年间才开始兴建与修复，但已难免具有官方背景。对于明代云南书院的建设，就与官府或各级官员有着千丝万缕的关系。上表所列书院，除了桂香书院（禄丰）、象山书院、玉泉书院、桂香书院（邓川州）、登龙书院、白云书院、景贤书院、崇正书院（曲靖）、通泉书院、龙山书院、桂香书院（澂江）、玉笋书院、博南书院、北池书院、道南书院等15所书院，尚未考证出书院始建者之外，仅有易门县的文昌书院和昆阳州的海春书院为“合学公建”，没有明确与地方政府及官员之间的联系，其余各书院，都在其地方官员的提议倡导下，或由官员个人捐资，或由地方政府直接拨款，得以顺利建成。建成以后又由地方官员领头捐款，或由地方政府拨款，购买田地作为书院院产，出租给种地农民收取租金，以充书院山长薪水、生徒膏火之资。如万历《云南通志》记载，大理府苍山书院，弘治十二年（1499）由“御史谢朝宣建”；浪穹县龙华书院，由“知县蔡霄杰建”；永昌府保山书院由“知府杨朗”所建，如此等等。[①] 再如五华书院，则由都御史王启倡议建成，建设过程在其所写书院记中有较详细的记载：“予尝登高眺远，滇之山水其最秀者，莫如五华山；浮屠氏虽窃而

① 万历《云南通志》卷八，邹应龙等修，李元阳纂，明万历四年刻本。

宫之，不能当其美。其西南一山，冈阜蜿蜒，林木畅茂，遥岑面之若拱而立，翠海腹之若虚而受，盖滇之秀气至是而极焉。盛极必泄。予自入滇以来，每目击心醉。一日，与大巡汉阳傅君登此，徘徊瞻望，皆若符白鹿、衡岳之胜概者，曰：是岂不可以书院乎？乃谋诸镇总二府、藩臬长贰、提学及郡守等官，而拓其地建书院，以当其形势，置讲堂、斋舍，令可肄习，区本钱、廪饩，俾可以继。凡几席床柜之物，门厨供张之类，莫不毕具。至是选博士弟子，将进而讲习于其中。予喜诸生之朝夕相与刮摩，必将大有所成，以应昌期之用；又喜滇之名儒将自是辈出，而书院将与白鹿、衡岳垂名不朽也，岂曰小补之哉？”[①] 五华书院，由都御史王启提议，在各级官员的参与下建成；或拨款或捐资，“区本钱、廪饩”，以为师生薪水膏火之资。石屏州龙泉书院，建于嘉靖年间，后荒废，万历间知州徐应斗重建，“工始于辛丑冬十月，落成于壬寅之秋，计工费可六千金，皆捐俸助工，自为经理”。[②] 事实上，明代云南绝大部分书院由官方拨款资助或由官员捐款，在地方官员主持或动议下最后建成；建成后再拨款或捐资维持书院的日常开支。由此而论，官方势力影响了明代云南书院的建设，明代云南书院具有官方色彩。

第二节　清代云南书院建设及其特点

明代书院经历明末清初的社会动乱与战火，留存至清代的书院并不多；大部分清代书院为重建或新建书院。云南清代书院的兴起与发展，过程也较为曲折，其制度基本上继承明代书院制度，并无显著变化。现就清代书院兴起与发展过程做一描述，并做适当分析。

---

① 王启：《五华书院记》，万历《云南通志》卷八，邹应龙等修，李元阳纂，明万历四年刻本。

② 涂时相：《重修龙泉书院记》，《滇志》卷之二十，刘文征纂，明天启五年刻本，北京大学图书馆藏抄本。

一　清代云南书院的兴起

经过明末清初的战火与朝代更替，云南明代所建书院要么为战火所毁，要么停办而荒废，据所掌握的史料，目前不见一所明代云南书院在顺治年间继续办理的相关记载。清朝政府统一全国以后，为其统治安全着想，压制汉民族意识，对思想文化采取严密控制政策，顺治九年通令全国，“不许别创书院，群聚徒党，及号召地方游食无行之徒，空谈废业”。① 在此背景下，自明代留存下来的云南原有书院难能继续办理。

至康熙年间，社会渐趋稳定，思想文化政策上有所宽松，开始重视文化建设。对于书院，通过以赐匾额、赐书籍的方式加以提倡。康熙二十五年，御书“学达性天”匾额分赐白鹿洞书院、岳麓书院，并颁赐《十三经》《二十一史》等文化经典。清朝皇帝对书院教育的褒扬，标志书院教育已获得清朝政府的认可与支持，由此各地官员与缙绅之士开始积极修复有明以来的书院，云南各地也开始创建书院。康熙二十四年，云贵总督蔡毓荣、云南巡抚王继文“捐俸以建书院”，“鸠工庀材，始于甲子之冬，落成于乙丑之春，颜之曰‘昆明书院’”。② 总而言之，清朝政府一改原禁止“别创书院”的政策，鼓励各地创立书院，修复原有书院。康熙四十二年，御赐“育材”匾额给昆明书院。③ 康熙年间云南始建或重建书院共有 52 所，与全国各省所建书院相当。据统计，康熙年间，湖南共建有书院 41 所。④

云南省会五华书院本建于明朝嘉靖年间，明末荒废。云贵总督

① 《古今图书集成》卷三八三《选举典·学校部》，中华书局 1934 年影印本。

② 蔡毓荣：《新建昆明书院碑记》，光绪《昆明县志》卷四《学校》，戴炯孙纂，光绪二十七年刊本。

③ 民国《新纂云南通志》卷一百三十四，云南人民出版社 2007 年整理本，第 529 页。

④ 参阅邓洪波《中国书院史》，武汉大学出版社 2012 年版，第 451 页。

鄂尔泰针对云南人才缺乏，“奇才异能之士未尝数数睹也”之状况，于雍正九年修复五华书院，在全省宣示《征滇士入书院教》一文，要求全滇府州县，对于“学问优通者，或天资高妙能记诵颖悟过人者”，“会同保送”，“集于书院”。与此同时，“置廿一史诸书于院中”，再取“十三经及周秦以来之书若干部”，“各用图书印记注之简册，贮之书院，掌之学官，传之永久”。[①] 征滇士入书院受教，厚给膏火，置以图书。雍正十一年（1733）诏谕各省设立书院，据上谕所言：“近见各省大吏渐知崇尚实政，不事沽名邀誉之为，而读书应举者，亦颇能屏去浮嚣奔竞之习，则建立书院，择一省文行兼优之士读书其中，使之朝夕讲诵，整躬励行，有所成就，俾远近士子观感奋发，亦兴贤育才之一道也。督抚驻扎之所为省会之地，着该督抚商酌奉行，各赐帑金一千两。将来士子群聚读书，须预为筹划，资其膏火，以垂永久。其不足者，在于存公银内支用。”[②] 当年，御赐云南五华书院“帑金一千两，岁收租息赡给师生膏火”。清朝政府已从御赐匾额式的精神上的鼓励，到御赐书籍式的书院设施方面的物资上的帮助，再到御赐帑金及支用公银式的经费上的支持。确实，雍正时期重视书院建设，但同时采取了一系列措施，加强对书院的管理和控制。书院的生徒，由各州县选拔。对山长、教师的考核、惩罚、提调，也由地方当局办理。同时，地方政府为书院拨给经费或置学田，使其经费有所保证。所以，雍正年间云南又新增书院 38 所，云南书院教育已成为云南人才培养的重要基地。

乾隆时期，清朝政府继续雍正朝的书院政策，在重视书院建设的同时也加强对书院教师选聘的管理和对书院生徒选拔的控制。乾隆元年规定：“凡书院之长，必选经明行修、足为多士模范者，以礼聘

① 鄂尔泰：《征滇士入书院教》，《滇系》第二十一册《艺文五》，师范纂，清嘉庆十三年修，云南官书局据嘉庆二十二年刻本重新刊印版。

② 素尔讷等纂修《钦定学政全书》卷六三《书院事例》，文海出版社 1974 年版；另见陈嘉谷、邓洪波《中国书院史资料》（中册），浙江教育出版社 1998 年版，第 855 页。

请”，教师选聘以“经明行修、足为多士模范”为标准，不问其社会地位。对于书院生徒的选拔，乾隆元年上谕规定：书院的生徒，由地方官“择乡里秀异，沉潜学问者，肄业其中。其恃才放诞，佻达不羁之士，不得滥入书院中”。[①] 乾隆九年又重申：“嗣后各省书院肄业之人，令各州县秉公选择报送，各布政司会同专司稽查之道员再加考验，其果才堪造就者，方准留院肄业，毋得滥行收选”，书院生徒的选拔标准是必须为“潜心学问”之人。[②] 清朝政府加强对书院的管理，也反映了政府对书院的重视，乾隆时期也是书院建设的大发展时期。就云南而言，据史料统计，乾隆年间云南所建书院为41所。

由此可见，云南书院的兴起，是与清朝政府及地方官员的提倡和支持分不开的。

二　清代云南书院建设概况

为了更具体而真实地了解清代各朝所建书院的状况，现就当时书院建立情况列表展示，见表2－2。

表2－2　　清代云南各地所建书院统计

序号	书院名称	所在府州县厅	具体地址	始建或重建时间	始建或重建者	资料来源③
1	五华书院	云南府	五华山麓	雍正九年	总督鄂尔泰	光绪《云南府志》
2	经正书院	云南府	贡院右侧报恩寺故址	光绪十七年	总督王文韶、巡抚谭钧	光绪《云南府志》
3	育材书院④	云南府	南门外慧光寺左	康熙二十四年	总督蔡毓荣、巡抚王继文	光绪《云南府志》
4	碧峣书院	昆明县	高峣	康熙二十八年	总督范承勋	民国《高峣志》

① 《清高宗实录》卷二十，乾隆元年六月甲子，中华书局1985年版。

② 昆冈等撰《大清会典事例》卷三九五，中华书局1991年版。

③ 资料来源除有具体说明者外，一般出自方志中的学校志。

④ 又名昆明书院。见民国《新纂云南通志》卷一百三十四，云南人民出版社2007年整理本，第528页。

续表

序号	书院名称	所在府州县厅	具体地址	始建或重建时间	始建或重建者	资料来源
5	九峰书院	富民县	城内东隅	乾隆三十八年	知县李登瀛	光绪《云南府志》
6	雉山书院	宜良县	城内西北	康熙三十二年	知县龙灿	雍正《宜良县志》
7	雪堂书院	宜良县	城内学宫左	乾隆五十一年	知县李淳	民国《宜良县志》
8	鹅塘书院	宜良县	城西三十里汤池	道光二十七年	士民捐建	民国《宜良县志》
9	碧城书院	罗次县	文昌宫内	康熙二十九年	知县夏玘	道光《罗次县志》
10	罗阳书院	罗次县	城北门外	雍正十二年	知县任温	光绪《罗次县志》
11	象山书院	晋宁州	城东外象山左	嘉庆十九年	知州李端元	道光《晋宁州志》
12	砺锋书院	呈贡县	城南门内	嘉庆二十一年	知县赵怀锷	道光《呈贡县志》
13	三台书院	呈贡县	城内三台山之阳			民国《新纂云南通志》
14	升庵书院	安宁州	州北门内		知州朱承命	光绪《安宁州志》
15	太极书院	安宁州	城内太极山麓	乾隆五十四年		道光《安宁州志》
16	桂香书院	禄丰县	常平仓后	康熙三十年	知县蔡维寅	道光《禄丰县志》
17	云龙书院	禄丰县				嘉庆《大清一统志·云南志》
18	信天书院	昆阳州	州署左	顺治十七年	知州童复晅	雍正《昆阳州志》
19	桂香书院	昆阳州	南门内	乾隆年间		光绪《昆阳州志》
20	巨桥书院	昆阳州				嘉庆《大清一统志·云南志》
21	文昌书院	易门县	在城内	康熙十六年	赵文猷	雍正《易门县志》
22	聚奎书院	易门县	在城南	康熙四十二年	知县王希圣	雍正《易门县志》
23	桂香书院	易门县	在城内	康熙二十九年	知县路光岱	雍正《易门县志》

续表

序号	书院名称	所在府州县厅	具体地址	始建或重建时间	始建或重建者	资料来源
24	鹿元书院①	嵩明州	鹿元山	康熙七年	提学道寿以仁	雍正《嵩明州志》
25	龙泉书院，又名邵川书院	嵩明州	州治邵甸里苏海村	康熙四十二年	知州雷御龙	雍正《嵩明州志》、光绪《续修嵩明州志》
26	巢经书院，又名嵩阳书院	嵩明州		乾隆二十三年	知州严遂成	道光《嵩明州志》、光绪《续修嵩明州志》
27	玉龙书院	大理府	城南三十里下关	同治十二年	巡抚岑毓英	光绪《大理府志》
28	崇敬书院②	大理府	府学西	康熙三十三年	知府李斯佺	雍正《大理府志》
29	西道书院	大理府	城内巡道署西	雍正三年	分巡道贾扩基	雍正《大理府志》
30	桂香书院	大理府	府治西北文昌宫后	康熙三十年	提督诺穆图	雍正《大理府志》
31	波罗书院	大理府	城北上关云弄峰麓	嘉庆年间	举人任国彦	光绪《大理府志》
32	中和书院	太和县	县治东		郡人戴斯等	光绪《大理府志》
33	敷文书院	太和县	县治东旧县学址	同治十二年	巡抚岑毓英等	光绪《大理府志》
34	西云书院	太和县	县治东北	同治十二年	提督杨玉科	光绪《大理府志》
35	凤鸣书院	赵州	州城内文昌楼	雍正四年	知州汪邦彦	光绪《赵州志》
36	龙翔书院	赵州	城东北九十里弥渡	雍正十二年	通判屈学洙	光绪《赵州志》
37	五云书院	云南县	县治北	同治十三年	知县黄金衔	光绪《云南县志》

① 据民国《新纂云南通志》卷一百三十四记载：鹿元书院，原名碧澜书院，在州治杨林驿东北，明正德年间参政刘鹤年建。万历年间，副使黄琮迁于驿北，易名瑶华书院。清康熙七年，提学道寿以仁迁于废所城西南，易名崇文书院。康熙四十九年，布政使李华之迁于鹿元山，易名鹿元书院。另据光绪《续修嵩明州志》记载，道光年间又改名龙山书院。

② 即明代源泉书院，见康熙《大理府志》，黄元治等修纂，康熙三十三年刊本，民国二十九重印本，见《大理丛书》卷四《方志类》，民族出版社 2001 年影印本。

续表

序号	书院名称	所在府州县厅	具体地址	始建或重建时间	始建或重建者	资料来源
38	九峰书院	云南县	文昌宫	乾隆五十一年		光绪《云南县志》
39	龙翔书院	云南县	城内大街	康熙二十七年	知县刘国玺	光绪《云南县志》
40	鹏飞书院	云南县	城西门内	雍正四年	知县张汉复	光绪《云南县志》
41	万青书院	云南县	城西九十里你甸里	康熙二十五年	知县黎日升倡士民同设	光绪《云南县志》
42	宾兴馆	云南县		同治十二年	知县黄金衔	光绪《云南县志》
43	宏文书院	邓川州	州城北街	雍正六年	知州李毓元	光绪《邓川州志》
44	联云书院	邓川州	城南十里兆邑村联云寺	雍正六年	知州李毓元	光绪《邓川州志》
45	毓英书院	邓川州	城东十里青索营五佛寺	雍正七年	知州罗弥素	光绪《邓川州志》
46	龙登书院	邓川州	城北二十里中所营	雍正十三年	知州施震	光绪《邓川州志》
47	罗俊书院	邓川州	城东六十里千户营文昌宫	雍正十三年	知州施震	光绪《邓川州志》
48	玉泉书院	邓川州	城西十五里	乾隆元年	知州施震	光绪《邓川州志》
49	养正书院	邓川州	龙王庙			光绪《邓川州志》
50	登瀛书院	邓川州	银桥	乾隆四十九年		道光《邓川州志》
51	新建书院	浪穹县	县学明伦堂后	雍正四年	知县张坦	光绪《浪穹县志略》
52	万奎书院	浪穹县	城内	雍正八年	知县吴士信	光绪《浪穹县志略》
53	凤翔书院	浪穹县	城西南四十里凤翔乡	雍正四年	知县张坦	光绪《浪穹县志略》
54	洱源书院	浪穹县	文庙左侧	光绪十年	知县陈文锦	光绪《浪穹县志略》
55	育英书院①	宾川州	城西门内	康熙三十二年	知州甘国辅	道光《宾川州志》

① 又名笔山书院。

续表

序号	书院名称	所在府州县厅	具体地址	始建或重建时间	始建或重建者	资料来源
56	秀峰书院	宾川州		康熙三十二年		嘉庆《大清一统志·云南志》
57	修翎书院	云龙州	城内	雍正十二年	知州徐本仙	光绪《云龙州志》
58	龙门书院	云龙州	城内砥柱桥	道光十九年	知州谢体仁	光绪《云龙州志》
59	彩云书院	云龙州	州治北三十里石门井	光绪年间	邑绅杨名飏	光绪《云龙州志》
60	崇正书院	临安府	府西城外	康熙三十九年	知府董弘毅	雍正《建水县志》
61	焕文书院	临安府	城东小石桥	康熙五十五年	知府陈肇奎	雍正《建水县志》
62	崇文书院	临安府	城内东北隅	道光十七年	知府郑绍谦	光绪《临安府志》
63	曲江书院	建水县	距城一百余里曲江	光绪六年	知县章于锦	光绪《临安府志》
64	秀山书院	石屏州	宝秀玉屏山下		清知州龙为霖重修	乾隆《石屏州志》
65	龙泉书院	石屏州	城北门外	乾隆十八年	知州管学宣	光绪《临安府志》
66	登龙书院	石屏州	明伦堂	康熙四十八年	知州胡承禧	道光《石屏州志》
67	玉屏书院	石屏州	文庙之西	道光年间	邑绅朱	道光《石屏州志》
68	灵泉书院	阿迷州	旧学宫	乾隆三十五年	知州边镛	光绪《临安府志》
69	迷阳书院	阿迷州	北门内	雍正三年	知州毛振翧	康熙《阿迷州志》
70	凝阳书院	宁州		乾隆四十八年	知州周鉴等	光绪《临安府志》
71	龙门书院	宁州	城东北九十里伏虎寺			光绪《临安府志》
72	星湖书院	宁州	城西北五十里星云湖上	同治初	邑人刘有训等	光绪《临安府志》
73	学源书院	宁州	城西北六十里黑龙潭	同治年间	赵有仁等人	光绪《临安府志》
74	玉溪书院	宁州	婆西乡			《新纂云南通志》

续表

序号	书院名称	所在府州县厅	具体地址	始建或重建时间	始建或重建者	资料来源
75	海镜书院	宁州	易富乡			《新纂云南通志》
76	龙潭书院	宁州	虚于乡			《新纂云南通志》
77	秀麓书院	通海县	学宫右	乾隆四十八年	知县陈朝书	光绪《临安府志》
78	螺峰书院	河西县	城内学宫旁	康熙三十六年	知县蔡醻	乾隆《河西县志》
79	乐育书院	河西县	城西乡			《新纂云南通志》
80	登云书院	嶍峨县		嘉庆三年	杨吴氏	光绪《临安府志》
81	萃秀书院	嶍峨县	城内	同治八年	知县李衍	光绪《嶍峨县志》
82	观澜书院	蒙自县	西关外	乾隆五十七年	知县李焜	光绪《临安府志》
83	载道书院	蒙自县	城内文昌宫	乾隆五十八年	合邑绅士	光绪《临安府志》
84	养正书院	蒙自县	个旧厂	光绪元年	官绅重建	光绪《临安府志》
85	道成书院	蒙自县	南城外	光绪年间	陈灿	光绪《临安府志》
86	龙泉书院	楚雄县	城内雁峰之麓	光绪二十五年	知府石鸿韶等	宣统《楚雄县志述辑》
87	卢公书院	楚雄县		康熙四十六年	知府卢询	嘉庆《楚雄县志》
88	凤山书院	楚雄县	城西旧学宫址	康熙四十六年	知府卢询	康熙《楚雄府志》
89	鹿城书院	楚雄县	东城内	道光十九年	邑绅谢长清	宣统《楚雄县志述辑》
90	雁峰书院	楚雄县	雁塔山下文昌宫	同治十三年	邑绅李维述	宣统《楚雄县志述辑》
91	鸡和书院	镇南州	州署东	康熙四十一年	知州陈元	咸丰《镇南州志》
92	盘山书院	镇南州	州治南马王庙左	乾隆二十四年	进士陈封舜	咸丰《镇南州志》
93	龙川书院	镇南州	学宫东	嘉庆十五年	知州苏世勋等	光绪《镇南州志略》

续表

序号	书院名称	所在府州县厅	具体地址	始建或重建时间	始建或重建者	资料来源
94	凤鸣书院	镇南州	州西沙桥驿	光绪十一年	廪生夏文衡等	光绪《镇南州志略》
95	储桢书院	镇南州	州治东门内	康熙四十五年		康熙《楚雄府志》
96	景贤书院	南安州	城西门外			《新纂云南通志》
97	汲泉书院	南安州	城南白沙平冈			《新纂云南通志》
98	山天书院	南安州	城内	康熙四十九年	知州张伦至	康熙《南安州志》、康熙《楚雄府志》
99	兴贤书院	南安州	碍嘉文昌宫	雍正十三年	州判罗仰锜	乾隆《碍嘉志》
100	育才书院	南安州	碍嘉昔塔	雍正十三年	州判罗仰锜	乾隆《碍嘉志》
101	崇文书院	南安州	碍嘉篾架	雍正十三年	州判罗仰锜	乾隆《碍嘉志》
102	广化书院	南安州	碍嘉丙坡	雍正十三年	州判罗仰锜	乾隆《碍嘉志》
103	敷教书院	南安州	碍嘉旧纳山麓	雍正十三年	州判罗仰锜	乾隆《碍嘉志》
104	三台书院	姚州	府学右	雍正三年	知州钱恒	《新纂云南通志》
105	大成书院	姚州	尊经阁西	乾隆十七年	知州丁士可	康熙《姚州志》
106	栋川书院	姚州	州治东南	康熙三十三年	知府姚谐	康熙《姚州志》
107	麟凤书院	姚州		康熙二年	知府倪巽生	道光《姚州志》
108	鳌峰书院	姚州	旧府署	乾隆三十八年	邑绅夏诏新	道光《姚州志》
109	日新书院①	大姚县	县治后南街	雍正二年	知县冯光裕	道光《大姚县志》
110	树人书院	广通县	县治北	乾隆三十八年	知县孙铎	《新纂云南通志》
111	文龙书院	定远县	城内	康熙三十五年	知县袁乃湔	道光《定远县志》
112	河阳书院	河阳县	县治西北	康熙五十七年	知府柳正芳	道光《澂江府志》

① 原名文明书院。

续表

序号	书院名称	所在府州县厅	具体地址	始建或重建时间	始建或重建者	资料来源
113	凤山书院	河阳县	城东通判署右	康熙二十九年	通判张友宓	道光《澂江府志》
114	玉笥书院	河阳县	府治东	康熙八年	知府冯苏	道光《澂江府志》
115	养正书院	河阳县	城东门内			《新纂云南通志》
116	钟秀书院	江川县	钟秀山麓文庙西	道光二十七年	知县刘绍高等	道光《澂江府志》
117	起凤书院	江川县	县西九寨乡	光绪元年	副榜王来宾	《新纂云南通志》
118	玉溪书院	新兴州	城东门内	康熙四十九年	知州任中宜	道光《澂江府志》
119	敬一书院	新兴州	城北普舍城	康熙二十四年	知州徐瀛翥	道光《澂江府志》
120	鹿阜书院	路南州	城内	乾隆三十二年	知州殷王臣	道光《澂江府志》
121	莲峰书院	宝宁县	学宫内	乾隆五十九年	知府傅应奎	光绪《广南府志》
122	培风书院	宝宁县	文昌宫左	道光二年	知府何愚新	光绪《广南府志》
123	龙泉书院	顺宁县	府南城外龙泉寺			雍正《顺宁府志》
124	育贤书院	顺宁县	府署东北	顺治十七年	知府米璁	雍正《顺宁府志》
125	养正书院	顺宁县	府北右甸里	康熙二十七年	通判张稷谟	雍正《顺宁府志》
126	凤山书院	顺宁县	城内奎阁后	雍正十一年	布政使陈宏谋	雍正《顺宁府志》
127	右仁书院	顺宁县		嘉庆二十五年		雍正《顺宁府志》
128	瞻云书院	云州	城内文昌宫	乾隆十八年	知州戴济川	光绪《顺宁府志》
129	云州书院	云州	文昌殿外	乾隆五十年	知州涂梁	光绪《顺宁府志》
130	文昌书院	缅宁厅				《新纂云南通志》
131	班凤书院	缅宁厅				《新纂云南通志》

续表

序号	书院名称	所在府州县厅	具体地址	始建或重建时间	始建或重建者	资料来源
132	同仁书院	缅宁厅				《新纂云南通志》
133	凤翔书院	缅宁厅				《新纂云南通志》
134	龙门书院	缅宁厅				《新纂云南通志》
135	南城书院	南宁县	治南正法寺内	康熙三年	知县程封	咸丰《南宁县志》
136	曲阳书院	南宁县	城内启文街	乾隆三十一年	知府綦煜	咸丰《南宁县志》
137	越州书院	南宁县	在越州	同治十二年	李映庚	《新纂云南通志》
138	西平书院	沾益州	望海寺	康熙四十六年		光绪《沾益州志》
139	龙华书院	沾益州	州署东	乾隆三十四年	知州王秉韬	光绪《沾益州志》
140	凤山书院	陆凉州	南关外文昌宫右	嘉庆十二年	绅士陶尧文	民国《陆良县志稿》
141	新修书院	陆凉州	城北门外			民国《陆良县志稿》
142	蓉峰书院	陆凉州	城内	光绪五年	知州刘祖棨	民国《陆良县志稿》
143	钟灵书院	陆凉州	南区马街	光绪六年	绅首杨秉仁等	民国《陆良县志稿》
144	通泉书院	马龙州	州南城内	康熙四十三年	知府常德	雍正《马龙州志》
145	罗峰书院	罗平州	城东白腊街	嘉庆四年	知府张应垣	光绪《罗平州志》
146	龙源书院	罗平州	城北卑析厂	光绪九年	知州葛静远	光绪《罗平州志》
147	钀峰书院	罗平州	城东门外			光绪《罗平州志》
148	凤梧书院	寻甸州	城西门内	康熙三十二年	知州黄肇绅	光绪《寻甸州志》
149	萃华书院	寻甸州	州治东五里			嘉庆《大清一统志·云南志》
150	平彝书院	平彝县	治右即旧学宫			《新纂云南通志》

续表

序号	书院名称	所在府州县厅	具体地址	始建或重建时间	始建或重建者	资料来源
151	平成书院	平彝县		嘉庆四年	知县王子音	嘉庆《清一统志·云南志》
152	龙山书院	宣威州	文昌阁	乾隆三十九年	知州周翔千	光绪《宣威州志》
153	榕城书院	宣威州	明伦堂旧址	乾隆四十四年	知州饶梦铭	光绪《宣威州志》
154	玉河书院	丽江县	府治西	康熙四十九年	通判樊经	乾隆《丽江府志略》
155	雪山书院	丽江县	府治西	雍正三年	知府杨馝	乾隆《丽江府志略》
156	庆云书院	鹤庆州	治西南百三十里	光绪年间	邑人杨金和	民国《鹤庆县志》
157	鹤阳书院	鹤庆州	城西南隅	乾隆五十一年	知州王景绪	光绪《丽江府志》
158	玉屏书院	鹤庆州	州治西南学宫后	光绪十五年	邑绅舒金和等	光绪《鹤庆州志》
159	五峰书院	鹤庆州	治北辛屯	光绪年间	本屯人	民国《鹤庆县志》
160	金华书院	剑川州	州西门外	康熙五十二年	知州王世贵	光绪《剑川州志》
161	凤鸣书院	普洱府	城北关外凤凰山麓	乾隆六十年	威远同知傅霈等	光绪《普洱府志》
162	思诚书院	思茅厅	城西南玉屏山	乾隆五十二年	同知萧霖	光绪《思茅厅志》
163	道南书院	他郎厅	城北门外			《新纂云南通志》
164	联珠书院	他郎厅	东城外	道光十七年	通判李天锡	光绪《普洱府志》
165	钟山书院	威远厅	同知署南凤山	乾隆四十年	同知赵希尧	光绪《普洱府志》
166	永保书院	保山县	城内马里街	乾隆三年	知府徐本仙	光绪《永昌府志》
167	九隆书院	保山县	城内县学明伦堂前	康熙三十八年	知府罗纶	光绪《永昌府志》
168	摩苍书院	保山县	施甸	光绪七年	绅士段朝元等	光绪《永昌府志》
169	少保书院	保山县		光绪六年	李济川等	光绪《永昌府志》

续表

序号	书院名称	所在府州县厅	具体地址	始建或重建时间	始建或重建者	资料来源
170	秀峰书院	腾越厅	州学前	康熙二十五年	知州杨端宪	光绪《永昌府志》
171	来凤书院	腾越厅	州署右	乾隆十四年	知州唐世粱	光绪《永昌府志》
172	春秋书院	腾越厅	城内			《新纂云南通志》
173	博南书院	永平县	城南门外	康熙四十四年	知县顾鹏	民国《永平县志稿》
174	化平书院	永平县	漾濞	道光十二年	知县曹擢新	光绪《永昌府志》
175	龙山书院	龙陵厅	在仓房内	乾隆三十五年	同知张逷龄	光绪《永昌府志》
176	开文书院，又名开阳书院	文山县	城西门外新街	康熙三十三年	知府李锡	光绪《开化府志》、嘉庆《清一统志·云南志》
177	萃文书院	文山县	江那街	嘉庆十年	里人公建	光绪《开化府志》
178	凤鸣书院	文山县	厅城外古木街	咸丰四年		光绪《开化府志》
179	文山书院	文山县	城西门内	雍正八年	知县徐本仙	光绪《开化府志》
180	兴文书院	马关县		道光十三年		民国《马关县志》
181	西林书院	会泽县	城东门外	雍正十年	知府崔乃镛	乾隆《东川府志》
182	日新书院	会泽县	丰昌门内	乾隆十九年	知府义宁	乾隆《东川府志》
183	月潭书院	巧家厅	城东北隅	道光三十年	同知董钰	民国《巧家县志稿》
184	昭阳书院①	恩安县	府治东南二十里八仙海畔	雍正八年	总兵徐成贞	民国《昭通志稿》
185	凤池书院	恩安县	黉宫之左	乾隆四十九年	知府孙思庭	民国《昭通志稿》
186	育英书院	昭通府	府署右铜店	光绪二十年	知府林绍年	民国《昭通志稿》

① 又名昭通书院，见民国《昭通县志稿》，卢金锡等纂，民国二十五年抄本。

续表

序号	书院名称	所在府州县厅	具体地址	始建或重建时间	始建或重建者	资料来源
187	凤山书院	镇雄州	城内学署右	嘉庆八年	知州萧大经	道光《镇雄州志》
188	奎垣书院	镇雄州	彝良城义学后	乾隆二十九年	州同蒋肇堃	光绪《镇雄州志》
189	五莲书院	永善县		道光十六年	知县俞良杰	《新纂云南通志》
190	凤池书院	绥江县	文庙右	清中叶		民国《绥江县县志》
191	景文书院	大关厅	城东门外	雍正十三年	同知张坦	《新纂云南通志》
192	关阳书院	大关厅	城内	同治八年	同知陈廷珍	《新纂云南通志》
193	文屏书院	鲁甸厅	城北门外山麓文昌阁左	嘉庆二十二年	通判胡长宁	《新纂云南通志》
194	郁文书院	盐津县	盐井渡	雍正年间		民国《盐津县志》
195	开南书院	景东厅	府治北旧学宫址	康熙四十年	同知茹凤仪	光绪《景东厅志》
196	保和书院	景东厅	厅属之保甸河	雍正十二年	同知徐树闳	光绪《景东厅志》
197	凌凤书院	景东厅	厅属之麟街清真寺旧址	同治十二年	同知凌应梧等	光绪《景东厅志》
198	育德书院	蒙化厅	城内	康熙八年	同知张善化等	康熙《蒙化府志》
199	文华书院	蒙化厅	城北	雍正十三年	同知杜思贤等	民国《蒙化志稿》
200	兴文书院	蒙化厅	鼠街	雍正元年	同知罗得彦	乾隆《续修蒙化直隶厅志》
201	罗公书院	蒙化厅	城北二十五里北桥	雍正五年	同知罗得彦	乾隆《续修蒙化直隶厅志》
202	学古书院	蒙化厅	城内	光绪四年	同知夏廷燮	民国《蒙化志稿》
203	睛川书院	永北厅	城内文庙西	雍正十三年	知府钱恒	光绪《永北府志》
204	凤鸣书院，旧名壶山书院	永北厅	城内	嘉庆元年	同知王子音	光绪《永北府志》
205	碧松书院	镇沅厅	厅治西关外			光绪《永北府志》

续表

序号	书院名称	所在府州县厅	具体地址	始建或重建时间	始建或重建者	资料来源
206	文明书院	恩乐县	城西关外	乾隆三十年	知县萧思濬	光绪《永北府志》
207	凝秀书院	广西州	钟秀山		提学道蒋泂	乾隆《广西府志》
208	鹤麓书院	广西州			知府萧以裕	乾隆《广西府志》
209	文昌书院	广西州			知府陈忠	乾隆《广西府志》
210	鹤山书院	广西州	城西门外斗阁右	康熙五十六年	提学道蒋泂	乾隆《广西府志》
211	鹤峰书院	广西州	城内正街	嘉庆二十二年	知府福麻详	乾隆《广西府志》
212	钟秀书院	广西州		道光十四年	知州刘珩	乾隆《广西府志》
213	丹凤书院	师宗县	城东门内	道光二十五年	知县李光谦	乾隆《广西府志》
214	明新书院	丘北县		咸丰二年	知县金台	乾隆《广西府志》
215	桂香书院	弥勒县	城南门外	康熙二十七年	知州朱点	乾隆《广西府志》
216	甸溪书院	弥勒县	城西七十里竹园村	康熙二十八年	知州朱点	乾隆《广西府志》
217	养正书院	弥勒县		同治十一年	邑绅马鸣珂	乾隆《广西府志》
218	武阳书院	武定州	城内关帝庙左			光绪《武定直隶州志》
219	狮山书院	武定州	府治东北	乾隆四年	知府朱源淳	光绪《武定直隶州志》
220	桂香书院	元谋县	城内	道光三十年	官绅合建	民国《元谋县志》
221	马街书院	元谋县	马街城内	光绪二年	知县秦学贤	民国《元谋县志》
222	秀屏书院	禄劝县	城内城隍庙左	乾隆二十六年	知州汪斌	民国《禄劝县志》
223	澧江书院	元江州	府治后	雍正三年	知府迟维玺	道光《元江府志》
224	敬业书院	元江州	城北门内	雍正三年	知府迟维玺	道光《元江府志》

续表

序号	书院名称	所在府州县厅	具体地址	始建或重建时间	始建或重建者	资料来源
225	杏林书院	元江县	南乡迤萨村旁		村人公建	民国《元江志稿》
226	龙池书院	元江县				民国《元江志稿》
227	桂香书院	新平县	城西关外	康熙五十一年	知县张云翮	道光《新平县志》
228	五桂书院	新平县	大北城内	光绪二十五年	知县钮承值	《新纂云南通志》
229	鲁峰书院	新平县	东区扬武城东门内	雍正十三年	知县殷良栋	民国《新平县志》
230	翔凤书院	新平县	北区慢干关圣宫内	光绪十八年	邑人龚纯儒	民国《新平县志》
231	龙江书院	黑盐井提举司	黑井			《新纂云南通志》
232	万春书院	黑盐井提举司	井治内		提举司朱璋	光绪《黑盐井志》
233	鹫峰书院	黑盐井提举司	元永井	同治九年	邑绅邓芝等	光绪《黑盐井志》
234	鳌峰书院	琅盐井提举司	井治内	嘉庆二十三年	提举姜元吉	光绪《琅盐井志》
235	绿萝书院	白盐井提举司	旧井街	康熙二年	提举赵大年	雍正《白盐井志》
236	张公书院	白盐井提举司	明伦堂左	康熙三十九年		雍正《白盐井志》
237	龙吟书院	白盐井提举司	回龙山龙吟寺	乾隆二十年	提举郭存庄	乾隆《白盐井志》
238	灵源书院	白盐井提举司	明伦堂东	乾隆五十七年	提举王子音	光绪《续修白盐井志》

通过对清朝、民国时期云南各地所修方志的查阅，发现清代云南始建或重建书院共238所。

从时间上考察清代云南书院。在顺治年间，云南仅建有两所书院，为顺宁县的育贤书院和昆阳州的信天书院。云南大规模进行书院建设，是在康熙、雍正、乾隆三朝。在康熙年间，云南共建有书院52所，雍正年间为38所，乾隆年间为41所，此三朝共建有书院131所，占55.0%。其后各朝虽然也建有书院，但规模上远不及康熙、雍正、乾隆三朝。在嘉庆年间，云南共建有书院15所，道光年间为15所，咸丰年间仅建有2所，同治年间为14所，光绪年间为22所。除此之外，共有36所书院重建或修建年代不详，有待进一步考证。

从地域上考察清代云南书院。清代云南政区划分比较稳定，变化较小。据谭其骧主编的《中国历史地理图册》所示，清代云南省地方行政区划，其中直属云南省管辖的府州厅共14府4州4厅。14府有丽江府、大理府、永昌府（保山）、顺宁府（凤庆）、楚雄府、普洱府（宁洱）、云南府（昆明）、临安府（建水）、澂江府（澄江）、昭通府、东川府（会泽）、曲靖府、开化府（文山）、广南府（广南）；4州有镇沅州（镇源）、元江州（元江）、武定州（武定）、广西州（泸西）；4厅有腾越厅（腾冲）、蒙化厅（巍山）、永北厅（永胜）、景东厅（景东）。当然，考察清代云南书院在地域上的分布可知，其14府中，云南府共建有书院26所，大理府为33所，临安府为26所，楚雄府为26所，澂江府为9所，广南府为2所，顺宁府为12所，曲靖府为19所，丽江府为7所，普洱府为6所，永昌府为10所，开化府5所，东川府为2所，昭通府为12所；其直隶4州中，广西州共建有书院11所，武定州为5所，元江州为8所，镇沅州为2所；其直隶4厅中，景东厅共建有书院3所，永北厅4所，蒙化厅为5所，腾越厅为3所。除此之外，还有三盐井提举司中黑盐井建有书院3所，琅盐井为1所，白盐井为4所。

当然，此处并非最后论定之数据，也许此后根据新发现的地方志，清代云南所建书院的数目仍可增加，但是上述统计数据与目前其他相关研究比较，应相对较为完整。如王炳照先生在《中国古代书院》一书中，在其书后附表所列清代云南书院，则为129所，与上述有关清代书院的统计数据相距太远，并且附表只列有数据，并没有详列各书院名称、新建或重建时间、书院的具体地址等具体情况及所据资料来源等；[①] 云南省地方志编纂委员会所编的《云南省志·教育志》中，对云南省各地古代书院进行统计，详列云南各市州地区清代所建书院为226所，但此数据不包括“恢复清代以前建的书院”，也没有详列书院、修建时间等具体情况及所据资料来源等，所以《云南省志》所列数据并不全面，对于清代云南究竟有多少所书院并不清楚。[②] 邓洪波在其《中国书院史》中，关于清代书院基本情况统计，云南共建有书院255所，新建218所，重建37所，但没有详列书院名称、数据来源，不知其所据何处资料。[③] 总之，本书经过仔细考察云南各地方志及其他相关资料，所得清代云南共有238所书院的数据应比较客观，相对比较完整。

三　清代书院建设之特点

（一）清代绝大部分书院为新建书院。清代云南始建或重建书院共238所，其中为清代始建的云南书院有212所，为清代重建的仅有26所。具体而言，明代已有，因各种原因而停办，在清代又得以重建的书院有云南府的五华书院、罗次县的罗阳书院、禄丰县的桂香书院、易门县的文昌书院、嵩明县的鹿元书院、大理府的玉龙书院、桂香书院和崇敬书院、云南县的五云书院和九峰书院、临安府的崇正书院、石屏州的秀山书院和龙泉书院、楚雄县的龙泉书院、南安州的景贤书院、姚州的三台书院和栋川书院、大姚县的日新书院、定远县的文龙书院、新兴州的敬一书院、马龙州的通泉书院、鹤庆州的龙溪书院、剑川州的金华书院、腾越直隶厅的秀峰书院和凤山书院、蒙化直隶厅的文华书院。[④]

---

① 王炳照：《中国古代书院》，商务印书馆1998年版，第202页。

② 《云南省志·教育志》，云南人民出版社1996年版，第129页。

③ 参阅邓洪波《中国书院史》，武汉大学出版社2012年版，第451页。

④ 蒙化直隶厅的文华书院即明代蒙化府的崇正书院，见《蒙化志稿》，梁友檍纂修，民国九年刊本。

在明末清初的动荡时代，云南明代所建书院或为战火所毁，或为经费所困，或因政治波动，或因王朝更替，于明末清初之间不得不暂时或长期停办。如最为有名的五华书院，此书院建于明嘉靖三年，据康熙《云南府志》记载："五华书院在府治西北，明嘉靖间巡抚都御史王启建，今废。"① 直至清雍正九年，才由"总督鄂尔泰改建于五华山麓"。明代弘治年间建成的苍山书院，据康熙年间所修《大理府志》记载："今书院久废，田亩亦俱为豪右侵浸，尚俟查究。"② 康熙年间，苍山书院也已"久废"。

明代云南78所书院，见于清代地方志记载继办者仅26所，其余52所荒废于明末清初之间。统计所得清代云南238所书院，新建者达212所。因此可推论，清代绝大部分书院为新建书院。

（二）清代康雍乾三朝达到云南明清两代书院建设的鼎盛时期。如前所述，在康熙年间，云南共建有书院52所，雍正年间为38所，乾隆年间为41所，此三朝共建有书院131所，占55.0%。从明清两代来看，云南共建有书院286所（明代26所书院在清代重建，不重复计算；康雍乾三朝重建之书院有19所，也应减去），康雍乾三朝新建书院在明清两代所建书院中也占39.4%。从明清两代的大视角审查，明代云南书院应为兴起与发展的阶段，而至清代云南书院建设在康雍乾三朝达到鼎盛，此后逐步走向衰落，在清末因西学东渐的冲击而结束。

---

① 康熙《云南府志》卷九《学校志》，范承勋、张毓碧修，谢俨纂，康熙三十五年刊本，成文出版社1967年影印本。

② 康熙《大理府志》卷十一《书院》，黄元治等修纂，康熙三十三年刊本，民国二十九年重印本，见《大理丛书》卷四《方志类》，民族出版社2001年影印本。

第三章

云南书院的修建及相关建设

云南书院教育虽晚于江南两湖地区，在明弘治年间才逐步兴起，但在明清两代，云南书院建设规模与中国其他地区相差并不远。除了上述从总体上进行宏观论述外，也应深入明清两代云南书院建设的具体过程，对其进行微观性的分析，探讨其书院的选址、书院建设的具体情形、书院制度建设以及书院经费的来源等问题，如此对深化云南书院建设的研究不无裨益。

第一节　书院选址与修建

修建书院，必先选址。历朝各代十分重视书院的选址，因为这关系到人才的孕育与培养，认为地灵才会人杰。其实选址还是书院修建过程的重要环节，由倡议建书院、选址、筹集建设经费、请工匠修筑，至立碑记其事使存之久远，这是书院修建的整个过程。因书院的选址在书院修建的过程中十分突出，特首先陈述与分析。

一　书院的选址

诚如杨慎初先生所言："书院建设，历来重视环境的选择。早期书院，常因人而设：或为乡儒读书、讲学之所，或因名贤过往之处，或为纪念学派宗师而建；大多择山林胜地，既避战乱，又免世俗干扰，以利隐居读书，潜心治学。以后书院发展普及，多由地方官员和乡绅集资兴建；选址则多就城镇郊区或边缘，既考虑地域交通条件，便于学者往来，又远离市中心而不喧闹，环境幽静，风景优美。后期也有因受官府影响，便于其监督管理和考课方便，或因利用旧有房屋，而设于闹市之中；但往往因此产生环境干扰问题，又屡有搬迁。书院的选址，特别看重环境本身所产生的教育作用：既重自然山水景观之陶冶心性；又重人文历史环境之启迪思想。因此，风景名胜区，多有书院建设。或山上台地，或山谷坡地，或山麓平地，都可成为书院建设的场所。尤其南方景色优美，山清水秀，若依山傍水，山环水绕，更是书院的理想境地。不少书院还刻意借山水命名，以显示其环境特色。”①

由此而论，历来各朝各代注重书院的选址，其中云南明清两代的书院建设，在选址方面也多有讲究。正如清代云南武定直隶州守郭怀礼所言：“从来豪杰之兴，在其人，尤在其地。其人云何？所谓作新鼓舞，如古之相如、文翁如是也。其地云何？所谓涵育熏陶，如古之湖、鹿洞是也。”② 造物灵秀之气钟于山岳，而山岳灵秀之气钟于人物，“地灵”才会“人杰”。故古代书院选址极为慎重，必选灵秀之地，此为孕育人才之重要条件。

五华书院，始建于明代嘉靖三年，为云南巡抚都御史王启所建，选址于昆明五华山麓。对五华山的风景及人文景观，历代多有描述。

五华揽翠（王大谟）

缥缈山峰赴讲堂，绿蕉深雨自芬芳。三鳣台拥词人榻，五色云章薜荔裳。帐外诸生能问字，筵前啼鸟醉飞觞。无烦太史占星聚，笑揽芙蓉拂短墙。

---

① 杨慎初：《中国书院文化与建筑》，湖北教育出版社2002年版，第58页。

② 郭怀礼：《狮山书院记》，光绪《武定直隶州志》卷五，郭怀礼、孙泽春纂修，光绪九年刻本，赵志刚校注，见杨成彪主编《楚雄彝族自治州旧方志全书·武定卷》，云南人民出版社2005年影印本，第423页。

五华秋望（沐昌祚）

携宾闲上梵王宫，一望遥天眼界空。昆海远流当槛外，华山清影落杯中。秋光浩荡来孤鹜，野色苍茫送去鸿。陪坐小楼分短韵，西南风景兴无穷。①

晚入五华山（胡粹中）

向晚归幽寺，明霞飞远林。四山新雨歇，一径绿苔深。松老斋僧腊，泉鸣扣梵音。阶前两驯鹿，去住任禅心。②

上述所引三首描述五华山风景的律诗，描绘了五华山的优美景色；而五华书院建于其上，说明所选地址之佳。其地云雾缥缈，有“绿蕉深雨”“啼鸟”相随，孤鹜飞鸿往来，可使人超凡脱俗，心性高洁；其处有五华寺相伴，梵音袭来，可使读书人“眼界空”阔而心平如镜，安心向学。如此之地，正适于建书院，为读书人提供一个宁静而又舒适的读书场所。五华书院历明清两代，长盛不衰，一直为云南众多书院之翘楚，选址之佳应是重要原因。

正如白鹿洞书院选址于庐山之中，岳麓书院选址于岳麓山下，云南五华书院则选址于五华山中。五华书院初建之时，主持修建者云南巡抚王启，就是看中了五华山的秀丽，书院也因山得名。当初，王启亲自“登高眺远”，发现“滇之山水其最秀者，莫如五华山”，其山西南，“冈阜蜿蜒，林木畅茂，遥岑面之若拱而立，翠海腹之若虚而受，盖滇之秀气至是而极焉”；如此之地，“皆若符白鹿衡岳之胜概者”。王启自问：“是岂不可以书院乎？”于是“拓其地建书院，以当其形势”，认为此地得灵秀之气，所建书院必当人才辈出。③

① 以上两首诗见《滇志》卷二十八《艺文志》，明天启五年刻本，刘文征撰，北京大学图书馆馆藏抄本。

② 康熙《云南府志》卷二十二《艺文》，范承勋、张毓碧修，谢俨纂，康熙三十五年刊本，成文出版社1967年影印本。

③ 万历《云南通志》卷八《学校志》，李元阳纂，万历四年刻本，云南省图书馆据北京图书馆藏此刻本传抄庋藏。

云南大理的苍山书院，又名苍麓书院，位于大理府城西南，中和村苍山祠东北。该书院背靠点苍山，面临洱海，依山傍水，山环水绕，因名苍山书院。

众所周知，大理苍山洱海，风景独秀，正如明清两代学者之描绘：

寄题点苍山歌赠赵雪屏考功（唐顺之）

点苍山，十九峰，峰峰巧削玉芙蓉。炎天赤日雪不融，峰顶涌出十八泉。一峰一泉相萦缠，流到峰前共一川。雪花散落绿波里，叠岛连洲镜中起。是为巨海名西洱，蒙舍当年控远寰。山水中间建两关，一夫守此百不攀。

寄题苍洱（许谷）

点苍山高高插空，灵光直射井鬼宫。地轴遥开三百里，天险横分十九峰。兹山巉峻不可蹑，群峰互吐琼瑶色。朱夏长吹六月风，苍岩独照千秋雪。岩上高河镜四围，川川喷雪溅珠玑。玄秋万顷蛟龙卧，白日一呼风雨飞。①

巍巍点苍山，绵延数百里，其中十九峰，峰峰奇绝，使人顿生仰止之感；峰间十八溪蜿蜒流出，汇入洱海，碧波万顷，令人心旷神怡。苍山书院处此佳景之中，自然使人不生杂念，一心向学。

苍山书院始建于明代弘治十二年，主持修建者为御史谢朝宣，其就因“徘徊形胜而异之，遂于此创席舍焉”。书院虽于崇祯戊辰年荒废，但又由督学康承祖主持修建，如其所言，苍山书院虽“芸窗帷闼，委之荆草苔藓，过者感慨，然而佳气时往来焉”，灵秀之气不减当年。经修葺扩建，书院得焕然一新，康氏赞叹道：“目爽心豁，

① 以上两首诗见康熙《大理府志》卷二十九《艺文中》，黄元治修纂，康熙三十三年刊本，民国二十九年重印本，见《大理丛书》卷四《方志类》，民族出版社 2001 年影印本。

都丽哉！屏苍耸幄，高仰止也；带洱翻涛，焕文章也。白云蜿蜒、天封玉带、一塔虬龙、池涌文锋。”真乃灵秀之地！遥想此后修习苍山书院中者，“无不鹊起云联”，康氏据此认为“地灵人杰之说信有之”。①

杨林驿鹿元书院的兴建，亦得山水之灵气。杨林驿原有龙山书院，在“杨林驿东北，参政刘鹤年建，后督学黄琮迁建驿北，更名瑶华，兵燹。康熙七年提学寿以仁改建废所，城西南隅，更名崇文”，② 但其地“亢而多风，难经久”。于是“力图改迁，卜地鹿元之阳，前驻石羊，后腾金马，龙山南峙，凤岭东鸣，瑶峰丽泽之秀咸萃于斯”，这秀丽的鹿元山聚灵秀之气，因而书院迁建于此，因山得名，更名为鹿元书院。③ 再如元江澧江书院。原元江有北池书院，荒废已久，“相其旧址，湫隘僻芜，发扬之象不若文昌殿前山川灵秀、气势磅礴、天然特钟”，于是“卜建于”文昌殿前。因“城东长江，本名澧江”，因江得名澧江书院，盖得自朱熹诗句“为有源头活水来”之意，有望“俾学者知有本”，源远而又流长，“异日人文发”如江水“莫遏乎”。④

书院选址于灵秀之地，然后人才可得接踵并出，地灵可致人杰，确有神乎又神、难以理解之意味；如真正深入分析讲究书院选址之事实，那时修建书院选择风景秀美、环境幽静之地，其可使读书人心神宁静，心无旁骛，却是事实。因而“古之善学者”，“必择一清远闲旷之所，使耳目心思之用有所敛而不纷，而后奋发有为之气毕注，于是弗懈而能及”。⑤ 如此，那些志于“圣贤之道”者也许才有登堂入室的机会。书院选址于秀美幽静之地，正适合那时真正读书

① 《大理县志稿》卷廿七《艺文部》，张培爵修，周宗麟纂，民国五年铅字重印本。

② 《续修嵩明州志》卷五《学校》，王沂渊等纂修，光绪十三年刊本。

③ 《续修嵩明州志》卷八《艺文下》，王沂渊等纂修，光绪十三年刊本。

④ 《元江志稿》卷九《教育志一·旧制学校三》，民国黄元直修，刘达式纂，民国十一年铅印本。

⑤ 《蒙化县志稿》卷二《学校志》，李春曦修，梁友檍辑，民国八年铅印本。

人的切身需要，并不仅仅是书院修建者祈望地灵而致人杰所做出的选择。

此外，书院选址也一般需在交通便利之地，这当然是书院修建者选址时必须考虑的另一个问题。综观云南明清两代书院统计表，凡有记载书院所处之地者，基本上都选址于交通便利之处，难有避离人世、交通不便的书院。如五华书院，虽在五华山麓，却在昆明城内，交通当然便利；苍山书院虽在大理府城外西南隅，但路途并不远，交通也称便利；育材书院建于康熙二十四年，在云南府城南“郭外东西两寺之间”，师生往来方便。就论清代云南书院，选址于各府州县城之外离城不远者，有云南府的育材书院，罗次县的罗阳书院，晋宁州的象山书院，临安府的崇正书院，石屏州的龙泉书院，蒙自县的道成书院，南安州的景贤书院，顺宁县的龙泉书院，陆凉州的新修书院，罗平州的钀峰书院，剑川州的金华书院，普洱府的凤鸣书院，他郎厅的道南书院和联珠书院，永平县的博南书院，文县的开文书院，会泽县的西林书院，大关厅的景文书院，鲁甸厅的文屏书院，广西州的鹤山书院，弥勒县的桂香书院。这些书院离城不远，交通便利，但又不处于闹市区，有益于读书人安心治学。

当然也有许多书院处在城内，一般建于文昌宫旁或文昌宫内、学宫旁或学宫内，其用意一方面是冀得文昌帝君、孔圣人的庇佑，而使书院兴旺发达；另一方面也方便学官监督管理和学生的考课。此类书院，明代昆明县的文昌书院就建于文昌祠左，大理府的桂香书院建在文昌宫后，其他如源泉书院、五云书院、桂亭书院、景贤书院、三台书院、正学书院、保山书院、博南书院、秀峰书院、北池书院等，都建于学宫旁边或就建在学宫中。清代书院，建于学宫内或学宫旁的更多，云南府的经正书院建于“贡院右侧报恩寺故址”，宜良县的雪堂书院就建于城内学宫内，罗次县的碧城书院即建于文昌宫外，其他像大理府的桂香书院建于“府治西北文昌宫后”，云南县的九峰书院建于文昌宫，邓川州的罗俊书院、浪穹县的新建书院、石屏州的登龙书院、玉屏书院、阿迷州的灵泉书院、通海县的秀麓书院、河西县的螺峰书院、蒙自县的载道书院、楚雄县的凤山书院、江川县的钟秀书院、宝宁县的莲峰书院、培风书院、云州的瞻云书院、云州书院、陆凉州的凤山书院等，都选址于文昌宫或学宫内或附近。

二　书院的修建

书院选址确需一番主持其事之人的仔细斟酌，但书院修建用地的购买经费，尤其是修建用费，为数不小。书院的修建，首先得筹集修建经费。

嘉庆十七年，云南镇南州知州苏世勋建有书院于文庙之东，名为龙川书院，因咸丰、同治年间的回乱而毁于战火中。光绪十一年，蜀人蔡之模任云南镇南州知州，询问州中教育状况，得知因经费问题，龙川书院未得重建。如此，蔡知州有意筹措建设经费，“检旧案，有公租一款”。此款本为补贴驿运“差徭”，因“夫马裁免”，数年来“徒饱私囊”。蔡知州“禀之大府”，移做龙川书院重修经费。与此同时，蔡之模又自捐“俸金五十两”。[①] 最终龙川书院得以重建。

再如昆明三大书院之一经正书院，修造时间在光绪十七年，远晚于五华书院和育材书院。其修建原因本于这样的认知：书院不能成为科举考试的培训机构，应讲求学术而设立经古一类书院。经正书院应此理念而建，其修造经费全由地方政府拨款，“准由盐库积存书院经费项下提银五千两修建经古书院”。后在修建中，“约尚不敷银贰千数百两”，又由盐库“提发”。[②]

---

① 甘仲贤：《重建龙川书院记》，光绪《镇南州志略》卷十《艺文略》，李毓兰修，甘孟贤纂，光绪十八年刊本。

② 《布政使司兼护盐法道为会议详请立案事》，见《经正书院条规》，光绪十七年刊于滇南盐署，云南省图书馆藏。

大理敷文书院修建时，巡抚岑毓英“指拨耿马等处厘谷余银为修建之资”，但岑毓英回昆明后，厘谷款被迤西道陈席珍贪污而停工。后经“倡劝士人按名认捐，合之外属捐入”，得“数百金”；又得“督察值年收租董事之出入岁赢余四五六七百金不等，皆累积作为修费”，如此而“未动支公家一钱”。敷文书院修建共计“修费肆千余金”，费用来源于地方官僚及民间人士的捐款。①

白盐井灵源书院，提举王子音倡建，其修筑费用，“木值百六十金，石值九十八金，砖瓦值百四十金，灰铁髹漆值百四十金，各工费二百七十金，通计八百零八金”。那么经费来源，则由地方官员及绅士捐款，其中捐款有“署提举裴灼文五十金，子音百金，教谕杨一撰五十金，井民刘子旭赎田价二百五十金，吴光里屋租赎价三十金，五井灶户公捐百金，加捐南关外公地。除议建节孝祠外，以东偏余地归井承买，价十八金，张郁文二十五金，白松龄十五金，张正之十金。旧井小西关外有店，呈请移关于店外，俾益店租，捐金五十。留龙吟旧院招租，岁订四十八金。五十八年，除修费外，用去七十六金，并出借赎田价获息三十四金，合之得八百零八金，刚敷改作经费”。②

鹤庆州修建玉屏书院，“共费白金四千金有奇，李君捐二千金，蒋君捐五百金，其一千五百金有奇则舒君任焉”。③ 广西直隶州建钟秀书院，“乾隆时郡绅饶学濂等与阖州士民捐银四百四十八两，承买道署，计房三十七间，左右地基四百丈零六尺”。④

总之，考察明清两代书院修建经费，不外乎两条来源渠道，一

① 《桂香书院之兴废及改建敷文书院之原委》，《大理县志稿》卷七《学校部》，张培爵修，周宗麟纂，民国五年铅字重印本。

② 王子音：《灵源书院记》，民国《盐丰县志》卷十一《艺文志》，郭熙纂修，民国十年刊本。

③ 杨金铠：《玉屏书院碑记》，光绪《鹤庆州志》卷之八《学校志》，杨金和、杨金铠纂修，光绪二十年岁次甲午版。

④ 陈步贤：《钟秀书院碑记》，民国《泸西县志·学校志》，民国年间抄本。

是地方政府拨款及地方公款，二是地方官及民间人士个人捐款。

综观云南明清时期所建书院，绝大部分为购地新建，所需经费相对较多。比如明御史王启建五华书院，寻觅到五华山最秀者，“拓其地建书院”，也就是选址新建书院。清代云贵总督蔡毓荣建昆明书院，也是“择于城南郭外东西两寺之间，买地一隅”而建成。其他如宜良县的雉山书院、嵩明州杨林的鹿元书院、大理府的苍麓书院、宾川州的秀峰书院、南安州的山天书院、大姚县的文明书院、白盐井的灵源书院、楚雄府的龙泉书院、沾益州的龙华书院、鹤庆州的玉屏书院、丽江府的玉河书院和雪山书院、剑川州的金华书院、开化府的开阳书院、腾越直隶厅的来凤书院、元江直隶州的澧江书院，全为选址新建，所需费用较多，创建不易。

然而，也有部分书院由旧衙署、废寺庙改建，如此也就节省了部分经费。譬如咸同年间，经杜文秀之乱后，原桂香书院已“破屋数间，鞠为茂草”，云贵总督岑毓英谋在大理另建书院，因战乱之后，经费筹措不易，集议之时，众官绅提议：“县学黉宫大殿犹在，就地经营较易为力。”于是“鸠工庀材，择日兴作”，以县学黉宫大殿为讲堂，两庑前后新添书舍多间。① 云南县九峰书院则由报恩寺改修而成，其改建缘由，见其书院碑记：“偶以故至城东南隅，见一古寺，名曰报恩，有明澜沧兵备道何公闳中创建也，佳景清幽，芳园掩映，山则层峦叠翠，水复一带湾环，绿畦错落，碧树阴浓，是诚士子读书之地，文人荟萃之林也。惟世远年湮，土崩瓦解，花残幽径，草蔓夕阳，吁足惜耳。予得其地，乃商诸绅士，鸠工庀材，约计六百余金，即克成美举，遂倡捐改修，缺者补之，露者盖之，朴者饰之，芜者除之。凡六阅月而工始竣。”② 再如弥渡县龙文书院，

① 岑毓英：《新建敷文书院记》，民国《大理县志稿》卷廿八《艺文部三下》，张培爵修，周宗麟纂，民国五年铅字重印本。

② 李东壁：《改修九峰书院碑记》，光绪《云南县志》卷之十一《艺文》，黄炳堃修纂，光绪十六年庚寅秋镌，板存九峰书院。

即以龙王庙所改建。其改建过程亦见弥渡分府陈桼所记书院序中：“适有事于龙祠，登高眺远，则见左罗屏而右文扆，枕天桥而绕毗江，且首临铁柱，面对寿星，众山来朝，势若星拱。更溯此山发源于鸡足，南行百余里，过梁王，经水目，忽斜趋于小西庄，逆折而北，回结此山而上。因以回龙名之。天缍此山，似特留为新建书院之地，而前日之有龙祠，即为今龙文鹊起之兆，则于此祠而拓为龙文书院，谁曰不宜？爰集弥之荐绅士庶共观而共商之，佥乐胜地。”所以，仍以龙王庙而改建，设左右上下四厢房，以原门地为讲堂，而添建门楼于其外。[①] 临安府崇正书院修建，“得西郭外僧寺一区，地高亢阳，处置有方，宜在亟成，于时盗讼衰鲜，宪务余间，公躬画条规，择任能官，撤寺而更置焉。遂镌‘崇正’为名，盖以圣贤正学端习尚也”。崇正书院由僧寺改建而成。[②] 楚雄府龙岗书院，“乃斥淫祠五显庙，增饰之。中为堂三楹，肖侯之像，匾曰‘人龙’。左右为斋舍，各六楹。又为中门三楹。又为大门，为棹楔，匾曰‘龙岗书院’”。[③] 白盐井龙吟书院也由佛寺改成，其改建经过据白盐井提举郭存庄所述，“五马桥折而南，有龙吟寺，其下院老屋数楹，废弃日久。乾隆庚午，署提举葛君请于当事以为书院，于时有白王氏暨子国学生，白汇捐田二丘，岁可入租十石，为院中之产。嗣因葺费阙如，事竟不举。甲戌余承乏兹土，徘徊于寺，见其栋宇颓侧，垣墉圮坏，顾瞻彷徨，意不能释。乃捐廉俸并绅士所输，于乙亥三月庀工饬材，欹者树，缺者补，凋残剥落垩墁之，漫漶黓昧丹碧之。至九月落成，仑奂一新，费镪三百，为屋三层，堂庑轩楼

① 陈桼：《重修弥渡回龙山龙王庙拓建书院序》，民国《弥渡县志稿》卷十二《艺文志中》，宋文熙等纂修，民国年间修撰。

② 张绎：《崇正书院记》，雍正《建水县志》卷之十五《艺文记》，祝宏等纂修，雍正九年修，民国廿二年重刊本。

③ 杨士云：《新建楚雄府龙岗书院记》，嘉庆《楚雄县志》卷之八《艺文志》，苏鸣鹤纂修，嘉庆二十三年修撰。

皆备焉。即告诸上僚为‘龙吟书院’”。[1] 龙吟寺原为佛寺，乔井生员李开建，提举赵大生重修，白盐井提举葛曾庆设书院于其中，仍以龙吟为名，延举人张露主讲其中。寻甸府木密城梧冈书院，则由道观改修而成，据记载：“木密城北有老子之宫，居人以为媚神，岁时会赛，杂糅成风，隐弊也久矣。”于是，“撤老子之额，去诸像，投诸水，移诸其徒而入之”，改建成书院，名“梧冈书院”。[2] 其他如宣威州榕城书院，则由明伦堂改建而成，据倡建者饶梦铭所记：“丙申冬，余甫下车，诘旦视学，见明伦堂居学署后，由大成殿右旁辟小门出入，墙宇半就倾颓，心窃志之。嗣后寻城厢，每见窗灯莹莹，书声朗彻户外，询知经馆原无学舍，诸生各就庭除肄业，计欲将明伦堂迁移爽垲，即其址改建书院，移在城经馆，课读其间。”[3] 普洱府宏远书院，则由守备废署改建。倡修者迤南道陈灿“相度于城西莲池上得守备废署地址，以旧院址易之，购民地以益之”。[4] 永平县漾濞旧有武侯祠，知县曹擢新认为：“建武侯祠不过崇德报功耳。若改书院，延聘通儒，使士子肄业其中，将来雁塔蟾宫可为诸生预贺。”遂改武侯祠为化平书院。[5] 蒙化直隶厅有崇正书院，也由佛寺改建而成，据郁容所记：“顾城中地无相当者；天佑斯文，默弼其鉴，爰得浮屠废寺于附郭西隅，厥位向阳，山川环带，遂□薙芜秽，葺而大之”，改为书院，名“崇正书院”。[6] 武定直隶州狮山书

---

① 郭存庄：《捐建白井龙吟书院记》，光绪《续修白盐井志》卷之八《艺文志中》，李训铉、罗其泽纂修，光绪三十年修撰。

② 杨士云：《梧冈书院记》，光绪《滇南文略》卷二十七《记》，光绪二十六年岁在庚子重刊本，五华书院藏板。

③ 饶梦铭：《榕城书院记》，道光《宣威州志》卷七《艺文志》，刘沛霖等修，朱光鼎等纂，道光三十四年修抄本。

④ 陈灿：《新建普洱府宏远书院记》，光绪《普洱府志》卷之四十八《艺文志》，陈宗海修撰，光绪二十三年丁酉岁重修。

⑤ 曹擢新：《漾濞化平书院序》，民国《永昌府文征》卷十四《文录》，李根源辑，民国年间刊本。

⑥ 郁容：《崇正书院记》，民国《蒙化县志稿》卷二《学校志》，李春曦修，梁友檍辑，民国八年铅印本。

院，由“养老宅”改建而成，其改建经过据武定直隶州教授陈蓉镶记载，因武定无书院而选址谋建书院，如此而“得一地，在署之西偏。询绅士，云故为黉序，今养老宅。公见其山川环拱，文秀异常，跃然曰：是可为诸生诵习所。爰移老人辈于东郊梵宇，即其地作书院。中为讲堂，左右两楹为诸生肄业所”。①

也有些书院的修建，由义学改建而成。清代，为对贫寒子弟进行教育，特别是使边疆民族地区的贫困子弟适当接受儒家文化教育，以稳定边疆社会，在地方政府主持下，拨款在各地设立义学。义学相当于初等程度的教育机构，对于稳定云南边疆社会，提高民族地区文化，十分有益。但因教育水平不高，实行确实颇有难度，大部分义学经过一段时间荒废了，但也有部分义学经地方官员努力，提高教育水平，增加经费，增建学舍而建成书院。康熙五十一年，新平县令张云翮“于城内文昌宫捐廉设义馆，延师教读，然无常资，以故馆亦不能常设。雍正九年，邑令曾公应兆继美前徽，罚入李毓芳讼田以为馆谷，始有恒产。乾隆二年李毓芳以丫租等田抵回罚田，邑令殷公良栋详准立案。时榕门相国开藩滇南，设立通省义馆，文教聿兴，新平幸当其际，亦云盛矣。顾仅侪于诸义馆之列，无厚资以延名师，故取效亦尠”。乾隆四十七年，“徐公图南来宰是邑，始为大廓其规模，拨入裁缺学谷三十石，又捐并各义馆馆谷，竭厚资延请各处名师讲授，而书院之名已立”，名曰桂香书院。②

此外，乾隆年间，广西直隶州“绅饶学濂等与阖州士民捐银四百四十八两，承买道署，计房三十七间，左右地基四百丈零六尺，以上房十五间、中门一座为义馆，其二堂厢房、大堂、大门二十二

① 陈蓉镶：《狮山书院记》，光绪《武定直隶州志》卷之六《艺文》，郭怀礼、孙泽春纂修，光绪四年修撰。

② 李诚：《重整桂香书院碑记》，道光《新平县志》卷之七《艺文》，李诚纂修，道光年间刻本。

间借作学署，前后左右地基即作义馆岁修”。道光十年，“前任知州陈公润亭改义馆为‘钟秀书院’，添建大门于右”，钟秀书院由义馆改建而成。[①] 东川府西林书院，雍正五年，东川知府“黄士杰设立”，“上则田二百三十二亩三分二厘，中则田一百三十七亩七分三厘，下则田七亩六分四厘，坐落车乌村”，“年收京斗米五十一石一斗五升”作为书院束脩膏火之费。[②] 宜良县雉山书院亦由义学改建而成，“邑故有义学而近市，城西北隅旧治废址，倚郭面冈，前为雉山，峰峦嶓崒，竹树蓊郁，三面环水，清流映澈，布席危坐，心旷神闲。遂捐俸鸠工，创为书院。”[③]

就所建书院的规模而论，建于府与直隶州的一般规模较大，而建于县、州的相对较小。建于府城规模最大者为五华书院。五华书院建于嘉靖三年，万历年间予以增修，据明左参政黄琮记载：“迄壬子春暮告成，为屋百七十有二，修者半创者半，于是五华之上宫墙翼翼，而山川之胜亦若为改观矣。”[④] 五华书院所建学舍等，共有172间。与云南其他书院比较，其规模可谓大矣。其他府城书院，规模较大者如昆明书院，在昆明城南门外，康熙二十四年，总督蔡毓英、巡抚王继文建，“择于城南郭外东西两寺之间，买地一隅。厥位面阳，匪喧匪寂。前殿三楹，祠文昌帝君；中构一阁，为讲贯之所；后厅五楹，为憩息之地；两庑各构三十厦，为诸生栖止之区”。[⑤] 昆明书院建有前殿、讲堂、后厅，又建有学舍30间，所建大致可满足书院日常教学之用。大理府原有桂香书院，其规模不得其详，道咸

① 陈步贤：《钟秀书院碑记》，民国《泸西县志·艺文志》，纂修者不详，民国年间抄本。

② 参阅民国《新纂云南通志》卷一百三十六《学制考六》，龙云、卢汉修，周钟岳等纂，云南人民出版社2007年整理本，第582页。

③ 龙灿：《雉山书院记》，民国《宜良县志》卷十上《艺文志》，袁嘉谷修，许实纂，民国十年刊本。

④ 黄琮：《修建五华书院记》，康熙《云南府志》卷二十一《艺文》，范承勋、张毓碧修，谢俨纂，康熙三十五年刊本，成文出版社1967年影印本。

⑤ 蔡毓荣：《新建昆明书院碑记》，光绪《昆明县志》卷四《学校》，戴䌹孙纂，光绪二十七年刊本。

之乱被毁，仅余后楼五楹。知府桂霖仍就桂香书院旧地，“增建讲堂，为楹有五，恢廓弘敞，为门二，廓舍庖湢，凡二十有四”，初具规模，更名为“敷文书院”，规模上略小于昆明书院。[①]

一般县、州书院规模较小，比如南安州山天书院，据同知方愿善碑记所言：“创立天山一所，前建书楼六间，后建讲堂三间，傍列六间”，总共也就是15间房子，规模没有大理府敷文书院大。[②] 再如腾越厅来凤书院，其建筑规模是：“正房书楼三间，两边耳房各两间，左右厢房各三间，讲堂三间，右建客厅三间，两边游廊各两间，左右厢房各七间，仪门一间，左右便门各一道，看伺房三间，八字墙大门三间，照壁一座，左右院门各一道，周围内外环以墙两道。”[③] 就所建房子而言，共有36间，应是比较大的县、州级书院了。

第二节　书院规章制度的制定

没有规矩，不成方圆。书院修建之后，必招收生员、童生入学，而制定规章制度则为书院管理的第一步。诚如宋人如言：“先生乃制为学规，凡课试讲肄，劝督惩赏，莫不有法。”[④] 综观明清时期的云南书院，每家书院都有自己的规章制度。就目前所掌握的史料，流传下来的明清时期云南书院规章制度并不多，下面就以几家书院的规章制度为例，探讨规章制度制定的相关问题。

云南明清书院规章制度具体表现为两种：一为条规，主要涉及

① 桂霖：《新建敷文书院碑记》，民国《大理县志稿》卷廿八《艺文部三下》，张培爵修，周宗麟纂，民国五年铅字重印本。

② 方愿善：《南安州新建山天书院碑记》，康熙《南安州志》卷之六《艺文志》，张伦至纂修，康熙四十八年刊本。

③ 陈宗海：《重建来凤书院碑记》，光绪《腾越厅志》卷十七《艺文志》，陈宗海修，赵端礼纂，光绪十三年刊刻本。

④ 徐度：《却扫编》卷上，文渊阁四库全书，（台湾）商务印书馆1983年影印本。

学校日常教学与管理，包括书院的人事管理、经费管理等方面；二为学规，主要是针对书院生徒的进德为学、个人修养等行为规范方面的具体规定。

一　明清云南书院学规制定的文献依据

所谓学规，就是古代学校学生行为规范的总称，犹今日之学校学生守则，是对学子思想和行为的具体规定。就其具体名称而言，亦称“揭示”等，名称繁多，虽然不同名称所指侧重点有所不同，但实质都是关于书院学生行为规范的规定，实可统一理解为学规。探讨书院学规，一般即以朱熹的《白鹿洞书院揭示》为典范。现就朱氏学规谨录如下：

朱子白鹿洞书院揭示

父子有亲。君臣有义。夫妇有别。长幼有序。朋友有信。

右五教之目。尧、舜使契为司徒，敬敷五教，即此是也，学者学此而已。

而其所以学之之序，亦有五焉，其别如左：

博学之。审问之。谨思之。明辨之。笃行之。

右为学之序。学、问、思、辨四者，所以穷理也。

若夫笃行之事，则自修身以至于处事、接物，亦各有要，其别如左：

言忠信。行笃敬。惩忿窒欲。迁善改过。

右修身之要。

正其义不谋其利。明其道不计其功。

右处事之要。

己所不欲，勿施于人。行有不得，反求诸己。

右接物之要。

熹窃观古昔圣贤所以教人为学之意，莫非使之讲明义理，以修其身，然后推以及人，非徒欲其务记览，为词章以钓声名、取利禄而已也。

今人之为学者，则既反是矣。然圣贤所以教人之法，具存于经，有志之士，固当熟读深思而问辨之。

苟知其理之当然，而责其身以必然，则夫规矩禁防之具，岂待他人设之而后有所持循哉？近世于学有规，其待学者为已浅矣。而其为法，又未必古人之意也。

故今不复以施于此堂，而特取凡圣贤所以教人为学之大端，条列如右，而揭之楣间。诸君其相与讲明遵守，而责之于身焉，则夫思虑云为之际，其所以戒谨而恐惧者，必有严于彼者矣。

其有不然，而或出于此言之所弃，则彼所谓规者，必将取之，固不得而略也。诸君其亦念之哉。

此学规为淳熙七年白鹿洞书院重建成时朱熹所立，从五教（即五伦）、为学、修身、处事、接物五个方面规定白鹿洞书院的培养目标，对学子的日常行为提出具体要求，试图纠正官学“务记览，为辞章”，以“钓声名、取利禄”之流弊，贯彻“德行道艺之实”重德行的儒家传统。14年后，朱熹任潭州知州时，又将此学规移录于重建的岳麓书院。朱氏学规提出60年后，宋理宗皇帝手书此学规赐示太学诸生。其后，朱氏所立《白鹿洞书院揭示》，成为全国各地众多书院及官学制定学规所模仿的范本。由此，“一院之‘揭示’，遂成天下共遵之学规”，成为中国书院学规中的经典之作。①

其实朱氏的书院学规并不是最早的学规典范。就学校学规而言，目前见于文字最早的学规应为《管子》中的《弟子职》，其中规定：“先生施教，弟子是则；温恭自虚，所受是极；见善从之，闻义则服；温柔孝悌，毋骄恃力；志毋虚邪，行必正直；游居有常，必就

① 参阅邓洪波《中国书院史》，武汉大学出版社2012年版，第171—173页。

有德；夙兴夜寐，衣带必饰；朝益暮习，小心翼翼；一此不解，是谓学则。”对学子的进德修业做了较为具体的规定，应视为中国最早的学规。[①] 另外，《论语》中，孔子所言“弟子入则孝，出则弟；谨而信；泛爱众，而亲仁；行有余力，则以学文”[②]，也可视为学规的雏形，更成为后来《弟子规》一书的撰写纲要；所言“志于道，据于德，依于仁，游于艺”，也成为后来书院学规阐明培养目标和学子行为规范的大纲。再就书院学规而言，目前所见最早的学规是南宋乾道四年吕祖谦所立的丽泽书院《乾道四年九月学规》，早于朱熹《白鹿洞书院揭示》12 年，学规中提出以“孝弟忠信为本”。此后，吕氏又为丽泽书院先后制定学规四种，与《乾道四年九月学规》合称为《丽泽书院学规》，和朱熹的《白鹿洞书院揭示》并称为“朱吕学规”，共同成为后世书院学规的范本。

当然，综观上述学规，其中书院学规的文献依据，大致而论以《论语》和《弟子职》等先秦经典为根本。不管是吕祖谦还是朱熹，制定学规要么直接引述《论语》《中庸》原文，如“己所不欲，勿施于人。行有不得，反求诸己”，“博学之。审问之。谨思之。明辨之。笃行之”；要么贯彻了《论语》《弟子职》所蕴涵的儒家思想，如“孝悌”思想、“忠信”思想、“君君臣臣父父子子”的伦理思想。此外，《论语》和《弟子职》中关于学子行为规范的具体规定，也成为书院学规制定的基础。另外，这些早期的书院学规又与先秦经典共同成为后世各书院学规制定的文献依据。其中考察明清云南各书院的学规，可知先秦经典与早期的书院学规即为其学规制定的文献依据。

比如建于云龙县的彩云书院，除揭示该书院的学规外，也把宋代以来的经典学规刊刻明示于书院生徒。在《彩云书院条规》一书中，除详明屋宇、田亩经费，订有条规二十条之外，共录有学规八

① 《管子校注》第五十九卷《弟子职》，中华书局 2004 年版。

② 《论语》卷一《学而》，见《四书章句集注》，中华书局 1983 年版，第 49 页。

条，另附有规范书院生徒行为的圣谕十六条；此外，还附有朱子读书法、朱子论定程董学则、朱子白鹿洞书院揭示、胡敬斋（居仁）续白鹿洞书院学规、提学高贲亨“洞学十戒”、陆清献公论举业六则、举业集说八条等，也就是说直接引用历代典范学规作为彩云书院学子进德修身为学的依据。[①] 此处谨录提学高贲亨“洞学十戒”，更能明白彩云书院直接以先哲所立学规为其学规。

高提学“洞学，十戒”

（高名贲亨，字汝白，浙江临海人。明正德时，江西提学副使。）

一曰立志卑下。

谓以圣贤之事不可为，舍其良心，甘自暴弃，只以工文词、博记诵为能者。

二曰存心欺妄。

谓不知为己之学，好为大言，互相标榜，粉饰容貌，专务虚名者。

三曰侮慢圣贤。

谓如小衣入文庙及各祠，闲坐嬉笑，及将圣贤正论格言作戏语，不盥栉观书之类。

四曰陵忽师友。

谓如相见不敬，退则诋毁，责善不从，规过则怒之类。

五曰群聚嬉戏。

凡初至接见之后，虽同会亦必有节。非同会者，尤不可数见。若群聚遨游，设酒剧会，戏言戏动，不惟荒废学业，抑且荡害性情。

六曰独居安肆。

① 《彩云书院条规》，道光十九年刻本，云南省图书馆藏。

谓如日高不起，白昼打眠，脱巾裸体，坐立偏跛之类。

七曰作无益之事。

谓如博弈之类。至于书文，虽学者事，然非今日所急，亦宜戒之。

八曰观无益之书。

谓如老庄仙佛之书，及战国策，诸家小说，各文集。但无关于圣人之道者皆是。

九曰好争。

凡朋友同处，当知久敬之道，通财之义。若以小忿小利，辄伤和气，与途人无异矣。

十曰无恒。

夫恒者入圣之道。小艺无恒，且不能成，况学乎？在院生儒，非有急务，不宜数数回家。及言动课程，俱当有常，毋得朝更夕变，一作一辍。①

所谓“十戒”，其实就是规定书院生徒不应做的十件事，或十个方面，从反面来规范书院生徒的行为。当然，除了直接援引外，云南各书院自定学规也受前贤所立学规的影响，在学规条款中时而显露出早期书院学规的某些因素。如前所述，朱熹《白鹿洞书院揭示》，从五个方面阐述书院培养目标，规定学子日常行为；而新平县桂香书院学规也大致从这五个方面制定：朱氏学规从五教方面阐述培养目标，而桂香书院学规第一条“敦品”，认为“士为四民之首，诸生立身当高，自期许以圣贤自命”，明确培养目标就是通过“敦品”，也就是道德修养，相当于朱熹所揭示的五教，培养“圣贤”。所以桂香书院学规的“敦品”与朱熹的“五教”在精神上有异曲同工之妙。朱氏学规第二条阐述为学之序，桂香书院学规的第二条则

---

① 《彩云书院条规》，道光十九年刻本，云南省图书馆藏。

为“励学”，认为“诸生入院求学，原期日有上进”，谈的也是为学问题，而为学之序正好体现的就是日有上进之精神。朱氏学规第三条为修身之要，而桂香书院学规的第三条尊师、第四条亲友，亦即谈的是修身之要中的“忠信”“笃敬”二语，对师长是尊敬，对朋友是忠恳，是诚信。朱氏学规第四条为处事之要，“正其义不谋其利，明其道不计其功”，语出《汉书·董仲舒》，是说做任何事情都是为了匡扶正义而不是谋个人私利，宣明大道而不计较功利。而桂香书院学规的第六条节用，明确提出“诸生读书，原以明道为主”，要求崇尚“俭朴”，不计较个人得失；第五条惜时，则为明道的基础，“时不再来”，在其他俗务上节约时间，勤于学习，以达到明道之目的。朱氏学规第五条为接物之要，“己所不欲，勿施于人”，语出《论语·卫灵公》，意指将心比心，人要宽恕待人；“行有不得，反求诸己”，语出《孟子·离娄上》，意指遭受挫折，不要怨天尤人。二语合而言之，就是严于律己、宽以待人。而桂香书院学规第七条严课、第八条慎奖正好是书院学子严于律己、宽以待人的具体化。

由云南新平县桂香书院学规，对照朱熹《白鹿洞书院揭示》可知，先秦经典与早期的书院学规共同成为云南书院学规制定的文献依据。

二　明清云南书院学规的制定

确实，明清云南书院学规传世的并不多，目前所能见到的仅有清代部分书院制定的学规，其中有《彩云书院学规》（收录在《彩云书院条规》一书中）、《桂香书院学规》《经正书院学规》（收录在《经正书院条规》一书中）等。

新平县桂香书院建于城西关外，康熙五十一年由知县张云翮所建。为更具体了解书院学规的内容，现就其学规谨录如下：

桂香书院学规

一敦品。士为四民之首，诸生立身当高，自期许以圣贤自命。倘有与下贱差役、无赖党徒结盟往来，包揽钻营、扰害人民者，无论生童，立即逐出。

二励学。诸生入院求学，原期日有上进。对于每日功课，各立课程簿一本，将每日功课及所读所看之书，逐一登记，随时听山长语问，如有不记或捏记者，每次扣膏火一课，至三次革出。

三尊师。诸生入院肄业，须知民生在三，事之如一。对于师长，务宜讲明礼让，以示尊崇，切不可视如路人，蹈粗鄙野暴之习。

四亲友。友为辅仁之资。诸生对于同学当知互相亲爱，视若同胞，切不可恃长凌幼、倚强欺弱，因口角而起争端，致贻败类之讥。

五惜时。时不再来，古有明训。诸生在院，每日当黎明即起，晚至二鼓后方可就寝，昼间除两餐后从事休息外，不可稍自暇逸，以误厥修。

六节用。诸生读书，原以明道为主。一切饮食服色，当力戒奢靡，以崇俭朴；不可习于骄侈，伤乎廉洁，有失儒生面目。

七严课。按月考试，原以造就人才，命题后诸生宜静坐构思起稿，限本日交卷，逾限不录；其有录旧及枪替者，立予戒饬。

八慎奖。膏火奖额，内学正课四名，每名给银六钱，副课八名，每名给银四钱；外学正课四名，每名给银四钱，副课四名，每名给银二钱。原以鼓励后进，诸生应课务宜认真。作文倘无佳卷，取不足额，宁缺毋滥。①

桂香书院学规十分简要地从八个方面规定了书院生徒的行为，

① 《桂香书院条规》，民国《新平县志》卷四《教育》，民国二十二年石印本。

并做详细解释。再如云龙县彩云书院，清道光十六年（1836）前兵部侍郎、陕西巡抚、乡绅杨名飏捐建于州治北石门井（今云龙城），竣工时以天上多彩云，呈“文明之象”，故名。该书院学规制定得更为翔实，除直接援用如朱熹《白鹿洞书院揭示》等前代学规外，共制定有学规八条，现也恭录如下。

彩云书院学规

恭录：卧碑八条

朝廷建立学校，选取生员，免其丁粮，厚以廪膳，设学官以教之，各衙门官以礼相待，全要养成贤才以供朝廷之用。诸生皆当上报国恩，下立人品，所有教条开列于后。

一生员家父母贤智者，子当受教；父母愚鲁或有非为者，子既读书明理，当再三恳告，使父母不陷于危亡。

一生员立志，当学为忠臣清官，书史所载忠清事迹，务须互相讲究，凡利国爱民之事，更宜留心。

一生员居心忠厚正直，读书方有实用，出仕必作良吏。若心术邪刻，读书必无成就，为官必取祸患，行害人之事，往往自杀其身，常宜思省。

一生员不可干求官长，交结势要，希图进身。若果心善德全，上天知之，必加以福。

一生员当爱身忍性，凡有司官衙，不可轻入，即有切己之事，止许家人代告，不许干与他人词讼，他人亦不许牵连生员作证。

一为学当尊敬先生，若讲说，皆须诚心听受，如有不明，从容再问，毋妄行辨难。为师者，亦当尽心教训，勿致怠惰。

一军民一切利害，不许生员上书陈言。如有一言建白，以违制论，黜革治罪。

一生员不许纠党多人立盟结社，把持官府，武断乡曲。所作文字，不许妄行刊刻。违者，听提调官治罪。

恭录：圣谕十六条

敦孝弟以重人伦，笃宗族以昭雍睦，和乡党以息争讼，重农桑以足衣食，尚节俭以惜财用，隆学校以端士习，黜异端以崇正学，讲法律以儆愚顽，明礼让以厚风俗，务本业以定民志，训子弟以禁非为，息诬告以全善良，诫匿逃以免株连，完钱粮以省催科，联保甲坚弭盗贼，解仇忿以重身命。①

云南省城经正书院，建于光绪十七年，总督王文韶、巡抚谭钧培倡建，光绪皇帝颁赐“滇池植秀”四字匾额一方。经正书院建成，布政使司及盐法道共同粗拟有学规六条。

经正书院学规

一曰课分内外以期群才皆奋也。前详请将原设经古正副课额八十，分并为二十四分。虽为择优起见，然严其格以拔真才，究不能宽其格以引中才，诚如批示未能尽善。兹拟将原设正副课额八十分，一切悉如其旧，名为外课，以示区别。另设内课二十四分，考选高才生补充其额。凡膺是选者，概令入院肄业，寝食其中，自正月至十二月，每月每名均给膏火银六两，以资住院火食及赡家购书各费。此严其格以拔其真才也。其外课仍以二月开课，十一月止课，由两院宪暨司道府县轮流课以策论经文疏考诗赋各项，每次于取列内课二十四分外，另取外课八十名。外课之中则以前二十名为正额，每名给膏火银贰两，后六十名为副额，每名给膏火银壹两。无论住院之高才生，及非高才生，而外来应课者，均准一体与考。此宽其格以引中材也。其此项外课膏火只准外来应课之生考入八十名内者，按名分别

① 《彩云书院条规》，道光十九年刻本，云南省图书馆藏。

正副领取。至高才生，业经按月得有内课最优之膏火。虽考列外课八十名内，不得再领取外课膏火，以免重复而示均分。惟每月官课捐廉所发笔资，则无论高才生及非高才生而与考者，一律按名照领，以资奖励。

一曰考兼举贡以期造就无遗也。人材固聚于胶庠，而已录贤书及恩拔副岁，转瞬即膺职守，尤宜精邃。儒先讲求经济，一登仕版方能措施裕如。此项内课二十四分，拟请于督学院按监各府厅州时，合举贡生监由各学报名备卷，每名准取钱贰百文，造册申送扃试一百，课以策论经文疏考诗赋各项，择其文行兼备，学有根柢者，取为高才生，俟外棚省棚试毕，合三遍所取课卷，会同两院宪覆核选补如额。并副取十人以备临时遇有事故者，以之更补。选定后，再行行文各地方官，会同各学传询明确，实愿到院肄业者，具文申送来道，由道汇齐申请两院宪督学院，于每年开学日亲送入院，参见山长后，监院为之挨次安置书舍，布设几席，不准紊乱搀越，亦不准寄宿食于外，其有冒名顶替，查出除将本生斥逐发学戒饬注劣，永不准再应经古课外，仍将地方官及教职分别记过。至外课正副额八十分，仍照旧听其随时报名应考，如有自备火食愿住院肄业者，必须迭次考列内课二十四名内，呈由监院转禀山长查其人才实堪造就，批明方准入院，参见受学，与高才生一体同守条规，违者立即斥逐，仍先由监院报道备查，庶以杜流弊而严熏陶之防，励真才而收琢磨之效。

一曰别其升降以藉昭激劝也。启发原于愤悱，与点而先哂由，教授之微权悉因时而互励，所有内课高才生，每课均须考试，不得怠惰偷安，其月课优劣拟请每三课查核一次，如官课一次、堂课一次，又官课一次，或堂课二次、官课一次，均连次考列外课等内，则是毫无进益，应罚半月膏火银叁两，充公购印书籍、留备官堂课笔资外，山长奖励诸生之需。必下次考列内课等内，方准补复。若再连三次，仍考列外课等内，尤见暴弃自甘，即行全分扣除。其非高才生而应外课者，如接连三次考列内课二十四名内，准其存记，遇有高才生额出序补。三次考列内课前五名者，存记超补，按月各造成清册一本，详细注列，申道核明，转报前列课卷，则于传房五日后，由监院饬该书办等另抄揭悬讲堂三年，由公筹款选刻一次，以资激扬而备观摩。其官堂课卷，均无庸注明“内外课”“举贡生员”字样，但统署曰“肄业”。交卷后仍仿科场例，用夹纸弥封。倘有营私舞弊者查出，除将本身斥逐发学戒饬注劣永不准复应经古课外，监院分别记过撤委。至内外课膏火，及山长束脩监院薪水役食，均仿照现定五华育材书院章程办理，不准短扣稽延。

一曰严其纠察以实征诵法也。士子读书明理，上之固为拜献之资，下之亦当型式桑梓。有文无行，即侥幸得名，亦非地方之福。然欲士子束身名教，体用兼备，非令逐日研究钦定七经及朱程语录、通鉴、史议、大学衍义、文献通考，并掌故诸书，引之识义理稽故实，手抄口诵，日渐淹贯，系以化气质而增才识？所有住院高才生，拟请每人每季刊给课程日记一本，合将每日占诵考究之书，或经或史，自行登记。每十日呈请山长考核一次，或令覆讲义理，抑或驳问同异，悉听山长定规遵行，其有学业日进及旷废怠荒者，亦听山长分别奖罚劝戒，并由监院另设号簿一本，置于内屏门旁，随时亲加稽查，登载诸生出入日期事由。每月除准出院省亲访友三次外，概不准擅自出院，设遇紧要事故，必须禀明山长请假。外府者，除往返程限外，予假十五日；住省者，予假十日。倘有逾违，或借故出院滋事，及虽在院而或忘亲慢上，沈饮贪博，恃符预公，甚至比匪狭邪者，均属有乖行止，立即斥逐，发学戒饬注劣，永不准再应经古课。

仍令监院于下季即将上季诸生，呈经山长考核批注，月课簿及出入号簿申道查验，倘监院徇隐疏漏，查出分别撤换记过。此虽立法似严，然乐羊则七年不返，江都则目不窥园，古人闭户自修，尚且食贫溺古，况既厚以廪饩，明窗净几，水木清华，此日之志意精专，即他日之文行并粹。名虽似严，亦实行所以玉成之也。

一曰勤听受以重师承也。侍几席几无倦容，义理庶能穷其奥；处稠众而有静气，诗书自可牖其灵。此次聘延山长，皆品端学粹之儒，不第师其学问，尤宜效其志行。每山长登堂讲论经史大义小学诸条，应由监院敲点传集诸生，先行依次环侍，监院亦侧席以待山长入座，后即屏息静气，悉心听受。必另有见解，或怀疑义，始准离席问难，务令气象雍肃，由严惮以生静谧，本讲贯而得服习，倘有闻点不到及恃才高谈，指示自由毫无敬意者，监院严加纠治，初次记过，二次降罚，三次斥逐。至山长堂课，每月仍于十八日课试一次，以免夺诵读考据之功。每次无论高才生及非高才生，而愿应课者，均准一体考试，仍先取列内课二十四名，余均统为外课。首名给奖赏银叁两，二三名各给银壹两，四五名各给银陆钱，六名至十名各给银伍钱，十一名至二十四名，各给银肆钱。外课首名至二十名，各给银叁钱。统共每月共发奖赏银贰拾两叁钱。其命题或经文策论疏解记序，或诗赋或考说，以及法戒录听，山长临时酌定，庶即睹其腹笥者，亦可令知掌故政治之大略，识殿廷考试之规模，以蔚为华国之选。若诸生自无书籍，应由书院将购置院中经史各部，量酌人数，分发点诵考证，详登簿籍，计日轮转，如有遗失残毁，责令本生贴偿。至应何日讲言及堂课各详细条规，均请山长核定，由监院传谕诸生遵行，通报查考。

一曰设员役以资经理也。此次添建经古书院内外课，膏火已至一百四分，一切规模悉与五华书院等，而纠察诸生考案之升降，诵读之勤惰，行止之纯肆，事尤繁多，不只承放膏火，制备课卷，在在需人经理而已。拟请仿照五华书院添设监院一员，每月给薪水银捌两，米折银贰两，三节各给银肆两，每年共应支银壹百叁拾贰两。添设书识二名，每名每月各给工食银壹两玖钱，门斗二名，看伺扫夫更夫各一名，共五名，每名每月各给工食银壹两八钱。连书识二名，共七名，每名每月各给米折银陆钱。每年共应支银贰百肆两。又每月给予灯油纸张等银叁两，每年共支银叁拾陆两。合之现聘山长，每年束脩银伍百两（嗣后更延，若应加增，临时酌定），米折银叁拾陆两，关聘银拾贰两，三节各致送节礼银捌两，每年共应支银伍百柒拾贰两。内课膏火二十四分，每月每分给银陆两，共给银壹百肆拾肆两，以十二个月计算，每年共应支银壹千柒百贰拾捌两。外课八十分，正课二十分，每分每月给膏火银贰两，副课六十分，每分每月给膏火银壹两，每月共给银壹百两，以十个月计算，每年共应支银壹千两。官堂课卷，均仿朝考卷式，每年卷价约需银壹百余两，每次堂课奖赏银贰拾两叁钱，每年十课，共需银贰百叁两。每年共应支银叁千玖百柒拾伍两。

又加原议详准，添设大理楚雄永昌顺宁丽江澂江临安曲靖昭通东川普洱开化广南各外府，武定元江广西景东永北镇沅蒙化各厅州经古课额一百份，每份每月给银贰两，以十个月计算，年共应支银伍千玖百柒拾伍两，每年均由护道衙门遵照详案在于司库并原发与文当生息项下，及盐库经费项下分别提拨动放。省院则由监院按月具领呈放造册申道核明转报分送，外府则由该管各府厅州，按季赴道具领转发分支，以昭慎重。至所设监院，应由现任教职中择其邃深古学，文望素著者充当，俾能抑服诸生，藉资整顿。

以上六条，酌采历代乡学国学及各省书院成法而参以现在之宜，至一切详细学规，应仍候山长核定。①

① 《经正书院条规》，光绪十七年刊刻于滇南盐署，云南省图书馆藏。

确实，目前所见的云南书院学规就上述几部。现以这几部学规为例，对云南书院学规的相关内容做适当分析，力图揭示其中的价值与意义。

（一）书院学规确立了教育宗旨

正如《大学》所言："大学之道，在明明德，在亲民，在止于至善。"① 揭示古"大学"的教育宗旨就在于明"大学之道"，即明道。所谓明道，就是明儒家之道，"明道"之"道"为何？一为"明德"，二为"亲民"，三为"止于至善"。所谓"明德"，实质就是明五常伦理，明君君臣巨父父子子夫夫妇妇之伦，明仁义礼智信之理；所谓"亲民"，新民也，"新"为动词，强调后天学习，强调自我修养，此为"明德"之途径；所谓"止于至善"，就是"为人君，止于仁；为人臣，止于敬；为人子，止于孝；为人父，止于慈；与国人交，止于信"，也就是强调道德实践，知行合一，知后更重要的是行，此为明德的标准，也是明德所要达到的具体目标。

落实到书院教育，这一教育宗旨即由朱熹所揭示。在朱熹的《白鹿洞书院揭示》中所言就是五教："父子有亲，君臣有义，夫妇有别，长幼有序，朋友有信。"要求社会是一个稳定有序的社会，人人在这个有序的社会中生活，不背礼。也就是孔子所言："君君臣臣，父父子子。"书院教育就是探寻古圣贤如此"微言大义"。这与古"大学"的教育宗旨是一致的。朱熹由此提出"正其义不谋其利，明其道不计其功"，明确书院教育的宗旨就是正义、明道。胡敬斋先生在《续白鹿洞书院学规》中所揭示的第一条学规是正趋向以立其志，认为为学首先是在正道，其引用程颐的话说："言学便以道为志。"读书立志也就是在于明道而已。云南各地书院，也相应继承了这一教育宗旨。经正书院培养的学生就是"明理"人才。理也，道也；明理即明道。通过"明理"而使诸生徒懂五常伦理道德，由

① 朱熹：《四书章句集注·大学章句》，中华书局1983年版，第3页。

此“上之固为拜献之资，下之亦当型式桑梓”，成为地方上的道德榜样。[①] 再如在桂香书院学规中，其第六条节用中规定：“诸生读书，原以明道为主。”明确提出桂香书院的教育宗旨就是“明道”。[②] 彩云书院学规八条，其中第一条就揭示出其教育宗旨，读书就在“明理”。由此而论，云南各地书院的教育宗旨也就是明道而已。

（二）书院学规明确了教育目的

对于书院教育，要实现明道教育宗旨，就是要求书院生徒通过勤读圣贤之书，最终成为一个道德高尚的儒者，这就是书院的教育目的之一。为使生徒安心读书，最终成为一个儒者，更需为诸生徒创造读书的物质条件，为书院诸生徒提供膏火银。比如经正书院，“设内课二十四份，考选高才生补充其额。凡膺是选者，概令入院肄业，寝食其中，自正月至十二月，每月每名均给膏火银六两，以资住院火食及赡家购书各费”；另取外课八十名，“外课之中，则以前二十名为正额，每名给膏火银贰两，后六十名为副额，每名给膏火银壹两”。[③] 发给膏火银，目的是使书院生徒安心读书。如此条件，希望滇之大儒者能脱颖而出，诚如明朝宦滇士人王启在倡议修建五华书院时所言：“予喜诸生之朝夕相与刮摩，必将大有所成，以应昌期之用；又喜滇之名儒将自是辈出，而书院将与白鹿衡岳垂名不朽也。”[④] 名儒辈出，即是书院教育的直接现实目的。

书院培养读书人，其最终目的是使读书人成为圣贤。桂香书院学规第一条就是“敦品”，认为“士为四民之首，诸生立身当高，自期许以圣贤自命。倘有与下贱差役、无赖党徒结盟往来，包揽钻营、扰害人民者，无论生童，立即逐出”。[⑤] 桂香书院培养的学生就

---

① 《经正书院条规》，光绪十七年刊刻于滇南盐署，云南省图书馆藏。

② 《桂香书院条规》，民国《新平县志》卷之四《教育》，民国二十二年石印本。

③ 《经正书院条规》，光绪十七年刊刻于滇南盐署，云南省图书馆藏。

④ 万历《云南通志》卷之八《学校志》，邹应龙修，李元阳撰，万历四年刻本，见《大理丛书·方志篇》，民族出版社 2007 年影印本。

⑤ 《桂香书院条规》，民国《新平县志》卷之四《教育》，民国二十二年石印本。

应以圣贤自命，不得与“下贱差役、无赖党徒”往来。总之，书院教育宗旨是明道，为明道而勤于读书，成为一代儒者，成圣成贤。勤学为名儒，明道成圣贤，是书院的教育目的。

（三）书院学规确立了实现教育宗旨与目的的手段。

书院学规确立了教育宗旨，明确了教育目的，其余的学规条款就是实现教育宗旨和目的的具体手段。如《大学》所言：“古之欲明明德于天下者，先治其国；欲治其国者，先齐其家；欲齐其家者，先修其身；欲修其身者，先正其心；欲正其心者，先诚其意；欲诚其意者，先致其知；致知在格物。物格而后知至，知至而后意诚，意诚而后心正，心正而后身修，身修而后家齐，家齐而后国治，国治而后天下平。自天子以至于庶人，壹是皆以修身为本。”① 要实现大学之道，则以修身为本。要明道成圣贤，而明道在于修身。书院教育的目的不但在于为学，更在于学为人，也就是修身，培养的是德才兼备之士人。如前所述，大学之道，即是“在明明德，在亲民，在止于至善”，谈到“止于至善”，强调为君臣父子的道德实践。也就是说，士人仅明白君君臣臣父父子子、仁义礼智信等伦理道德是不够的，更需要个人的自觉道德实践，也就是个人修养。因此云南书院学规多次规定了诸生徒的修养之道：对待师长笃敬忠实，对待学友和睦团结，对义对利心存重轻，对人对己区分宽严，为臣为子忠孝二字。

对待师长应笃敬。《经正书院学规》中规定书院学习应重师承，具体而言，就是“侍几席几无倦容，义理庶能穷其奥；处稠众而有静气，诗书自可牖其灵。此次聘延山长，皆品端学粹之儒，不第师其学问，尤宜效其志行。每山长登堂讲论经史大义小学诸条，应由监院敲点传集诸生，先行依次环侍，监院亦侧席以待山长入座，后即屏息静气，悉心听受。必另有见解，或怀疑义，始准离席问难，

① 朱熹：《四书章句集注·大学章句》，中华书局 1983 年版，第 3—4 页。

务令气象雍肃，由严惮以生静谧，本讲贯而得服习，倘有闻点不到及恃才高谈，指示自由毫无敬意者，监院严加纠治，初次记过，二次降罚，三次斥逐”。① 书院教育首先需确立师道尊严，培养诸生徒尊师，进而尊重长辈的习惯。在《桂香书院学规》中，其第三条即为尊师，要求“诸生入院肄业，须知民生在三，事之如一。对于师长，务宜讲明礼让，以示尊崇，切不可视如路人，蹈粗鄙野暴之习”。《彩云书院学规》中其中一条也要求尊敬老师，如其言：“为学当尊敬先生，若讲说，皆须诚心听受，如有不明，从容再问，毋妄行辨难。为师者，亦当尽心教训，勿致怠惰。”尊师才能重道，这是书院诸生徒基本的修养。

对待学友应和睦团结。《桂香书院学规》第四条为亲友，要求“友为辅仁之资。诸生对于同学当知互相亲爱，视若同胞，切不可恃长凌幼、倚强欺弱，因口角而起争端，致贻败类之讥”。② 同学应和睦相处，不得因事起争端。

对义对利心存轻重。义利之辨，古已有之，孟子已有舍生取义之论。董仲舒提出“正其义不谋其利。明其道不计其功”，朱熹在《白鹿洞书院揭示》中又予强调，认为轻利重义才是书院诸生徒的品格，反对借读书去沽名钓誉、谋取利禄。朱氏说：“熹窃观古昔圣贤所以教人为学之意，莫非使之讲明义理，以修其身，然后推以及人，非徒欲其务记览，为词章以钓声名、取利禄而已也。”《彩云书院学规》中要求诸生徒“不可干求官长，交结势要，希图进身”，以读书作为进身之阶；更不许“纠党多人立盟结社，把持官府，武断乡曲”，严重偏离重义轻利的要求。《桂香书院学规》第一条“敦品”，要求“士为四民之首，诸生立身当高，自期许以圣贤自命。倘有与下贱差役、无赖党徒结盟往来，包揽钻营、扰害人民者，无论生童，立即逐出”，也有重义轻利之指向。

---

① 《经正书院条规》，光绪十七年刊刻于滇南盐署，云南省图书馆藏。

② 《桂香书院条规》，民国《新平县志》卷四《教育》，民国二十二年石印本。

对人对己区分宽严。古人有言“严于律己，宽以待人”，这就是对人对己的正确态度。孔子有言“己所不欲，勿施于人”，孟子有言“行有不得，反求诸己”，朱熹在《白鹿洞书院揭示》中又引用孔孟二语明示于书院诸生徒。《彩云书院学规》提出，书院生徒应要求自己“忠厚正直”“出仕必作良吏”“当爱身忍性”，此为“严于律己”；《桂香书院学规》提出，书院诸生徒应要求自己懂得“礼让”，此为“宽以待人”。

为臣为子忠孝二字。为臣要忠，《彩云书院学规》第二条所言“生员立志，当学为忠臣清官，书史所载忠清事迹，务须互相讲究，凡利国爱民之事，更宜留心”，为臣不但应忠君，更应忠于国家，“上报国恩，下立人品”；为子要孝，《彩云书院学规》第一条所言：“生员家父母贤智者，子当受教；父母愚鲁或有非为者，子既读书明理，当再三恳告，使父母不陷于危亡。”① 孝子诤子都为孝。

当然，除了明道以修身为本之外，勤学则是另一更为重要的实现教育目的的手段，在各学规中均有强调。在《桂香书院学规》第二条励学中，要求“诸生入院求学，原期日有上进。对于每日功课，各立课程簿一本，将每日功课及所读所看之书，逐一登记，随时听山长语问，如有不记或捏记者，每次扣膏火一课，至三次革出”②。再如在《经正书院条规》中，针对诸生徒读书问题，要求务必勤于学习，“令逐日研究《钦定七经》及《朱程语录》、《通鉴》、《史议》、《大学衍义》、《文献通考》，并掌故诸书，引之识义理稽故实，手抄口诵，日渐淹贯，系以化气质而增才识”。在此基础上，“每十日呈请山长考核一次，或令覆讲义理，抑或驳问同异，悉听山长定规遵行，其有学业日进及旷废怠荒者，亦听山长分别奖罚劝戒”。③然后，严格各项制度，使生徒不得偷懒，应勤于学习。经正书院就

① 《彩云书院条规》，道光十九年刻本，云南省图书馆藏。
② 《桂香书院条规》，民国《新平县志》卷四《教育》，民国二十二年石印本。
③ 《经正书院条规》，光绪十七年刊刻于滇南盐署，云南省图书馆藏。

规定："所有内课高才生，每课均须考试，不得怠惰偷安，其月课优劣拟请每三课查核一次，如官课一次、堂课一次，又官课一次，或堂课二次、官课一次，均连次考列外课等内，则是毫无进益，应罚半月膏火银叁两，充公购印书籍、留备官堂课笔资外，山长奖励诸生之需。"确立励学制度，无非是督促书院生徒勤学苦练。

三　明清云南书院条规的制定

如前所言，书院条规主要涉及书院的日常教学和管理，包括人事管理和经费管理等。就名称或称"条规"，或称"章程"，名不同而意一致。据目前所掌握的史料而言，明清云南书院条规传世的并不多，目前所能见到的也只有清代部分书院制定的条规，其中有《彩云书院条规》《西云书院章程》《经正书院条规》《龙吟书院详定膏火章程》《海镜书院条规》等几部。为整体性地认识书院条规的具体内容，现就部分云南书院条规谨录如下。

大理西云书院，同治十二年提督杨玉科（字云阶）[①] 捐建。名曰"西云"，取迤西杨云阶创设之义。该书院章程如下所示：

西云书院变通章程

一延聘山长每年由道酌定，于十一月收课后下关聘订，年送束脩银贰百肆拾两，火食银陆拾两，聘金节礼贽见，随时酌定。

一旧章生员膏火迤西二十五厅州县，每属调取之名入院肄业，太和丽江鹤庆剑川四属各加一名。又学长加一分，共额定捌拾分。现准盐法道移添设黑白琅三井各二名，统计二十八属捌拾陆分，刻值经费支绌，每属议减壹名，共减贰拾捌分，实存伍拾捌分，月支银壹百壹拾陆两。其府学生员归各原籍调取，

① 杨玉科，字云阶，云南省兰坪县人，白族，中法战争中的抗法英雄。

龙陵、中甸、维西三厅，如有才堪造就者，准其申送到道，酌量办理。

一旧章大理府属之太和赵州云南县宾川云龙邓川浪穹及蒙化八属，普不调取，按考列名次发给名为活膏火。兹拟一律照额调取，支食额定膏火，以归划一。

一旧章官课仅捐廉发给笔资，殊不足资鼓励，兹拟生员取超等拾名，每名加奖银贰两，特等拾名，每名加奖银壹两，月支银叁拾两。

一旧章设童生膏火贰拾分，每分给银壹两。兹拟改为上取拾名，每名给银壹两贰钱，中取拾名，每名给银捌钱，月共支银贰拾两。

一制艺堂课，每次定以笔资银肆两，经古堂课及字课，定以笔资银捌两。由山长按名次酌定数目发给。

一旧章调取生员，系由教官协同绅士举送，颇有滥竽之诮。兹拟责成地方官会同教职，于该处月课屡列前茅，情愿远学，才堪造就之士，具文申送到道，送院即行起支膏火。必须本人亲身赴院，不准冒名顶替。倘良材美质，不能远出，即无庸以稚鲁充数。

一向来有一人请二人之申文，此属顶彼，属之姓字，虚冒膏火之事。兹由学长及诸生互相稽查，一人只准领一分，以节糜费，并定于每月初一日发上月之卷，由监院眼同管事学长，将应领膏火加奖笔资，先期兑封，至日亲交本人承领，不准他人代替，以杜冒滥。

一旧章肄业生员请假以一月为限，乘除纷纭，颇形烦琐。兹拟以已否应官课为断，已应官课者，照常支发，未应官课者，即行扣除。

一住院肄业，尤堂课为重。乃向来堂课笔资较轻，竟有终年不应堂课者。兹拟支食额膏火，无故不应堂课者，即将膏火扣除，只发考列超特等加奖银两。

一每月十六日考官课，道府县轮流校阅，即用本官御印出榜。初六日，考制艺试贴堂课，十二日考字课，二十六日考经古堂课，均山长校阅，由监院出榜。

一额定膏火及加银两，由管事动院款发给，笔资由道府县捐廉发给。

一每年由道二月十六日开课收录，十一月十六日收课，即以定次年去留。如已留足额数，次年即不复更调，于揭晓后由道行知府厅，转行遵照。

一旧章以正总管兼监院，不足服众，兹由大理太和四学内拣委一员办理监院事宜，年给薪水银肆拾两，一年一换，如才堪胜任，办理得宜，由道酌量留办，每年均于送山长关聘之日，下监院札委，以杜盘踞之源。

一旧章设正副管事三名，经收各项租息，一年一换，诸生痛陈其弊，院事败坏职此之由。拟裁去正总管，将副总管削去副字，改为总管二名，每名年支薪水银捌拾两。由道不拘何属，遴委一人，由五府三厅查照旧章轮举一人，均三年一换，亦不得同年更换。如道委者，以甲年起计，轮举者即以乙年起计，以资练习。其办理一切，均由该二人会同办理，不准仍前各分管一项，俾得互相稽查。

一旧章设学长一名，月加膏火一分。兹查学长协同监院经理院内一切事务，一人难期周至，拟改设二名。无论何属生员，须于支食额定膏火，而开课收录考列超等拣有才干者，给委充当，每月给津贴银贰两，一年一换。

一旧章经理款项出入，均由正副总管主持，官不过问，百弊丛生，不堪言状。兹由道署制大柜一具，将所有银钱概行收储柜中，由管事自行封锁。入款，于填给印票之日即行入柜；出款，管事会同学长，算明数目，开具清单，交监院呈送道署核定批发，眼同起柜弹兑。

一乔后井灶租，向由管事前往征收，每灶年扣修费银贰两，种种滋弊，公私交累，自光绪十三年起，不准扣除修费。每卯收银壹百叁拾两，每年十卯，共收银壹千叁百两。并不派人前往收取，按卯由提举于薪水内照数提扣，具文批解到道兑收，印给回照备案，灶民称便，亦复省事，应即永远遵办。

一牛街春秋庄租，严禁该庄以一人为道包揽完纳，以杜把持侵蚀之弊。每季由管事轮往征收，或折钱或征谷，临时请道示核定遵办。惟折钱则全数折收入柜，征谷则全数实征上仓，以归画一而免弊弄。

一乡试卷金，向系派人到省按名发给，由士子自行买备。近科系由西道移明粮道发给后，造册移覆如数批解，归款极为简便，核实嗣后，自应照办。

一遇有赢余，发商生息，须令以红契田房作押，方准借出，以免蹈蔡久裕覆辙，如无殷实可靠之商，仍即实存在柜，不准擅自挪移。

一滇省承种公产，往往私租抵押，情同盗卖，所有西云书院田房各产，不准总管擅取押租，严禁佃户私相顶抵。如不短欠租项，总管不得任意更换。其有自愿退佃及不须更换者，应由旧佃退交总管，取去佃约，新佃另行立约投佃。

一向来兑收各租，并不给票，完欠无稽，兹拟由道刊发印票，编列字号，每收完一户，填给一张。收毕将票根缴道存查。

一出入款项，随时登记印簿，每年终，造册报道复核，填榜揭示院壁，俾众周知。

一书院设书办一名，办理院中一切公件，月支工食银贰两；添设道书一名，专办书院文牍、核算等事，月支工食银贰两。

一原设看门斗级更夫花匠催田铺租扫地夫七名，每名月支工食银壹两伍钱，月共支银拾两零伍钱，仍照旧办理。

一原设牛街斗给守仓租头兼书算三名，六个月共支工食银叁拾两，仍照旧办理。

一年应完太和鹤庆浪穹三属钱粮夫马银贰百零叁两，每年定于上忙先行完请。

一举人拔贡优贡公车比上，每名应送程仪若干，应俟科场后，合计三年存数，酌定数目，由道行知各属，于起文请咨时，代为垫发，具文赴道，请领归款。

一向来每逢课期，必设筵席点心，徒滋糜费，永远革除。[①]

在云南书院条规中这是最翔实的条规，共三十条。

再如彩云书院，其不但制定了学规，也相应制定了条规。现恭录如下：

彩云书院条规

一主讲。公择科甲中品学兼优，足以服众之人，岁前敦请，不许徇情推荐。

一首事。公选明练勤慎之人，经营名册课卷出入账目，年底公同绅士结算，揭贴讲堂，俾众共知，如有侵挪亏欠，着落赔偿，另行公举。

一官课。定每年初十日，先一日赴州请题，文一诗一，密缄领回，交主讲收存。届期黎明齐集讲堂折示，收齐试卷，封交主讲存贮，次早岀夫呈州署校阅，榜发，发礼房。岀夫送院张挂，定于二十日发膏火。

一官课扃门考试，生分坐集义讲堂，童分坐菑畬精舍，以杜代请。不完卷者，扣除饭食钱文；秉烛始交者，卷面记号，虽取列正额，扣除膏火。

① 《西云书院章程》一卷，光绪十八年刻本，云南省图书馆藏。

一堂课定每月二十日，主讲命题，文一诗一，秉烛始交者，卷面记号，扣除膏火，定于二十八日发膏火。

一馆课以每月逢五日为期，文一诗一，朔日或诗赋或策论或经解，轮次命题。

一每月逢八日住斋生童聚会集义堂，听候主讲抽背经书，宣讲文义。

一住斋生童，每月准假五日，途程较远及有事故酌量给假，号簿注明，如期销假，毋许私归。

一每年二月初旬开学，十二月初旬散馆，愿住斋者，听将扣除膏火经予度岁。

一在院肄业者，不准招宿无业游人。查有赌博酗酒斗殴兴设，及吹鸦片烟等犯禁之事，立及扶出。

一斋夫。看守门仓，扫除院宇，经营桑园，赴州请题送题等事，如不勤谨，随时更换。

一佃户。纳租早谷限九月内完，晚谷限十月内完。如有拖欠，任首事开单，交总约送官追比，另招妥佃。

一催租收租，首事人役各有公费，毋庸佃户供支，不得额外需索。

一江外向有小买押租积习，欲夺佃故给银小买，恐拖欠故预取押租，以致辗转滋弊。今所买田亩，概不准小买押租，有私租授受者，另行拨佃。

一书院田亩，岁有常征，除钱粮惟正之供，按期完纳外，一切杂派差徭，应请豁免。

一沧江官渡，民间租谷过往向不给钱，书院公租更不应取。惟运脚较多，每驮酌给钱十文，查验图记放行，船户不得刁难。

一书院隙地栽桑八百株，俟可采叶饲蚕出息，以作岁修。责成斋夫防守，毋许损伤。

一书院桌几床凳，首事登簿交代，不许私借散失。

一存贮书籍借阅者，首事登记缴还，不得涂抹遗失。

一传经楼供奉先师，前阁供奉魁星，石门井公送香资银三两六钱，斋夫按月支领备办。

再如宁州海镜书院，也订有条规，现也抄录如下：

海镜书院条规

一、书院每年公延品学端方院师一人，教训生童经蒙学徒，岁奉馆金银叁拾伍两，务须认真训迪，不得虚应故事；各村亦宜以礼接待，不可轻慢，以崇尊师重道之意。

二、书院延师，必须举贡廪生，须众人喜悦，勿得互相争教，以免众议。

三、每遇考试，老生每名给卷经银壹两，童生每名给卷经银壹两。童生进学，每名给公礼银叁两，其银俱由租石变价项下照数发给。

四、春秋两祭，每祭拨租拾石以为办祭之需。祭祀时，生童学徒，均宣洁整衣冠，随同行礼。有不到者，听院师责惩示儆。

五、书院设立看伺一人，每年拨给田租伍石，此后不准容留僧道在内，以免滋事。

六、书院田租，除开支以上各款外，尚有应纳钱粮并神前香火，俱按照实数开支。下余犹有存项，如遇零星岁修，自应随时核实，公同开用。若勿须岁修，而应照数存积，年底移交，积有成数，或添修书舍，或备置田租，再行公同酌议，不得擅自挪用侵蚀。

七、书院田租收支账目，每年公举管事，每村一人，必择廉正端方者，按年轮管，每届年终，即年清算。

最后是经正书院，其有条规四条，现也谨录如下：

一外府厅州添设经古课，虽人材不如省院之盛，而其造就则一也。一切诵读讲论及官堂课试，仍应仿照现拟条规遵行。惟书籍无多，课试命题必以经文策论疏考诗赋为重，俾肄业专而成效亦易。

一原议详将每年由司库筹提银贰千两，分设各府厅州总共经古课额壹百份，每份月给膏火银贰两，额既无多，均只作为正课，究嫌作育不广，应仍就原定之数，分为正副课，如大理等府捌份，即以四份为正课，每月每份给膏火银贰两；以四份匀为副课八份，每月每份给膏火银壹两，其余各府厅州照引匀分正副，以期同沾嘉惠。

一风声所树，人材日见蒸蒸。外府厅州，仅设课额数份，实以省院高才生亦系由三迤考取，是以稍隘其格。倘地方有从前归分叛产，或夫马公租义田等项，应由该管府厅州及各州县，劝谕士绅公同实力筹维，能自行增置膏火，扩充其额，即将收支数目缘由通报立案。

一原详议令将每月经古课卷封送省城书院评阅，以备采补高才生缺额，并验地方官师及课试诸生勤惰。业经奉批照准，由该管府厅州于下月即将上月取列正副课各卷申送护，由本道衙门，札发经古书院监院，转呈山长校阅后，其屡列前茅、文艺卓有可观，足序补高才生者，拟定粘签，连各课卷，由监院分送两院宪学院查核。如实可采择序补者，定列名次，批注卷面，札道发交监院，附列升奖清册内，一体序补。庶人材无遗，虽遐陬僻壤，必皆翘首思奋。地方官师亦俱仰体宪台实力振兴之德意，不敢以具文从事矣。

据目前所掌握的资料，现存云南明清书院的条规就是上述四部。然而从这四部书院条规来看，其内容主要涉及书院的日常教学活动及管理，管理方面主要包括教学管理、人事管理、经费管理等多个方面，现详论如下。

在人事管理方面，关于书院山长的选聘，在云南书院条规中就有严格的规定，如宁州海镜书院，延聘山长，选择标准在功名方面要求“必须举贡廪生”，在道德品质方面要求“品学端方”。而对书院山长住院训导诸生徒则要求“务须认真训迪，不得虚应故事”。又如彩云书院，选聘主讲，则规定“公择科甲中品学兼优，足以服众之人，岁前敦请，不许徇情推荐”。再如西云书院山长的选聘则由官方聘定：“延聘山长每年由道酌定，于十一月收课后下关聘订。”除了对选聘山长、主讲认真规定之外，对书院其他管理和工役人员也相应做出一些具体规定。如西云书院除聘定山长之外，还相应设总管两名，经收各项租息，规定“由道不拘何属，遴委一人，由五府三厅查照旧章轮举一人，均三年一换，亦不得同年更换。如道委者，以甲年起计，轮举者即以乙年起计，以资练习。其办理一切，均由该二人会同办理，不准仍前各分管一项，俾得互相稽查。”设监院一名，要求“一年一换，如才堪胜任，办理得宜，由道酌量留办，每年均于送山长关聘之日，下监院札委，以杜盘踞之源。”设学长两名，协同监院“经理院内一切事务”。彩云书院除聘有主讲之外，也聘有首事一人，要求“公选明练勤慎之人，经营名册课卷出入账目，年底公同绅士结算，揭贴讲堂，俾众共知，如有侵挪亏欠，着落赔偿，另行公举”。

除了选聘山长、主讲及管理人员，在书院条规中也对所雇用的工役人员进行了规定，海镜书院雇有看伺一人，长年看护书院，不准“容留僧道在内，以免滋事”；彩云书院雇有斋夫，其职责就是“看守门仓，扫除院宇，经营桑园，赴州请题送题等事，如不勤谨，随时更换”。西云书院雇有书办一名，“办理院中一切公件”，添设道书一名，“专办书院文牍、核算等事”，设看门、斗级[①]、更夫、

---

① 主管官仓、务场、局院的役吏。斗谓斗子，级谓节级。《明会典·仓庾一》：“景泰三年，令各仓斗级库子，开写年甲、乡贯、住址，编造文册，候巡视官员点闸。”清王士禛《池北偶谈·谈献二·司徒公历仕录》：“凡粮到仓，该仓斗级每人先支一斗。”

花匠、催田铺租、扫地夫七名，设牛街斗级、守仓租头兼书算三名。

教学管理和经费管理，也是条规主要规定的内容，但因涉及教学问题和经费问题，留待后面专节论述。

第三节　书院经费来源与开支

俗话说“巧妇难为无米之炊”，书院开办需购置书桌、凳子等用具，聘请山长，给优等生徒发放膏火，在在需要一定的经费支持，如此才可使书院教与学顺利进行，否则书院难以开办下去。

一　书院经费来源

确实，书院创建者在书院开办之时，往往首先想到的就是书院经费来源问题。所以创建之人总是想方设法充实书院的经费，以保证书院能够顺利展开教学活动。现详录清代两个书院的田租碑记，来反映经费收入情况。

桂香书院增置田亩租息碑记

一巡道宪杨以湲拨送宾川普连溯庄田壹百柒拾贰亩，租谷壹百捌拾陆石。

一戴太史斯瑄捐送宾川小坪村乾田陆百叁拾柒亩，除荒外岁收租谷玖拾伍石。

一太和县知县吴纯捐廉银伍百两，书院董事徐谦、熊万年等由院中经费项下添银陆百捌拾伍两，杜买宾川向阳村庄玉龙村等外僧田陆拾肆亩捌分，岁收租谷院中斗肆拾肆石，又杜买李英村田拾陆亩。

一东门街李杨氏捐送北门外石头堆甸田叁亩肆分贰厘，租谷叁石壹斗。

一民人李兆吉捐送南磻溪田贰亩肆分玖厘，租米拾贰碗升玖斗伍升。

一邑廪生李益谦捐送上鸡邑田叁亩壹分伍厘，租谷叁石壹斗。

一董事杨孚惠由院中积存项下杜买宾川大寺村田拾捌亩，收院中斗租谷柒石贰斗。

道光二十九年孟夏月，董事张淑麟、石堂甫督镌。①

此为增置田亩租息碑记，恰好可反映大理府桂香书院增置田亩的租息收入状况。桂香书院的经费来源，一方面来自大理地方官员的捐赠，另一方面源自地方绅士和一般百姓的自愿捐助。再看山天书院收入状况。

南安州山天书院田租记

从来风俗之美，在教化之得人，而人才之兴，在熏陶之有地。

南安地辟民贫，汉少彝多，往往颖异俊秀之子，或穷困而驰情外骛，或寡党而陶淑无资，以致中道而废。余深惜之，乃于四十七年捐赀置义学于城东缘，地促屋少，不能多集生童，将此房二进，照时值售与庠生杨椿为业。四十九年，复于州治东北购买民地，捐建山天书院一所，延请品行端方经艺精通师儒为之教习。然束脯无资，何以垂永久耶？适彝民李学易等，情愿投到大庄租谷三十石，及旧有官庄四头村银三十五两。通州绅士咸请命于余，延学博王君为书院教习。余允其义，即以二处田租付与王君收掌，每年除完纳四头村额载条丁秋粮，并大庄额载条粮之外，所余租息即作馆谷，少酬训课之劳。如王君异日迁升，将此项田租交付按馆教习收掌，永以为例。后之

① 民国《大理县志稿》卷廿九《艺文部》，张培爵修，周宗麟纂，民国五年铅字重印本。

君子，雅有同心，自不以作养人才之资而为势豪浸渔，被佃民纷更也。所有乡甲田粮条丁租息数目，备镌于石，以志不朽。旹康熙五十一年重九前一日，南安州知州福清张伦至记。

计开

一、新化乡十甲，官庄田一份，坐落四头村，佃户李长寿等，每年上租息银三十五两，该完纳秋粮三石四斗五升八合三勺六抄六圭，条银三两五钱九分七厘零，人丁一丁银四钱三分，佃丁银一两六钱三分，加丁银一钱八分。

一、新化乡十甲，新接庄田一份，坐落法脿大村，佃户李学易等，每年上市斗租谷三十石，内该完纳秋粮一石五斗五升，条银一两六钱一分三厘。

以上二外田庄租息，拨归书院，所有额载秋粮条丁息，系教习完纳，致仕户一切门差，例予豁免。①

南安州天山书院经费来源是两处庄田租谷，其中明确有官庄田一份，说明其经费来源之一是来自地方政府。

为书院田租立碑，是为了以后避免书院因年代久远而田产被豪强侵吞，或书院田亩租息被租种者拖欠而企图最终抵赖不交。当然，既然立碑记载田产租谷数额，那么应是确实可信的。上述两个田租碑记，真实反映了这两个书院的经费收入情况。从这两个田租碑记的内容来看，至少可知，明清时期云南书院经费主要来源于地方政府的资助、地方官员的个人捐赠和地方绅士百姓的私人捐助。

为更明确具体地探究明清时期云南书院的经费来源，现分如下几个方面来展开论述。

（一）御赐经费。五华书院，最早建于明嘉靖年间，“聚三迤十四府秀良之士而藏修息游其中”，一直为云南最著名的书院，明清之

① 康熙《南安州志》卷之六《艺文志》，张伦至纂修，康熙年间刊刻本。

际因战乱而荒废。清雍正皇帝重视文化教育，命各省“布政使司皆设书院”，并赐帑金。雍正九年，云贵总督鄂尔泰遵旨修复已荒废多年的五华书院，并发布《征滇士入书院教》一文，要求云南士人入五华书院读书。雍正十一年，“尊旨赐帑金一千两”，时云贵总督为尹继善，用此一千两银子增建五华书院书舍讲堂等，“复以其余买官庄收岁入租谷，以供修脯廪饩”。[①] 御赐书院经费一千两，除做增修费用，所余下的经费则为书院日常开支所用。

当然，除省城五华书院有御赐经费外，其他府州县书院则不能享受如此待遇。虽然只有五华书院一所接受过御赐经费，但至少也可反映出清朝中央政府对文化教育事业的重视，而另一方面说明中央政府参与书院的创办，传统的私学性质也就有所弱化。

（二）地方政府的经费资助。同治十一年，“巡抚岑毓英奏准由黑、元永、乔后等井每销盐百斤收经费五分，白井、云龙、喇鸡鸣、景东、镇沅、按扳、石膏、磨黑、猛野等井每销盐百斤收经费三分，作五华、育材束脩膏火之费”，也就是从官盐课中提取一定比例的费用作为五华书院和育材书院的费用，确定为盐道库书院经费项，所以相当于云南地方政府拨款。据《新纂云南通志》记载，在光绪年间，五华、育材两书院，每年可在盐库应收书院经费项下“支银捌千余两”。再如云龙州彩云书院，本由道光年间邑绅杨名飏私人捐建。云南咸同之乱平定后，“光绪元年，知州陈光藻复拨叛产田租九十五石；光绪三年，知州董良弼又拨叛产田租一百石，永作束脩、膏火之费”。[②] 所谓“叛产田”，也就是回民起义者所有，起义平定后一般以没收充公的方式归清朝云南地方政府所有，现拨给彩云书院作为束脩、膏火之资，实亦看作地方政府拨给书院的实物款项。

---

① 光绪《昆明县志》卷四《学校》，戴纲孙纂，清光绪二十七年刊刻本。

② 民国《新纂云南通志》卷一百三十四，龙云、卢汉修，周钟岳等纂，云南人民出版社2007年版，第549页。

五华书院、育材书院和彩云书院，最初是由私人捐款修建或重建的，之后偶尔获得地方政府的资助，更有一些书院，则主要由云南地方政府拨款修建。经正书院，清光绪十七年总督王文韶、巡抚谭钧培有感于“滇省诸生于经史古学未能讲求”而倡建，具体由布政使司兼护法道负责办理经正书院事宜。至于经费问题，“由盐道库积存书院经费项下提拨”。首先“于盐道库积存书院经费项下提银伍千两，择省城内清旷名胜之处，遴委公正绅耆踏勘核实估计绘图，呈请核定后，即采购木石各料，监督尅日兴工，添建经古书院一所”，为修建经正书院拨银五千两；其次，对于经正书院的日常支出，“由司库每年提银肆千两，添设讲席，归并课额，优加肄业诸生膏火”。经预算，经正书院开办后，每年应支银“伍千玖百柒拾伍两”，作为书院日常开支。据布政使司兼护法道的呈文可知，“前仅详准于司库每年提银肆千两，加以原发兴文当生息项下每年约收银壹千肆拾两，合计每年约将不敷银壹千两”，布政使司兼护法道请求在盐库应收五华、育材两书院经费结余下列支一千两，以弥补经正书院经费不足之数。所以呈请“自光绪十七年起，每年提银壹千两归入经古书院经费项下添资支放，支余仍流存以备随时加支之款”。此外，“现在即应制备经史子集各书，已另禀请提银壹千两，开单交同庆丰票庄，径赴江浙湖北等省采办在案”。其后上述请求获准列支。①

大理府敷文书院，由原桂香书院改建而成。同治十二年，岑毓英与杨玉科平定大理回民起义，有感于战后乱象，原有桂香书院已荒芜，“癸酉夏，议合建府县先师庙于报国寺，以旧县黉宫改作书院，名曰敷文。指拨耿马等处厘谷余银为修建之资，并拨本邑叛产，备束脩膏火费已”，拨厘谷为书院修建费，拨已没收充公的原回民起义者所有之田产租谷和房屋租金为束脩膏火之资，实也是地方政府

① 《经正书院条规》，滇南盐署光绪十七年刊刻本，藏于云南省图书馆。

拨款。

其实，据明清及民国时期云南各地方志记载，由地方政府拨款的还有如下书院：

南安州山天书院，在新化乡十甲，有官庄田一份，“坐落四头村，佃户李长寿等，每年上租息银三十五两”。[①] 官庄田归书院所有，收取租谷，实为南安州地方政府为书院经费的实物拨款。

宣威州榕城书院，“州仓酌添拨租米十二石”。[②] 州仓拨租米，也可理解为政府拨款。

永昌府永保书院，规定“阿坡铁厂，年纳铁课银十五两；南窝铁厂课银三两”，共课银十八两拨给书院使用；再有“光绪九年知府郭怀礼、知县王薇通详各宪，将七伙头流差夫马项下息银一百两，四城公帮乡约项下租息银一百两，均拨入书院，俟后夫马复兴，仍然拨还”。[③] 流差夫马项下息银和公帮乡约项下租息银共二百两，拨给书院使用，这也是政府名义下的经费资助。

武定直隶州狮山书院，“起自乾隆八年，和曲州知州彭捷元，请将该州并禄劝州教杂归公租谷每年共收京斗四百八十四石二斗三升，为师生膏火及监院看伺薪水之资”。[④] 所言“归公租谷”，意即归政府所有的租谷，现拨给书院使用。

元江直隶州澧江书院，“山长年束脩银六十二两，膏火银八十两，岁修银十两，由州署公费项下支销”。[⑤] 明确澧江书院日常支出在“州署公费项下支销”，这也应是政府直接拨款。

---

① 《南安州山天书院田租记》，康熙《南安州志》卷六《艺文志》，张伦至纂修，康熙四十八年刊刻本。

② 饶梦铭：《榕城书院记》，道光《宣威州志》卷七《艺文志》，刘沛霖等修，朱光鼎等纂，道光三十四年抄本。

③ 《书院田铺记》，光绪《永昌府志》卷六十五《艺文志》，刘毓珂等纂修，光绪十一年刊本。

④ 陈蓉镶：《狮山书院记》（附书院膏火章程），光绪《武定直隶州志》卷之五《古迹》，郭怀礼、孙泽春纂修，光绪年间刊刻本。

⑤ 民国《元江志稿》卷九《教育志一·旧制学校三》，黄元直修，刘达式纂，民国十一年铅印本。

当然，由云南地方政府拨款修建，并由其拨款维持日常开支的书院毕竟不多，但由政府拨款至少说明了一个事实：萌芽于唐代兴盛于宋代的中国书院，建立之初基本上是私学性质，但在明清时期就云南所建的部分书院来看，经济上依赖于地方政府拨款，必然要受政府的监督与控制，其已难以保持独立讲学精神，官学色彩浓厚，私学性质相对弱化。

（三）地方官员捐助。其实书院的修建与日常开支的维持，其经费来源一般为地方官员和绅士等的私人捐助，自唐宋还一直努力保持书院的私学性质，保持了书院传统独立讲学的精神。从明清时期云南各级各地书院的开办来看，大部分书院的兴办最初是由地方官员倡导并带头捐款修建的。也就是说，云南地方各级官员的积极倡导和私人捐助在明清云南书院教育的建设中起着较为重要的作用。

大理西云书院，为晚清时期滇西地区规模最大的书院，同治十二年由云南提督杨玉科捐建。至于西云书院修建过程，大理方志中有明确记载："同治十二年大理既平，署提督杨玉科欲家于榆，经知府范琼章改废各公所，并谕五十七户迁居，以叛产抵还原业。玉科乃即其地将旧屋拆毁，而以伪帅府及各街居民之华屋拆修为一大宅，计一百三十余间，用地四百丈。堆山凿池，莳花养鱼，园亭楼阁，穷极华丽。嗣因赀巨自危，改报湘籍，徙家远去。乃将全院住房捐作迤西书院，名曰'西云'，取迤西杨云阶创设之义。"同时杨玉科并送入所得"城内之民地逆建铺面六十七间，另住宅一所十五间，城外丰呈庄下兑龙龛等村归公叛田四百三十七亩。其不属县境之产，惟乔后井盐灶五十二所，及所购置浪穹田七百八十五亩九分一厘，鹤庆田六百零三亩九分三厘。年获租息作为束脩膏火及举贡进京路费"，这就是西云书院的经费来源。[①] 至于西云书院每年收入款项数

① 民国《大理县志稿》卷七《学校部》，张培爵修，周宗麟纂，民国五年铅字重印本。

目，在其《西云书院章程》中则有详细记录，现详录如下：

> 西云书院岁入项下：
>
> 一原捐乔后井盐灶伍拾贰条，年收租银壹千三百两。
>
> 一原捐榆城铺面陆拾柒隔，年收租银伍百贰拾两。
>
> 一原捐太和坝田肆百叁拾柒亩，年收租谷贰百肆拾石，变价石银贰百肆拾两。
>
> 一原捐牛街田，除取赎外，实归书院田陆百壹拾亩，年收春秋租谷共陆百壹拾贰石，变价得银陆百壹拾两。
>
> 一续捐下关花店客店各壹所，铺面贰间，年收租银三百壹拾两。
>
> 一蔡久裕号抵入书院田壹百伍拾亩，年收租谷陆拾余石，变价合银陆拾两。
>
> 一蔡久裕号抵入书院住房一院，年收租银拾陆两。
>
> 以上岁入银叁千零伍拾陆两。①

此为西云书院经费收入的详细记载，比较真实地反映了杨玉科的捐助力度。共叁千零伍拾陆两白银的田产租谷、铺面租金收入，对于西云书院是一笔雄厚的资助，也是西云书院成为滇西最大书院的主要原因。其后西云书院的日常开支：山长及书院管理人员的薪水等费用，诸生徒的膏火卷金，书院的维修费用，桌椅床具等生活与学习用具的置办，还有添购书籍的费用，等等，全有赖于杨玉科捐赠给西云书院的田产租谷、铺面租金等收入。

五华书院确实获得上自清朝皇帝，下至云南地方政府的直接拨款，在雍正年间接受御赐白银一千两，在同治年间接受盐道库书院经费专项拨款。其实，五华书院也多次受云南地方官员的私人捐赠，

---

① 《西云书院章程》，清光绪十八年刻本，藏于云南省图书馆。

据光绪年间所修《昆明县志》记载，嘉庆二十年学政顾莼“同司道捐银一千两”，“为字课卷资奖赏”；道光元年，“学政杨殿邦出廉俸所入增置书舍”；道光二年，“定膏火银每份月增五钱”，即在各官养廉银内摊捐。① 道光十九年，“巡抚颜伯焘移育材书院膏火三十份入五华书院，并捐银五百八十二两增设十份，为一百二十份”，“又堂课向无奖赏，亦捐银四百九十二两作笔资”。②

捐款与拨款，词义上是有所区别的，捐款属赠送性质，捐款者与受捐者之间没有利益关系，也不存在责任关系，属自愿性质，捐赠中受捐者无须承担捐款者赋予的义务，捐款者也就不能干涉受捐者的自由行为；而拨款属于上级机关对下级机关发的经费，上级机关对下级机关的拨款，相应要求下级机关服从上级机关的指导，下级机关需承担上级机关赋予的责任。所以西云书院和五华书院接受地方官员的捐赠，虽然与官方仍具有千丝万缕的联系，但从捐款本身而论，书院虽接受政府官员的捐赠，但因属捐赠性质而没有损害书院自身的独立品格，使其从唐宋以来所具有的独立精神能够得以保留。现就受地方官员捐款的书院列表3－1，以便更具体地反映明清云南书院经费来源的部分实际情况。

表3－1　　部分书院接受地方官员捐赠状况统计

受捐书院名称	捐赠官员姓名	捐赠内容
五华书院	学政顾莼、学政杨殿邦、巡抚颜伯焘等	顾莼一千两白银、颜伯焘一千零七十四两白银以上
桂香书院（大理）	提督诺穆图、布政使李卫、知县龙为霖、迤西道雷之瑜、知县吴纯	诺穆图捐置太和县生久湖田二十一亩四分，李卫捐买小邑庄田七亩五分，龙为霖捐买鸡邑村田五亩，雷之瑜捐银一百六两，吴纯捐资五百金

① 光绪《昆明县志》卷四《学校》，戴䌹孙纂，清光绪二十七年刊刻本。

② 民国《新纂云南通志》卷一百三十四，龙云、卢汉修，周钟岳等纂，云南人民出版社2007年整理本，第524页。

续表

受捐书院名称	捐赠官员姓名	捐赠内容
西云书院	提督杨玉科	将所修大宅，计一百三十余间，用地四百丈，捐为西云书院；又送入铺面六十七间，另住宅一所十五间。另捐送乔后井盐灶五十二所，及所购置浪穹田七百八十五亩九分一厘，鹤庆田六百零三亩九分三厘。年获租息作为束脩膏火及举贡进京路费
碧城书院	摄县事王秉煌	捐添田产租谷二十石，每季送谷十石，盐十斤
凝阳书院	知府张玉树	捐银六百两，买田歹左则租二十一石，婆兮各纳甸龙树租五小石
秀麓书院	知县陈朝书	捐俸若干建书院，购置书院田产
乐育书院	千总李庆槐	捐田二百三十工，年收市石租谷四十二石以上
鹿城书院	巡抚岑毓英、学政丁立干	岑毓英捐银一千两建铺面收租，丁立干捐银一百两
大成书院	知州丁士可	捐置田一份，年收京斗谷六十三石
凤山书院	知府萧炳椿、知县郑天泰	共捐钱每年四十四千文
培风书院	巡抚岑毓英	捐银四千两，设永盛公当于两湖会馆，年收息银永作书院膏火
养正书院	通判张稷谟	捐田三段，共十亩，收取租谷若干京斗
雪山书院	知府管学宣	捐银买地二百三十二亩，每年收京斗麦三十六石，折银一十八两；又捐银买地一块，年收京斗大、小麦二石八斗五升
凤鸣书院	知府王善垲	捐银一千两，置田收租，加增膏火
思诚书院	署同知史斌	捐置铺房十四间，银五十两，交绅士生息
永保书院	知府陈廷焴	捐银一千两，生息作每年束脩、膏火之资
来凤书院	同知陈宗海	捐廉一千五百七十八金
开阳书院	知府张琪、知府宫尔劝	张琪、宫尔劝各捐田一份，年收京斗租谷共六十二石八斗五升
文山书院	知县徐本仙、知县曹国弼、知县谢千子	徐本仙、曹国弼各捐田一份，年收京斗租谷共四十石；谢千子捐田三份，年收市斗租谷一十三石五斗
西林书院	知府黄士杰、知府崔乃镛	黄士杰捐买田三份，年收京斗米五十一石一斗五升；崔乃镛于书院对面捐修铺面三间，年收租银一十八两，东城边捐买铺面二间，年收租银七两二钱

续表

受捐书院名称	捐赠官员姓名	捐赠内容
奎垣书院	州同蒋肇銮	捐钱一百两，置买戈魁河田八形，年收租银四十两，其中二十两给书院
桂香书院（新平县）	知县袁筠	捐买田两份，年收市斗租谷共二十四石
龙吟书院	提举嵇承勋、训导朱士楷、藩司继昌、提举王汝琛、白井大使姚嘉惠、安丰井大使郑镍、署白井大使岳辉文、训导周绶、提举张乃文	嵇承勋捐银二百两，朱士楷捐银二十两、继昌捐银五十两，王汝琛捐银一百两，姚嘉惠捐银十六两，郑镍捐银十六两，岳辉文捐银十六两，周绶捐银十六两，张乃文捐地基二十八块，变卖价银三百八十二两
灵源书院	提举裴灼文、提举王子音、教谕杨一揆	裴灼文捐款五十金，王子音百金，杨一揆五十金
凤山书院	同知谢体仁	捐银二百两置买整短村田一份，每年收租三十四京石
钟秀书院	知州陈步贤	捐廉百金

资料来源：云南明清及民国时期所修云南各地方志。

上述书院接受地方官员的捐赠，作为书院修建和日常开支的资金。虽然所做的统计因时代久远难以完整，但至少说明地方官员积极参与书院建设，捐款资助书院开办，推动书院日常教与学。

像五华、育材、经正、彩云等书院受政府拨款资助，但毕竟这样的书院不多，拨款也是定量的，仍需要地方官员和绅士捐赠。其实，云南明清时期的绝大多数各地各级书院，基本上没有政府的拨款，绝大部分是由地方官员捐助或民间捐赠。

（四）民间绅士和百姓的捐赠。中国自古有重教的传统，不管是朝廷命官，还是民间士人及普通百姓。书院在云南的普遍兴建，很大程度上得力于民间人士的积极倡导和鼎力支持。民间人士积极参与书院的修建与日常教学管理，更重要的是个人还捐献款项帮助购买修建书院的地基，捐款修建书舍，购置教学用具，捐款作为束脩膏火之资。

云南县九峰书院，建于明万历年间，光绪三年由知县鸣泰改建于城东南报国寺内，至于其经费来源，据光绪《云南县志》记载："旧有南丰坝田租八十石，城内魁楼下铺四间，南街铺一间，米甸铺四间，又田一分、地一区，美长村豆麦租一石，李捷村租米九斗。监生万中贤送入庄田一分，坐落莽甸中邑庄，收租谷六十五石。乡饮杨尚魁送田一分，廖怀瑜送田一分，张朝瑾、郑朝阳送银四十两，吴应超捐银二十两，徐章、廖怀瑜、邹绶、时泰来、张定元送钱二十九千买秧田四丘，余钱收息。"① 除书院旧有田租、铺面租金收入外，还有地方绅士监生万中贤、乡饮杨尚魁的捐赠，有一般百姓廖怀瑜、张朝瑾等人的捐献。

白盐井灵源书院，乾隆五十七年由提举王子音以张公书院前层改建而成。至于其经费来源，王子音在《灵源书院记》中有具体记载：

计所入赀：署提举裴灼文五十金，子音百金，教谕杨一拨五十金，井民刘子旭赎田价二百五十金，吴光里屋租赎价三十金，五井灶户公捐百金，加捐南关外公地。除议建节孝祠外，以东偏余地归井承买，价十八金，张郁文二十五金，白松龄十五金，张正之十金。旧井小西关外有店，呈请移关于店外，俾益店租，捐金五十。留龙吟旧院招租，岁订四十八金。五十八年，除修费外，用去七十六金，并出借赎田价获息三十四金，合之得八百零八金，刚敷改作经费、岁聘主讲束脩。

经提举存庄详，拨提举白兑前捐柳树塘田租十七石，生员白万正子监生白汇前后捐租二十石，并积余加购租二十石，共[都] 计租五十七石，画完粮、守院役食、岁折束脩租金五十。自改作书院迄今初成，不别聘主讲，子音月凡再课，而以教谕权院事，两年奉束脩百金，教谕以其半买租，为生童岁科试卷

① 光绪《云南县志》卷之五《学校》，黄炳堃修纂，光绪十六年庚寅秋镌，板存九峰书院。

金，而以其半作书院经费，可风也。肄业廪生张昙、罗道元、罗光泰，生员甘岳、罗光绪、张敦朴、余德昭、罗道学、陈渤、罗光宝、陶玉成、张矗、张辉滢、罗万宝、白炘、张敦培、王志正、何述典、王槐、李修鳞、罗万钟、张银汉、张辉台、王锡骥、刘炳、张辉和、唐光裕、张杰、王运升、杨超元、刘煊藜、罗万选、王瑞昌、阮锦文、李愈芳、甘炘、李友桂、张曜、张南金、季锡畴、杨杰、张时汉、夏鸿儒、杨溥和、甘正来、张立诚、张芳桐、季履贞、郭文明，童生七十二人，向无膏火，今紫阳县令张志超捐十金，举人陈瑛捐二十金，灶生张裕远捐五十金，张廷玺捐三十金，季统捐二十金，陈世德、王思忠、白松龄、张鉴举、布文星、民樊绅各捐十五金，李珣捐十金，合得二百三十金，典郭从云田租六石，计价一百金；又典霜坝塘田租八石，计价一百六十金，内借垫银三十金，俟收租息归补。增生李修易捐马槽沟田山，计价二百九十金，以岁租三石五斗拨抵通学添买草房、菜地，价三十金，其余田山召垦，俟成熟详请升科议租。张聪捐田岁租二石，即在李修易田契之内。龙吟旧院岁入租息，除归补田租借款外，陆续归还井司捐百五十金，及五井公捐、观井买价、旧井移关捐款，共三百七十金，均给五井生息。①

由此可知，灵源书院的经费，有地方官员如王子音等人的捐助，而更多的是地方绅士如白万正等人及热爱地方教育事业的普通百姓的捐助。至于其他有史料记载其受地方绅士个人捐助和一般百姓私人捐资的明清云南书院，与上述两书院一起详列表 3－2。

① 王子音：《灵源书院记》，民国《盐丰县志》卷十一《艺文志》，郭熙纂修，民国年间刊刻本。

表 3 - 2　接受地方绅士捐助和一般百姓私人捐资的明清云南书院统计

受捐书院	捐赠者	捐赠内容
育材书院	绅士黄宗杰	增置书舍，额曰“一粒斋”
九峰书院（富民县）	邑绅张执中、周钧等	咸丰年间被毁，同治年间张执中等率阖邑捐赀重修
雪堂书院	监生官伦	绅士公置湾子营大草海麦地共一百三十一亩四分八厘，监生官伦送田二亩六分
鹅塘书院		道光年间毁于地震，阖邑士民捐赀重建
象山书院		道光十二年，署知州汪之旭率绅士捐赀增建。咸丰八年被毁，光绪六年知州舒运昌率阖州士庶捐赀重建
桂香书院（禄丰县）	绅士刘麟玉等	嘉庆十二年，绅士刘麟玉、杨万青等增建；嘉庆二十四年，知县李文培，绅士段钧、王定远捐建奎楼并增书舍。同治年间焚毁，士民重修桂香书院大门，并建书舍五间。光绪初，邑绅李灿春等倡建，更名文明书院
鹿元书院		咸丰年间毁于兵，光绪元年阖邑士庶重修
龙泉书院		咸丰年间毁于兵，光绪元年阖邑士庶重修
巢经书院		咸丰年间毁于兵，光绪元年阖邑士庶重修
桂香书院（大理府）	钟大士、贡生杨映标、寺僧庆住、李杨氏、李兆吉、廪生李益谦	钟大士送生久湖垦田四亩，太和县贡生杨映标送田三份，计田一百四十五亩、干地五块、秧田十七丘，宾川州拈花村寺僧庆住送田一份，计大小四百七十三亩、干地二十一块。东门街李杨氏捐送北门外石头堆甸田三亩四分二厘，租谷三石一斗；民人李兆吉捐送南磻溪田二亩四分九厘，租米十二碗升九斗五升；邑廪生李益谦捐送上鸡邑田三亩一分五厘，租谷三石一斗
九峰书院	监生万中贤及民人张朝瑾、郑朝阳、吴应超、徐章等	监生万中贤送入庄田一分，收租谷六十五石。廖怀瑜送田一分，张朝瑾、郑朝阳送银四十两，吴应超捐银二十两，徐章、廖怀瑜、邹绶、时泰来、张定元送钱二十九千买秧田四丘，余钱收息
万青书院	士民杨士鼎	送田一份若干亩
宏文书院		咸丰年间被毁，同治十三年阖邑绅士捐赀重修
万奎书院		咸丰七年焚毁，同治三年阖邑士民捐修
彩云书院	邑绅杨名飏	捐银修建，并捐置田租二百石

续表

受捐书院	捐赠者	捐赠内容
崇文书院	绅士曾龄、赵节、萧大成、进士合揆等	康熙三十九年，知府董宏毅、同知郑功勋同绅士曾龄、赵节、萧大成等捐建，进士合揆捐阿迷州甸头租二石，又八属绅士公捐置田租二百七十九石三升
龙泉书院（石屏州）	州人高玉章、郑文思、段凤书、节妇杨饶氏	高玉章捐娄家寨田租十石，郑文思捐龙口冲田租三石六斗，段凤书捐旷野大寨田租二石五斗，杨饶氏捐租五十石
螺峰书院	县民普光登、庠生解法曾	普光登送入田租市斗谷二十四石六斗六升，解法曾送入田租市斗谷二石三斗。同治三年毁于兵，光绪六年邑绅王善倡捐重建
登云书院	节妇杨吴氏	送入田四十二石
载道书院		乾隆五十八年，合邑绅士捐赀重建
凤山书院（楚雄府）	张凤翔、沈朝纶、徐懋昭、王友高、董调梅	张凤翔送入田一份，沈朝纶送入田一份，徐懋昭送入田三份，年收租银为诸生徒膏火等费；董调梅捐入铺面，年收租银一十六两
鹿城书院	邑绅谢长清	捐建，并置一当铺收息作束脩、膏火之费
龙川书院		阖州绅士捐田八十一工
文龙书院		绅士公捐银五百两
鹿阜书院	生员张志龄、监生李捷生、监生张开绪	嘉庆十八年，张志龄、监生张开绪同捐田一份，年收京斗谷一百二十石；道光二十三年，监生李捷生、妻季氏捐租六十石入书院
凤山书院（顺宁府）	贡生杨必显、贡生罗于宁、监生杨积仓、乡民吴国正等	乾隆元年，杨必显捐田三段，秧田九丘；候选州同杨稳仓、贡生罗于宁、监生杨积仓共捐田二十八亩二分八厘一毫，乡民吴国正捐田十一亩一分六厘
凤梧书院		知府常德率阖州士庶公捐银两，置乞曲里洗卡哩村田一庄
榕城书院	刘云瑞、殷朝、阳奉	刘云瑞捐入地七亩，年收市斗米五石五升；里民殷朝、阳奉等捐地一块，年收市斗荞四石
玉屏书院	邑绅舒金和、李毓煊、蒋宗汉	诸邑绅捐建
月潭书院	监生张国祥	捐田二十五亩，年收市斗谷二十石
开南书院	郡绅罗含章	捐银三千七百零九两，共买田九份，年收租谷作诸生徒膏火之资
钟秀书院	邑绅吴永安	捐银五千两置田产，年收租谷若干

续表

受捐书院	捐赠者	捐赠内容
桂香书院（弥勒县）	绅士廖宁远	知州王纬倡同绅士廖宁远等捐建
甸溪书院	贡生王佐才、贡生赵渝、武举李如膺	王佐才等捐田二份，共七十八亩九分一厘二毫，年收京斗谷四十石七斗；赵渝送入租十八石；嘉庆十三年，李如膺等捐赀重修
桂香书院（新平县）	生员黄缙云、生员郭增、侯兆凯、侯民钦、曾悟传	黄缙云捐银二十两买田一份，生员郭增捐银一百五十两，侯兆凯、侯民钦、曾悟传共捐银八两，买田一份
龙吟书院	生员陈光斗、白万正妻王氏同子白汇	陈光斗捐送市斗租谷十石，白万正妻王氏同子白汇送市斗二十石

资料来源：云南明清及民国时期所修云南各地方志。

此处所言绅士，一方面包括获得功名或尚未获得功名的读书人，另一方面也指在外做官解职回到家乡的退休官员。从表 3－2 可知，有大量的民间绅士和普通民众，甚至寺庙里的和尚，都为书院捐献银两，赠送田产和铺面，收取租谷和租金，这些收入也成为书院经费的重要来源之一。

二　书院经费开支

书院修建，需要建设费用；书院开办，需要日常经费维持。具体而言，书院建筑材料的购买，书院课桌椅子等教学设备的置办，山长等教学管理人员的聘请，诸生徒膏火的发放，都需要大量的经费支出。

大理府西云书院，杨玉科捐建，以其所建大理府城内公寓为西云书院，并捐送田产盐灶，年收租金"叁千零伍拾陆两"，作为日常书院的各项开支。至于西云书院的日常开支，其书院章程中有明确记载，特录于下。

西云书院岁出项下：

一山长年支银叁百两。

一额定生员每月膏火伍拾捌分，年支银壹千壹百陆拾两。

一添设每月官课生员加奖银叁拾两，年支银叁百两。

一额定童生每月膏火银贰拾两，年支贰百两。

一额定堂课制艺字学经古课，年需笔资银壹百贰拾两。

一监院薪水年支银肆拾两。

一管事二名，年支银壹百陆拾两。

一学长二名，年支银肆拾两。

一书院经理月课等事书办一名，年支银贰拾肆两。

一书院管理文卷册籍等事道书一名，年支银贰拾肆两。

一看门斗级更夫花匠催田铺租扫地夫七名，年支银壹百贰拾陆两。

一牛街斗级守仓租头兼书院算三名，六个月共支银叁拾两。

一课卷年约支银伍拾两。

一年完太和鹤庆浪穹三属钱粮夫马约支银贰百零叁两。

一杂支年约银壹百两。

以上年支银贰千捌百柒拾柒两。①

此为西云书院经费开支的详细记录。因该书院以杨玉科住宅为场所，并不需要书院修建书舍等建设费，所以上述经费开支没有包括书院修建费。然而从西云书院的经费开支来看，书院经费开支大致包括书院书舍修建等建设费、书院桌椅等设备购置费、山长束脩等费用、诸生徒膏火等费用，以及书院管理人员的薪水等管理费。现就这几个方面的费用具体分析如下。

（一）书院建设费，具体包括书院地基购买费、书院房舍修建费用、田产铺面房屋的购买费、书院书籍购置费及桌椅等设备购置费。如前所述，书院创建，首先得选址，购买地基，建盖书舍，需要相

① 《西云书院章程》，光绪十八年刊刻本，云南省图书馆藏。

应的经费。云龙州彩云书院，道光十六年乡绅杨名飏捐建。杨名飏先后出任兵部侍郎、陕西巡抚等，解甲归田回到云南云龙州家乡，有感于“庠序之设攸关治化本源”，修建书院。至于书院地基购置费共六百两，由地方士人和杨姓族人捐献。“生员杨绍奇，同族人允中、从龙、拔甲、恩广、恩禄、恩宽、超群、松林、若竹、名章、龙章、绣章、庆章、春芳、春茂等公，送水田一段，价银四百两。生员马辉翰送水田一段，价银二百两”，共六百两，作为书院地基购置费。另外，“生员杨嵩毓送田间道路一条”，作为书院出入道路。至于其他费用则由杨名飏承担。在书院修建及桌椅等设备购置方面，其费用开支现详录如下。

一书院坐落云龙州石门井，离城三十里，房基前后，各宽一十八丈左右，各长二十五丈。魁星阁楼下下两层，外新砌石岸，立照壁一座，大门数三间。左居安门一间，右资深门一间，门房三间，仓廒三间。正中集义堂五间，堂前文光射斗坊三间，左右书舍各三间。堂后传经楼一座。上下各三间。楼前廊房三间，左逢源一院，书舍九间；右逢源一院，书舍十二间。楼左右厨房各之间，讲堂东隅菑畬精舍一院，大门一间，厅事五间，西师竹亭一座，东友松亭一座，中间方塘一区，左右回廊九间，西北后门各一间，周围桑树一间。

以上通共房屋八十五间。

木料价银一千九百五十七两，木匠工价银七百六十五两。石料价银六百五十八两，砖瓦价银七百九十五两，铁器纸斤草荄等物共价银一百六两。石灰价二百六十四两，泥水土工共价银一千四十九两。油饰并制桌凳器具共价银九十七两，办理木料，监督人工杂费，共银一百九十五两。

以上共银五千八百八十六两。

一置买水田租谷七百京石，共价银二千九百二十二两，额纳秋粮共十二石八斗八升四合三勺。

一买江外房一所，修理仓廒共银一百九十八两。

一税契过割采办工料杂费共银四百一十五两。

以上通共捐银九千四百二十一两。俱系前任陕西巡抚杨名飏捐廉。[①]

彩云书院共有房85间，规模相对宏大。为修筑彩云书院书舍等建筑，购买木料、石料、砖瓦等建筑材料，请木匠工、泥水土工等人工，购买铁器、纸斤、草荄、油饰，以及制桌凳器具等，共用银5886两。置买田产，房屋等，共用银3535两，合而共9421两，全由杨名飏“捐廉”负担。

至于其他书院，据记载，云南省城经正书院修建，首先即于“盐库积存书院经费项下先提银伍千两”，来“勘定公地及杜买民地”，其余作为“工料价银”，购买建筑材料修建书院书舍等设施。[②]白盐井灵源书院，提举王子音倡建于乾隆五十七年，其建筑费用，“木值百六十金，石值九十八金，砖瓦值百四十金，灰铁髹漆值百四十金。各工费二百七十金，通计八百零八金”，也就是修建灵源书院共用去808两白银。[③]

总之，虽然所言仅数个书院，明清云南各个书院的具体情况可能有所不同，所用经费有多有少，但从这几个代表性的书院，可以知道明清云南书院修建费用、田产铺面房屋购买费及桌椅等设备购置费的详细情形。

（二）山长的束脩等费用。山长，或称主讲，是书院的灵魂，书院课程的讲解、书院课程的考试、诸生徒学习情况的检查，都由山

① 《彩云书院条规》，道光十九年刊刻本，云南省图书馆藏。

② 《经正书院条规》，滇南盐署光绪十七年刊刻本，云南省图书馆藏。

③ 王子音：《灵源书院记》，民国《盐丰县志》卷十一《艺文志》，郭熙纂修，民国年间刊刻本。

长承担。一个著名的书院，在于有一个著名的山长。白鹿洞书院有朱熹，岳麓书院有朱熹、张载，皆有名之山长，才有白鹿、岳麓两书院之盛名。所以关于山长的束脩等费用，一般是书院所聘人员优先考虑的。比如彩云书院，山长“束脩每年银八十两，按季送；伙食每年钱四十千文，按月送。开馆年节折席钱八千文，延请聘仪、迎送盘费按程途酌备”；西云书院，原本规定山长“年支银叁百两”，后来变通章程规定，“延聘山长每年由道酌定，于十一月收课后下关聘订，年送束脩银贰百肆拾两，伙食银陆拾两，聘金、节礼、贽见，随时酌定”。从这两个书院可知聘请山长，需要这几个方面的费用：首先是束脩，这是聘请山长的主要费用，一般按年确定，按季送；其次是伙食费，也称薪水，一般按年确定，按月送；最后是聘金、节礼、贽见、迎送盘费等杂费。现将明清时期云南部分书院山长的收入详列如下。

表 3－3　　　　明清云南各书院山长各种费用统计

书院名称	山长束脩（按年计）	山长伙食费	山长的其他收入
五华书院	银四百两	每月十五两，米二京石	每节节仪银六两
经正书院	银五百两	每年三十六两	关聘银十二两，三节致送节礼银共二十四两
育材书院	银一百三十六两	米六十京石	地租钱五十二千文零
雉山书院	京斗谷四十石，京斗麦一石七斗		
雪堂书院	京斗谷一十五石五斗，京斗麦二十六石		
碧城书院	京斗谷四十二石五斗		
桂香书院（禄丰县）	京斗谷二十石		
桂香书院（易门县）	京斗谷二十石		
桂香书院（大理府）	雍正十二年，京斗谷一百二十石；乾隆五十年，改为银一百二十两		

续表

书院名称	山长束脩（按年计）	山长伙食费	山长的其他收入
西云书院	银二百四十两	每年银六十两	聘金、节礼、贽见，随时酌定
龙翔书院	京斗谷四十五石		
万青书院	京斗谷十二石九斗及银二两四钱		
鹏飞书院	京斗谷三十六石		
宏文书院	京斗谷六十一石		
联云书院	京斗谷三十九石		
毓英书院	京斗谷十九石		
龙登书院	京斗谷四十四石		
罗俊书院	京斗谷十九石		
玉泉书院	京斗谷一十九石二斗		
养正书院	京斗谷二十石		
登云书院	京斗谷四十石		
万奎书院	京斗谷四十石		
凤翔书院	京斗谷三十石		
育英书院	京斗谷一百二十石		
云龙书院	京斗谷四十石		
彩云书院	银八十两	每年钱四十千文	开馆、年节、折席钱八千文，聘仪、程仪酌备
崇文书院	银一十九两一钱六分及京斗谷四石		
焕文书院	银一十九两一钱六分及京斗谷四石		
崇正书院	银一百二十两		
秀山书院	银十五两，另一记载为京斗谷十四石四斗		
登龙书院	京斗谷二十四石三斗		
螺峰书院	京斗谷二十八石		
养正书院（蒙自县）	银四十八两		
凤山书院（楚雄府）	京斗米十三石一斗及京斗谷十八石		

续表

书院名称	山长束脩（按年计）	山长伙食费	山长的其他收入
山天书院	银三十两		
三台书院	京斗谷三十石		
大成书院	谷三十石，道光年间增京斗谷六十三石		
凤山书院（澂江府）	京斗米十八石		
养正书屋	京斗米十三石		
玉溪书院	京斗谷二十一石		
敬一书院	京斗谷二十一石		
鹿阜书院	京斗谷二十九石五斗三升及银二两，后每年增束脩京斗谷六十石		
培风书院	银二百四十两		
育贤书院	京斗谷三十九石八斗		
养正书院（顺宁府）	京斗谷三十九石三斗三升及银三两		
右仁书院	银四十两		
凤山书院（陆凉州）	银四十两		
通泉书院	京斗谷四十三石七斗		
龙源书院	银六十两		
凤梧书院	银六十两		
玉河书院	银十二两		
雪山书院	银三十七两六钱		
金华书院	银十二两及京斗谷五石		
凤鸣书院	银一百二十两		聘礼银四两，贽敬钱四两
钟山书院	银八十一两		
思诚书院	银五十两		
永保书院	银八两三钱五厘及京斗谷一十八石三斗八升八合		
来凤书院	银六十四两	每月银四两	关聘、节金，多寡无定额
开文书院	京斗谷六十二石八斗五升		
西林书院	京斗谷三十石		

续表

书院名称	山长束脩（按年计）	山长伙食费	山长的其他收入
五莲书院	银八十金及京斗米十石		
景文书院	京斗谷一十七石五斗，后增为京斗谷五十七石七斗四升		
关阳书院	银一百两		
开南书院	京斗谷二十石		节仪银十两
育德书院	京斗谷二十八石		
文华书院	京斗谷二十八石及银五两		
兴文书院	京斗谷八石四斗及银六两六钱		
罗公书院	京斗谷一十四石及银五两		
晴川书院	京斗谷五十石		
钟秀书院	银一百二十两		
桂香书院（弥勒州）	京斗谷六十二石		
甸溪书院	京斗谷四十石七斗		
养正书院（弥勒州）	谷六十石		
狮山书院	京斗谷一百六十石		
澧江书院	银六十二两		
敬业书院	银三十二两，后改为银十六两及谷十二石		
桂香书院（新平县）	京斗谷五十石		
龙吟书院	银五十两	银十两	

资料来源：云南明清及民国时期所修云南各地方志。

从表3－3可知，书院开支中除给山长束脩之外，相应还有伙食费或薪水钱，在三节有节仪，聘定有聘金，来去书院有程仪，等等。当然，书院山长的收入主要是束脩，其他收入数额比较小。对于山长的束脩，一部分书院是发放银两，而另一部分书院则是发放谷麦等粮食实物，也有部分书院既发放银两，同时又发放谷麦等粮食实物。对于明清云南各地各级书院山长的束脩，银两数额或实物石数很不相同，差距很大。就山长束脩发放白银的书院来看，按年计，经正书院山长的束脩是五百两白银，而像丽江府的玉河书院，山长束脩才十二两白银，两者相差非常大。一般省城或府城书院山长的束脩比较高，在一百两银子以上。省城的五华书院、经正书院、育材书院，大理府的桂香书院、西云书院，临安府的崇正书院，广南府的培风书院，普洱府的凤鸣书院的山长束脩都在一百两银子以上。一般州县书院的山长束脩在百两银子以下，当然也有部分州、县书院是在百两银子以上的，如大关县的关阳书院，山长束脩是一百两，广西直隶州的钟秀书院是一百二十两。以谷米小麦等粮食实物发放山长束脩的书院，山长束脩的差距也比较大，多的如武定直隶州的狮山书院，山长每年束脩为京斗谷一百六十石；少的如河阳县的养正书院，山长每年束脩仅为京斗米十三石。以一石谷折十分之七石米的常规计算，也还不到十九石谷。另外，邓川州的罗俊书院和毓英书院，每年山长束脩就是京斗谷十九石。所以说，以实物来支付山长束脩，数额也相差比较大。当然，山长束脩的支付标准，一般视书院的经费多少来定。如前所述，省城或府城书院，经费来源广而多，所以山长束脩的标准就定得高，县州书院甚至乡村书院，经费来源少，所以山长束脩标准就定得低。这就是云南各地各级书院山长束脩差距大的原因。

除束脩外，还需支付给山长的其他费用如伙食费、三节节仪、聘金、书院往返的程仪等，与束脩比较，数额并不大。如经正书院，山长束脩是五百两银子，而其他费用总共才七十二两银子。据所掌握的史料来看，只能见到少数书院具体列出的开支数额，绝大部分书院的这些费用却不见记载。但从少数书院列出的开支数额来推断，每所书院应该都为山长提供伙食费，送给聘金、节仪、程仪的，因为这是聘请山长教授诸生徒的一种习惯，每所书院应不会不遵守的，只是因这些费用数额相对较少，史料中也就忽略不计了。

（三）诸生徒膏火及其他费用。诸生徒入书院读书，为给诸生徒提供安定的读书环境，使他们安心向学，“俾得专心肄业”，无经济上的后顾之忧，一般给诸生徒提供膏火费。否则，诚如迤南道陈灿所言“寒畯之士俯仰窘迫，弦诵无资，未免牵累其形神，无以专精于学业”。[①] 当然，膏火费也是视书院的财力而定，财源充足的书院，提供的膏火费用就多一些；财源不足的书院，所给膏火费用相对较少。

五华书院建于明代，明代膏火发放标准及数额记载不详，无从知晓。明末书院荒废，于雍正年间重建，其后膏火的发放标准及数额时有变化，特予以详述。五华书院重建后设膏火八十份，每份月给钱一两六钱，每月共需银一百二十八两。嘉庆十八年议定，乡试之年自二月至八月每月加膏火三十份；道光十九年，移育材书院膏火三十份入五华书院，并增设十份。所以在乡试之年共设膏火一百五十份，平时设膏火一百二十份。道光二十一年，山长廖敦行请于巡抚张澧中，定为正课八十份，副课八十份。同治十一年确定：“增设举人膏火正课十份，每份月给银三两，副课二十份，每份月给银二两。生员正课八十份，每份月给银二两，副课八十份，每份月给银一两。”[②] 除膏火外，五华书院还为诸生徒设字课银。道光年间，规定每年“字课银三十五两，卷金银六十两，乡试之年增银二十两”。

经正书院，光绪十七年总督王文韶、巡抚谭钧培建。关于给诸生徒的膏火及堂课奖赏，经正书院制定《经正书院条规》，其中就规定，“内课膏火二十四份，每份给银六两，月共给银一百四十四两。以十二月计算，每年共支银一千七百二十八两。外课膏火八十份，以前二十名为正课，每份给银二两，后六十名为副课，每份给银一两，共给银一百两。以十月计算，每年共支银一千两”。内课与外课膏火合计共为 2728 两。经正书院除给诸生徒膏火银两外，还对应课

① 《迤南道陈灿转详新建宏远书院捐筹经费并拟每年出入各款数册，为转详立案事》，光绪《普洱府志》卷之二十四《学校志》，陈宗海修撰，光绪二十三年丁酉岁重修刊刻本。

② 民国《新纂云南通志》卷一百三十四，龙云、卢汉修，周钟岳等纂，云南人民出版社 2007 年整理本，第 525 页。

试的生童按课试成绩等级名次给予奖赏。山长堂课，“每月仍于十八日课试一次，以免夺诵读考据之功。每次无论高才生及非高才生，而愿应课者，均准一体考试，仍先取列内课二十四名，余均统为外课。首名给奖赏银叁两，二三名各给银壹两，四五名各给银陆钱，六名至十名各给银伍钱，十一名至二十四名，各给银肆钱。外课首名至二十名，各给银叁钱”。所以，“每次堂课奖赏银二十两三钱，每年十课，共需银二百三两”。①

再如大理府西云书院，其章程规定：“一额定生员每月膏火伍拾捌分，年支银壹千壹百陆拾两；一添设每月官课生员加奖银叁拾两，年支银叁百两；一额定童生每月膏火银贰拾两，年支贰百两；一额定堂课制艺、字学、经古课，年需笔资银壹百贰拾两。”西云书院给诸生徒的费用主要有膏火和各课奖励，每年共支银1880 两。

除了上述三所规模比较大的书院外，有史料明确记载发给诸生徒膏火等费用的书院还有昆明县的育材书院，同治十三年确定生员和童生膏火正课各二十份，每份月给银二两，副课各二十份，每份月给银一两。每月共支银 120 两。以十月计算，每年共需银 1200 两。宾川州的育英书院，嘉庆十八年确定每年童生膏火谷一百四十石三升三合。楚雄府的凤山书院，“额设膏火生员十六份，童生四份，每份月给银五钱”，每月共支银十两，以十月计，每年共支银一百两。澂江府的凤山书院，乾隆三十二年规定每年“生童膏火米四十石”；嘉庆十八年，“知府景谦将郡署每年应征酒课钱六十千文拨入添作生童膏火”。广南府的培风书院，“生童膏火三十份，每份月给钱六百文”，每月共支钱一十八千文，以十月计，每年共支钱一百八十千文。弥勒县的桂香书院，嘉庆六年，“设立膏火二十份，每份给银六钱”，每月共支银十二两，以十月计，每年共支银一百二十

① 《经正书院条规》，滇南盐署光绪十七年刊刻本，藏于云南省图书馆。

两。元江直隶州的澧江书院，规定“生童膏火银八十两”，同治年间又有所增加。白盐井的龙吟书院，乾隆五十八年确定“生员膏火十份，每份月给银一两；童生膏火十份，每份月给银八钱”，每月共支银十八两，以十月计，每年共支银一百八十两。

对于诸生徒而言，主要发给的是膏火，目前虽缺乏明清时期云南各书院发给诸生徒膏火的完整记载，但大部分书院应是规定诸生徒膏火数额的。只有少数书院，因经费限制，暂时不能给在书院求学的诸生徒发放膏火。但随着这些书院的开办，该地方官员总会千方百计地筹措发放书院诸生徒膏火的费用。比如澂江府的凤山书院，虽经历朝历代增添膏火经费，但也不够充足。“道光六年，知府萧炳椿、知县吴绳以生童膏火不敷，每年捐钱四十四千文，委府学训导管理”。[①] 至于每月课试奖励，则有些书院确定标准发放，有些书院因经费不足，仅有膏火而没有月课奖励发放。

（四）书院聘请或雇用管理人员及工役的费用。书院开办，需要日常管理，也就需要聘请各种管理人员；需要日常生活，如打扫卫生、开办伙食等，也需要雇用工役。而聘请或雇用管理人员及工役，也就需要经费，用以发给各种管理人员或工役的薪水及其他费用。

比如五华书院“设监院一人，学长二人”，也就是聘请了监院和学长，同时还雇用了伙夫工。其中关于这些管理人员的经费开支，据记载，监院每月“薪蔬银六两，米一京石。学长二人，除膏火外，月增给银二两，米三京斗”，学长一般从诸生徒中聘请，为品学兼优者，所以有膏火，担任了学长，就另加增一些银两和食米；关于伙夫工的经费开支，则规定为每月“食银一钱五分”。[②]

至于经正书院，在其《经正书院条规》中对管理人员和工役需

---

① 民国《新纂云南通志》卷一百三十四，龙云、卢汉修，周钟岳等纂，云南人民出版社 2007 年整理本，第 562 页。

② 光绪《昆明县志》卷四《学校》，戴纲孙纂，光绪二十七年刊刻本；另参见民国《新纂云南通志》卷一百三十四，龙云、卢汉修，周钟岳等纂，云南人民出版社 2007 年整理本，第 524 页。

支付的费用做了明确规定，“设监院一员，每月给薪水银捌两，米折银贰两，三节各给银肆两，每年共应支银壹百叁拾贰两。添设书识二名，每名每月各给工食银壹两玖钱，门斗二名，看伺扫夫更夫各一名，共五名，每名每月各给工食银壹两八钱。连书识二名，共七名，每名每月各给米折银陆钱。每年共应支银贰百肆两。又每月给予灯油纸张等银叁两，每年共支银叁拾陆两”。[①] 聘请管理人员，雇用工役，每年共需银二百四十两。

如前所述，西云书院的经费开支，在章程中所列各条，绝大部分是对管理人员和工役需支付费用的规定，在此列表3-4。

表3-4 管理人员和工役需支付费用

所聘所雇人员	所聘所雇人数	年共支银两
监院	一名	四十两
管事	二名	一百六十两
学长	二名	四十两
书办	一名	二十四两
道书	一名	二十四两
看门、斗级、更夫、花匠、催田铺租、扫地夫	七名	一百二十六两
牛街斗级、守仓租头兼书算	三名	只支六个月，共支银三十两
合计	十七名	四百四十四两

资料来源：《西云书院章程》，光绪十八年刊刻本，云南省图书馆藏。

聘请管理人员、雇用工役，每年共需银444两。比较经正书院而言，其在这方面的开支更大。

其他书院一般都聘请监院等管理人员，雇用过部分工役。如云龙州彩云书院，聘请首事二名，“满年共月费钱二十四千文”；雇用书院斋夫二名，“岁给工食钱三十六千文”。另外还雇用看守、碾谷

① 《经正书院条规》，滇南盐署光绪十七年刊刻本，云南省图书馆藏。

工、运谷夫等，也分别支付工食钱。[①] 腾越直隶厅的来凤书院，由同知陈宗海于光绪十三年订立经费开支，其中规定“设学长一名，年给膏火银十两”；“设管事二名，年给薪水银各五两”；“设看伺一名，给田租十九箩”。[②]

总而言之，书院的经费开支主要为上述四个方面。除此之外，其实明清时期云南各地各级书院也还有其他一些开支。如官课堂课制备试卷并簿籍纸张购买费、礼房写榜纸笔购买费、礼房送榜费、乡试卷金、书院房屋设备维护费以及其他杂费。虽然这些开支常无定准，所需费用也不大，但也是书院时常需要支出的经费。

第四节　书院命名考释

孔子有言：“必也正名。”俗话说：“名不正则言不顺。”云南各地创办书院，重视书院命名，名正才言顺，故而为所创办的书院取名就比较慎重，亦颇有讲究。现就明清时期云南书院的命名做一番考察，由此理解书院创办的其中寓意。

一　因山而得名

考察云南明清时期所创办的各级书院，其中一部分书院的命名往往取之于山，即因山而得名。比如云南最为著名的五华书院，其名得之于省城五华山。明嘉靖年间，都御史王启宦滇在昆明，曾“登高眺远”，认为“滇之山水其最秀者”，莫如五华山，“其西南一山，冈阜蜿蜒，林木畅茂，遥岑面之若拱而立，翠海腹之若虚而受，盖滇之秀气至是而极焉”。王启自称：“予自入滇以来，每目击心醉。”于是与同僚同登五华山，认为此山“皆若符白鹿、衡岳之胜概

① 《彩云书院条规》，道光十九年刊刻本，云南省图书馆藏。

② 光绪《腾越厅志》卷之十《学校志》，陈宗海修，赵端礼纂，光绪十三年刊刻本。

者”，有意创办书院于此。于是“拓其地”，“置讲堂、斋舍”，购置各类书院讲学、读书用具，聘请山长，选拔生徒“讲习于其中”。即因该书院建于五华山，名之曰五华书院。

宜良县雉山书院创办于康熙三十二年，因该书院选址“倚郭面冈，前为雉山，峰峦嶒崒，竹树蓊郁，三面环水，清流映澈，布席危坐，心旷神闲”，可得山之秀气而心境平静，陶冶情操，能使生徒安心向学。“是雉山者，宜邑之主山也，发脉凤凰山，翱翔而入，彩翚焕丽，昔传有雉鸣其巅，因名焉。俯视狮山象岭，明湖赤江，磅礴映带，城堞村烟，远近罗历，尽入图画，其秀灵有自来矣。”书院创建于此，即取雉山之义，名之曰雉山书院。① 嵩明州杨林鹿元书院，原名崇文书院，亦因康熙四十九布政使李华迁建于鹿元山之南，其地“前驻石羊，后腾金马，龙山南峙，凤岭东鸣，瑶峰丽泽之秀咸萃于斯”，而更名为鹿元书院，“从山名也”。② 当然有更多的书院得名于山，现就云南各地得名于山的书院列表3－5，可知云南得名于山的书院并不少。

表3－5　　得名于山的书院

书院名称	所在地	得名原因
五华书院	云南府城	在五华山上
雉山书院	宜良县城	前为雉山
鹿元书院	嵩明州杨林驿	在鹿元山南
苍麓书院	大理府城	在苍山之麓
秀峰书院	宾川州城	面对秀峰
九峰书院	云南县治南	旁有云山九峰耸立
笔山书院	宾川州城内西门	面对笔架山

① 参阅龙灿《雉山书院记》和李淳《新迁雉山书院记》，民国《宜良县志》卷十上《艺文志》，袁嘉谷修，许实纂，民国十年刊本。

② 参阅贾庚《杨林鹿元书院碑记》和汪煦《重修鹿元书院碑记》，光绪《续修嵩明州志》卷八《艺文下》，王沂渊等纂修，光绪十三年刊本。

续表

书院名称	所在地	得名原因
螺峰书院	河西县城内	城旁有螺峰
南峰书院	楚雄府城雁塔山	城南有雁塔山
龙华书院	沾益州署东南	在龙华山下“五龙聚秀”处
玉屏书院	鹤庆州治西南学宫后	州治旁有玉屏山
庆云书院	鹤庆州治西南一百三十里	在云山之麓
五峰书院	鹤庆州治北辛屯	面对五峰
雪山书院	丽江城西门内	地傍雪山
金华书院	剑川州	在金华山麓
凤山书院	威远厅署南	在凤山中
来凤书院	腾越直隶厅	来凤山南麓
钟秀书院	广西直隶州	钟秀山西侧
狮山书院	武定直隶州	旁有狮山

资料来源：明清至民国云南各地所修地方志中有关书院方面的记载及方志中所收的书院记。

上述表中所列即是以山而命名的书院，究其书院以山取名的缘由，大概有如下数端。

（一）取高山仰止之意。司马迁为孔子立传，表达其对孔子的景仰，引用了诗经中的一句话：“高山仰止，景行行止”，说孔子的高尚品德如巍巍高山让人仰慕，光明言行似通天大道使人遵循。司马氏声言“虽不能至，然心向往之”。司马迁不仅是在为孔子立传，更是为中国立万世师表。以传播儒家思想文化为宗旨的书院，也相应承担了宣扬孔子精神的责任，也就是把孔子作为做人为学的楷模，要求书院诸生徒对其顶礼膜拜。而以山名命书院之名，目的在于表明书院精神就来自孔子，这种精神如“高山仰止，景行行止”，以山名命名，实质上就是歌颂孔子的高尚品德，树立万世遵循的道德和精神榜样。

云南宾川州秀峰书院，知州朱官倡建于明嘉靖二十三年，“在宾川州学左，而前其甍栋接文庙，而西出回连学之闳闬，环顾之势以固风气，面对三山如鸟之振翮而将翔也”，“三山故名秀峰，取仰止之义称秀峰书院云”。[①] 宾川州所建书院以秀峰取名，即取“仰止之义”。李元阳在《秀峰书院记》中对以山取名以寓仰止之义进行了充分的诠释。

> 学之师生歌思乐之诗，以问记于愚，且曰：“是役也，财不取于公帑，力不征于闲民。”愚曰：“然则财焉取？”曰：“取诸赎锾耳。”曰：“赎锾非公帑乎？”曰：“自有州来，未有以赎锾而归之公者。”愚曰：“节哉！不役闲民，力焉征？”曰：“征之好讼及负官之人，程其力而日以为差。”愚曰：“时哉！夫孔子之道，节用时使以经其国，若大夫者，谓以孔子之道善其政者非耶？且庙者庙孔子也，学者学孔子也，书院者尊孔子之书也。嗟夫！世之以貌求孔子也久矣，士方穷时曰：‘吾学孔子及其达也，亦尝以孔子之道施之有政乎哉？’今大夫用不啬己、劳不匮民，是以孔子之道善其身，以信于其政。夫以信感人，人奚其弗从？吾见教化行矣。教化行则人知亲长之义，人知亲长之义则盗贼非所患也。”孔子删诗书至于舞干羽而有苗格，既作泮宫淮彝攸服，三致意焉。夫明是义也，平明之理于是乎托，而奚风气足云？

书院的修建，“节用时使”的善政，可谓得孔子之道。如此有意寓孔子“高山仰止”精神于书院，又表达一种书院在将来能成为万世师表之载体的愿望，也是对所创建书院的一种美好祝愿。

（二）寄托地灵人杰之愿望。如前所述，书院选址，必选灵秀之

---

① 李元阳：《秀峰书院记》，康熙《大理府志》卷二十九《艺文》，黄元治修纂，康熙三十三年刊刻本，民国二十九年重印本，见《大理丛书》卷四《方志类》，民族出版社2001年影印本。

地，认为此为孕育人才的重要条件之一。“造物灵秀之气钟于山岳，而山岳灵秀之气钟于人物”。云南各地所建书院，选择认为具有灵秀之山岳处，则为常需考虑的条件。五华书院选择在五华山，就因五华山是“滇之山水”最秀者，“滇之秀气至是而极焉”。五华书院以五华山名之，即希望得五华山“盛极必泄”之灵气，“滇之名儒将自是辈出”。[①] 沾益州龙华书院，建于清乾隆三十四年，得名于龙华山。所谓龙华山，即五道山脉“蜿蜒起伏”，会聚于沾益州署东南，此所谓“五龙聚秀”之地，龙华书院即选此地，建于龙华山下。立于龙华书院中，“徘徊四顾，山光混碧缭青，萃而献诸宇下，而龙华胜势更蜿蜒起伏，回顾而掩映之”，真所谓得龙华山“五龙聚秀”之灵气也。[②] 云南县九峰书院，以其书院旁云山九峰耸立而得名。时人李东壁有言：“仰睇云山，九峰插笏之形，仿佛在目，洱溪浩淼，清洁于玉，意必灵秀所钟，类多英奇卓荦之彦，盱衡久之，殊落落焉。”可谓“山川清淑，气毓于人”。询问该县“父老”，声言“代有名贤后先辉映，或捷南宫，或司风纪，皆仕有政声”，“登贤书、列贡榜、博洽淹贯、研眈经史者，不下百余人”，果然云南县得云山九峰之灵气，代有人才出。[③] 普洱府威远厅凤山书院，乾隆四十年建于威远厅署南凤山，所谓“以凤名山，以山名院”，取名凤山书院。山长李上青在书院记中认为：“山岳灵秀之气，必郁积久而始泄其奇。”所以，凤山书院必得凤山之灵气，“以其地而值其时，以其时而得其学，行见风会日隆，文运大启，将必有徽美凤雏，蜚声凤阙，以鸣国家之盛者”，“地灵”必有“人杰”。[④] 此处更有时人七言古诗

---

① 王启：《五华书院记》，万历《云南通志》卷之八《学校志》，李元阳修撰，万历四年刻印本。

② 王秉韬：《新建龙华书院碑记》，光绪《沾益州志》卷五《艺文上》，陈燕等修，李景贤等纂，光绪十一年抄本。

③ 李东壁：《改修九峰书院碑记》，光绪《云南县志》卷之十一《艺文》，黄炳堃修纂，光绪十六年庚寅秋镌，板存九峰书院。

④ 李上青：《威远凤山书院记》，道光《普洱府志》卷十《学校志》，梁星源、李熙龄修，道光三十年庚戌岁重修刻印本。

一首，充分表达了地灵人杰之意。

辛卯岁凤山书院睹五色云偶成

辛卯孟春之十日，抱泉凤岭云凤出。凤有五色辉羽毛，云不五色成瑞霱。凤兮依云鸣高岗，云兮似凤任飞翔。大凤一心常向日，小凤连翩沐余光。当年岐周曾来凤，五色祥云复书宋。自古佳兆获一端，必有哲后兴国栋。况今彩云起凤山，瑞气重重非等闲。万象陆离贲草木，搦管生花起马班。我朝文明真郁郁，纨缨光华时攒簇。群僚励翼为股肱，赓歌盛事视景福。

“彩云起凤山”，呈瑞之象，预示着人才辈出。这是对凤山书院未来的美好祝愿。

武定直隶州狮山书院，建于乾隆四年，以狮山为武定奇观，而以狮山名之。对于地灵与人杰的联系，知州郭怀礼在其《狮山书院记》中有更充分的表达。

从来豪杰之兴，在其人，尤在其地。其人云何？所谓作新鼓舞，如古之相如、文翁如是也。其地云何？所谓涵育熏陶，如古之鹅湖、鹿洞是也。盖造物灵秀之气钟于山岳，而山岳灵秀之气钟于人物。王子安云：“地灵人杰。”良有以也。

武定书院以狮山得名，诚以狮山为武定奇观。其层峦巉崖，气象峥嵘，知必有伟人硕士应运挺生，为山岳生色者。①

得狮山之灵秀，想必有“伟人硕士”应运而生。因狮山之名期得狮山之灵气，狮山书院所培养的人才必为国家之栋梁。郭氏之论，意在望狮山书院文运大开，人才大盛。

---

① 郭怀礼：《狮山书院记》，光绪《武定直隶州志》卷之六《艺文》，郭怀礼、孙泽春纂修，光绪四年刊刻本。

（三）寓以山储材之双关。以山取名其实还有一层含义，就是以山储材双关意指储备人才。威远厅凤山书院，李上青在此《威远厅凤山书院记》中就明确指出这层双关意，记中所言："威郡之有凤山书院也，以凤名山，以山名院，谓其钟灵毓秀、广储国家有用之材也。"[①] 以凤山命名书院，可"广储国家有用之材"。"材"与"才"双关也，书院即国家储才之地。

二　因水而得名

更有部分书院，因水而得名。比如楚雄府龙泉书院，在府城雁山之南麓，书院左边有泉水数眼，"停泓觱沸，衍为陂塘，皓魄流辉，摇金荡璧，郡志所称'莲池夜月'，为八景之一者此也"。明嘉靖四十年，彭谨"自湖南转佥滇臬，分巡洱海，按节威楚"，有意于文教兴起。其见"源出山下，波分咸隅，高卑攸宜，可以亭沼"，于是在此购地建书院，"分命百户罗森辈董其役，经始于辛酉冬十一月，迄工于壬戌春正月。为堂三间，厦四间，八窗玲珑，诸门洞启。筑露台，凿月池，池之前为亭，覆以茅；亭之前为塘，砌以石；蓄而鳞，种而蔬，老树新花，杂植周布，宛然一城市山林矣"，"乃匾其额曰'龙泉书院'"，因泉而得其名。[②] 再如镇南州龙川书院在学宫东，清嘉庆十七年由知州苏世勋等倡建，"规制宏敞，栋宇魄叠，榜曰龙川，义取龙川江之所发源也"。[③] 龙川江为金沙江支流，发源于镇南州，即以此取名也。再如元江直隶州澧江书院原名文昌书院，乾隆十年改建时改名澧江书院。至于改名原因，知州张能祜在《澧江书院碑记》中，对澧江书院的修建有过具体描述："是役也，工良而心诚苦矣，既而董

---

① 李上青：《威远凤山书院记》，道光《普洱府志》卷十《学校志》，梁星源、李熙龄修，道光三十年庚戌岁重修刻印本。

② 彭谨：《龙泉书院记》，隆庆《楚雄府志》卷之五《艺文志上》，徐栻、张泽纂修，明隆庆年间刊刻本。

③ 甘仲贤：《重建龙川书院记》，光绪《镇南州志略》卷三《建置略》，李毓兰修，甘孟贤纂，光绪十八年刊刻本。

事请名于余，余以为既易其地，自难袭其名，考城东长江，本名澧江，题曰澧江书院。”① 现就因水得名的明清云南书院，特列表3-6。

表3-6　　　　因水得名的明清云南书院

书院名	所在地点	得名原因
龙泉书院	石屏州治城北门外	乾阳山麓“旁涌芳泉”，有泉眼
龙泉书院	楚雄府城雁山之南麓	雁山左麓有泉数眼
龙川书院	镇南州城文昌宫东	龙川江发源镇南州
玉河书院	丽江府城门外大研里	书院旁有小河名玉河
沧江书院	兰坪县营盘	因近有澜沧江
澧江书院	元江直隶州城文昌宫前	因州城东有澧江

资料来源：明清至民国云南各地所修地方志中有关书院方面的记载及方志中所收的书院记。

表3-6中所列即以水而命名的书院，而究其书院以水取名的缘由，至少与朱熹的诗句“为有源头活水来”密切相关。宋代理学家朱熹讲学于遂安县瀛山书院时，在方塘前读书思考，面对门前瀛溪的源头活水，顿悟人生哲理，挥笔成诗《观书有感》：“半亩方塘一鉴开，天光云影共徘徊。问渠那得清如许，为有源头活水来。”此诗表面为写景诗，其实质上至少道出了读书的重要性和必要性这层意思。只有通过刻苦读书，储备“源头活水”，才能成才，日后才有清水之色可显露，鼓舞读书人勤奋读书，专心向学。这种寓意也就成为后来书院命名取之于水名的原因，也是明清云南各级书院中有部分书院命名与水相关的缘故。如前所述，元江直隶州澧江书院，即因澧江流过州城东而得名，究其命名原因，时人张能祜直接指出就是取“为有源头活水来”之意而得名，其目的就是“俾学者知有本

① 张能祜：《澧江书院碑记》，民国《元江志稿》卷九《教育志一·旧制学校三》，黄元直修，刘达式纂，民国十一年铅印本。

乎，抑源远流长，异日人文发而莫遏乎”。[①] 也就是让“学者”知道刻苦读书是其本，可获得“源头活水”，为日后成才打下基础。此外澧江书院以江取名，也许是对所建书院的美好祝愿，期望澧江书院如澧江一样“源远流长”，“人文”兴起而不可遏止也。镇南州龙川书院因州有龙川江发源于此而得名，其命名原因就是“义取龙川江之所发源也”，也就是取“源远流长”之意。楚雄府龙泉书院，以泉命名，也是祝愿书院诸生徒“如川之方至，泉之始达，日新不已，左右逢源”。[②] 总而言之，因水而得名的书院，其命名理由，一是用“为有源头活水来”勉励读书人勤于学习，二是以水之“源远流长”“日新不已”祝愿书院“人文”兴起而不衰。

三　命名寄托崇儒兴学之意

明清云南各地创建的有些书院，往往援引儒学寓意来命名，为取名而颇费一番心思。其目的通过正其名而寄托儒学兴盛之希望。比如临安府崇正书院，明嘉靖二年王忠倡建，其取名“崇正”，“盖以圣贤正学端习尚也”，也就是崇尚正学也。所谓正学，也就是儒学，又名曰圣贤之学。对于崇正书院之命名，现看看郡人张绎在其《崇正书院记》中的解释，特别是对“正学”，其更是不厌其详地大加阐释：

> 圣贤之学原于天命，具于人心，见于纲常伦理日用事物，达于政治，即经书所载之道，先儒之所发明而书院之所讲求者也。宋四书院，白鹿洞得文公朱子之修而独盛，于今教条讲义具在彼，其次第于五教之目，为学之序，修身处事接物之要，致审于君子小人义利之辨，不惑于似是而非、近理乱真之说，

① 张能祐：《澧江书院碑记》，民国《元江志稿》卷九《教育志一·旧制学校三》，黄元直修，刘达式纂，民国十一年铅印本。

② 彭谨：《龙泉书院记》，隆庆《楚雄府志》卷之五《艺文志上》，徐栻、张泽纂修，明隆庆年间刊刻本。

遏欲存理、明善诚身、言动好恶，一于公正德业文词，一于纯实而师心慎独，求以不离乎道，凡皆正学之所有事也。

张绎的解释，所谓正学就是儒家经书中“所载之道”，所谓“道”，即孔子之“仁”，“君君臣臣父父子子”，即宋明理学之“天理”，此为“正学”之内涵；再援引朱熹《白鹿洞书院揭示》所示各条为正学所从事的内容，为“正学”确定其外延。至于行正学，意即如何崇尚正学，张绎认为：

乃若心术几微，邪正之未判，名利之牵引，矫拂欺伪其为行，诐淫邪遁其为言，自是而非，彼美己而恶人，援上陵下，由径入室而滃诎诡秘，有畔于道，凡皆正学之所深戒也。

此为从事正学之所戒也，从反面规定行正学的范围，明确崇尚正学不应做的事。再从正面来规定正学的范围，则是：

习尚端心行正而为正人，处则以正家，出则以正国，守其正于居常而不失于应变，圣贤立体达用之道。①

此即崇尚正学应该做的事。如此而言，张绎对正学的内涵与外延做出具体规定，对如何崇尚正学也指出明确路径。所以，书院命名“崇正”，张绎认为“敦崇正学”，其目的就是“正人”，有正学才可正人，学习正学培养正人，寄希望于书院在崇尚儒家正学的基础上，培养能“正家”“正国”之贤人君子。

康熙三十九年，已废的崇正书院由知府董弘毅倡导而重修，究其再以“崇正”命名，董弘毅有言：“惟是书院而颜以‘崇正’，其

① 张绎：《崇正书院记》，雍正《建水县志》卷之十五《艺文记》，祝宏等纂修，雍正九年修，民国廿二年重刊本。

名义诚大矣，其隐为世道人心风俗关者匪微矣。要岂有他哉？实尊崇圣人之道，淑人心而诏来学也。”再次诠释“崇正”之含义，期望崇正书院能培养更多人才，诚如朱熹所言：“成人材而厚风俗，济世务而兴太平。”此乃书院近期与远期目标。

普洱府宏远书院，光绪二十三年迤南道陈灿所倡建。命名宏远，本为弘远，避乾隆皇帝弘历之讳而为宏远。所谓弘远，意即弘学而致远。陈灿认为：

> 夫邦本所以立，边圉所以安，其赖以维持者，人才也，人心也。苟学术不明，则人才不兴，人才不固，见利忘义之习，寡廉鲜耻之风，一遇事变，相率靡然。虽欲立邦本安边圉，厥道无由。昔李太伯作袁州学记，论秦汉之隆替，归本于学术之兴废，而其谆谆焉。谂于众者，则曰俾尔由庠序践古人之迹。天下治则谭礼乐，以陶吾民，一有不幸，犹当仗大节，为臣死忠，为子死孝，使人有所赖且有所法。

创建宏远书院即为此也。

> 诸生得师友之渊源，诗书之启发，由是朝夕切劘，俛焉日有孳孳相务，为明体达用之学，毋徒事浮华藻缋之交，行见养成大器，德广功崇。出以其学为朝廷桢干才，足以宏济艰难卓卓建不朽业；处以其学教化齐民，使边之父老子弟，晓然于尊君亲上之理，凛然于礼义廉耻之防。常则一道德同风俗，不复有教杂言庞之患；变则竭忠效命，用克保障南陲，以报我国家二百余年养士教民之德。学术于此明，人材于此兴，人心于此固，即所为立邦本安边圉者，胥于是乎？在此则余所厚望于诸生，而相期有成者也。①

① 陈灿：《新建普洱府宏远书院记》，光绪《普洱府志》卷之四十八《艺文志》，陈宗海修撰，光绪二十三年丁酉岁重修刊刻本。

陈灿所言，创建书院培养人才，弘“明体达用之学”，从更深远的意义而言，可得“立邦本安边圉”的国家栋梁，是谓“弘远”，此即弘学而致远之意。

现就命名寄托崇儒兴学之意的书院，特列表3－7。

表3－7　寄托崇儒兴学之意的书院

书院名	所处地址	命名之来历或原因
崇正书院	临安府城西	崇尚儒家正学
桂林书院	大理府喜洲	楼前植桂，郁然成林，寓“折桂”之意。
文明书院	大姚县城东	文明以止
灵源书院	白盐井明伦堂左	崇宸翰也
文龙书院	定远县城南隅	盖袭云龙之域名，崇以文明龙变之象也
培风书院	广南府城内文昌宫左	培植文风
宏远书院	普洱府城西莲池南	宏学而致远
日新书院	会泽县署左	学问日日新
崇正书院	蒙化府城外西北隅	排斥佛教，尊崇儒学
明志书院	蒙化府城外西北隅	以武侯淡泊明志得名
桂香书院	新平县城西关外	桂籍馨香
彩云书院	云龙州治北三十里石门井	向文明以纪瑞云
大成书院	姚安县尊经阁右	旁有大成殿

资料来源：明清至民国云南各地所修地方志中有关书院方面的记载及方志中所收的书院记。

上述书院命名，虽取名含义不同，但总体上都表达了崇儒兴学之意。

除了上述三种主要的命名方式，还有以地名命名、以人名命名的书院。如建于万历十三年的姚安府南中书院、建于康熙二十四年的昆明书院、建于康熙五十七年河阳县的河阳书院，其他书院还有广南府的莲城书院、宣威州的榕城书院、鹤庆州的鹤阳书院、永昌府的永保书院、开化府的开阳书院、文山县的文山书院、昭通府的昭通书院，因建于该地，即以该地名命名。直接以该书院建于何处而命名，应无深意，不过是指明该书院建于何处，主要为何处所有，或是由此地名命名的书院也就规定了招收生徒的地理范围。另外还有以人名命名的书院，数量不多，有建于楚雄府的龙岗书院、大理府的西云书院和东川府的西林书院，都是从云南相关的名贤名宦而得名。比如楚雄府城西“有阜隆起，曰卧龙岗，旧传武侯南征屯此”，因诸葛亮又号卧龙，故楚雄府城的书院即取名龙岗书院，并“祀孔明于堂”。[①] 同治十二年，杨玉科平定云南回民起义以后，将其大理城内房产捐修书院，“名曰‘西云’，取迤西杨云阶创办之义”，杨玉科字云阶。[②] 东川府的西林书院则是为了纪念平定东川的鄂尔泰。鄂尔泰，清满洲镶蓝旗人，西林觉罗氏，雍正年间任云贵总督，在滇实行改土归流，加强中央政权对云南的统治。因其为西林觉罗氏，所以东川府所创建的书院号为西林书院。

另有比较特别的命名是育材书院，其本以地名命名昆明书院。康熙四十二年，康熙以御书“育材”二字颁赐，所以昆明书院易名为育材书院。当然也有部分书院，因缺乏书院碑记等史料，无从知晓其命名之原因，比如南安州的山天书院，难以确证其因何命名为“山天”，也不能从字面上解释其名称，只好姑且置之不论，有待发现新的史料，再考证命名缘由。

---

① 杨士云：《新建楚雄府龙岗书院记》，嘉庆《楚雄县志》卷之八《艺文志》，苏鸣鹤纂修，嘉庆二十三年刊刻本。

② 民国《大理县志稿》卷之七《学校部》，张培爵修，周宗麟纂，民国五年铅字重印本。

第四章

云南书院的教与学

明清时期，书院在云南各地普遍建成，制定规章制度，筹措日常经费，为书院的教与学打下基础。于是书院聘定山长，招收生徒，展开日常的讲学与读书活动。购书与刻书，为书院山长与诸生徒讲学与读书提供条件，书院的藏书事业在书院的发展中占有重要地位，所以书院的藏书事业值得一谈。当然，探讨书院的实际运行状况，首先就从书院教与学最核心的内容展开论述。

第一节　书院的教与学

书院最初是为了传播文化知识、培养人才而创设，而最能实现书院教育目标的核心环节，就是山长或主讲的谆谆教诲和诸生徒的勤奋学习。可以说，书院的教与学应是书院的中心工作。众所周知，书院山长是一所书院的灵魂。一所著名的书院，有时就在于有一个著名的山长，如白鹿洞书院的朱熹，岳麓书院的张栻。讨论明清云南书院的教与学，我们就先从山长的选聘开始。[①] 关于山长的选聘，在书院规章制度一节已略为提及，此处做更进一步的论述。

---

① 因资料的局限，以下所描述的各书院山长，一般为清代书院山长，特此明示。

一 书院山长的选聘

创建书院，首先考虑的问题就是选聘山长。选聘山长需有一个标准，才能使选聘有根据、有标准。经正书院建成后，即拟选聘山长，其标准就是“品端学粹”，道德文章兼优才可胜任山长之位。据其时布政司呈文所言，对于选聘山长一事，要求“访求品端学粹如阎百诗、惠定宇、嘉定钱氏、桐城姚氏及滇之王畤五、师荔扉、刘寄庵诸先正者，重奉脩脯，迎之讲席”。[①] 经正书院选聘山长的条件还是相当之高的，学识品德上必须像省外的阎百诗、惠定宇、钱大昕、姚鼐一样，在云南如同王畤五、师荔扉、刘寄庵一样的知名学者，来做经正书院的山长。经正书院的首任山长许印芳，继任山长陈荣昌、吴式钊都是滇中名儒。许印芳，云南石屏人，同治九年乡试时得主考官王先谦赏识，中乡试举人第二名，光绪十七年出任经正书院首任山长，前后共六年。继任者陈荣昌，云南昆明人，光绪八年乡试解元，第二年成进士，为云南文化名人，书法造诣很深，光绪二十三年出任经正书院山长。第三任山长吴式钊，云南保山人，光绪二十年进士。三任山长，都符合“品端学粹”之要求，科举功名要么是举人，要么是进士。

云龙州彩云书院，道光十六年由乡绅杨名飏捐建，山长一席由州官具官书聘请，其选聘山长的标准为“科甲中品学兼优”，也就是必须选聘中过科举、品德和学识兼优之人做山长。[②] 如其山长张相侯，“字渠洲，邓川进士，彩云书院初开办时，杨中丞聘主讲席，所有课士规模皆可传法，且品学足为多士”。赵锡昌，太和举人，继张相侯后为彩云书院主讲。[③] 如此二人，皆为科举中人，人品与学问为

① 《经正书院条规》，滇南盐署光绪十七年刊刻本，藏于云南省图书馆。

② 《彩云书院条规》，道光十九年刊刻本，藏于云南省图书馆。

③ 《云南通志馆征集云南省各县旧日书院资料》，云南通志馆汇辑，民国二十年至民国二十三年抄本，云南省图书馆藏。

读书人的“楷模”。

另外，宁州海镜书院，其选聘山长，一是要求“品学端方”，二是“必须举贡廪生”。[①] 其标准与彩云书院一致。由此而论，云南明清时期山长的选聘，所遵循的标准主要有两个：品学兼优和具有科举功名，上述三个书院所选聘的山长基本符合这两个标准。

确定好选聘标准，再来看书院的具体选聘情况，现引述几个书院的山长题名录，既可更深刻认识书院山长选聘标准实行的普遍性，又可具体地了解书院山长的选聘。如五华书院，主持扩建者云贵总督尹继善在其书院碑记中所言“远聘明师于江南”，远至江浙一带选聘学识深邃、德高望重之山长，讲学于五华书院。其书院山长志则记录了五华书院历代山长，现谨录如下：

> 前则孙潜村先生，乌程人，康熙癸巳会元，名人龙。后则张惕庵先生，闽县人，乾隆乙丑庶常，名甄陶，皆能讲求实学，迄今已七十余年或四十余年，而其教泽所及，即新进后生无不仰之。
>
> 外此之主斯席者，他省则有无锡浦进士起龙，长沙张郎中汝润，江西游进士方震，安陆余司马庆长，青浦吴太守大勋，麻哈艾检讨茂，光泽黄拔贡宗杰；本省则有赵州龚讲学渤，建水陈阁学世烈，赵州苏侍御霖渤，昆明施太史培应，赵州谷太史际□，建水倪观察高甲，鹤庆蒋太史鸣鹿，蒙自尹阁学壮图，建水倪太守思纯，通海董太史健。夫山长之启自宋，然考古之大夫，致政于君，以三物六行归教其乡之子弟，是山长得人权固轻于职官，而其效则较职官为倍捷，况其束修之丰，饩廪之厚，以吾所见，如敬敷、紫阳、钟山、莲花、关中、大梁皆不能及。[②]

① 《海镜书院给示勒石碑记》，《华宁史料类编》，华宁县志编委员 1986 年 5 月编，内部发行。

② 《五华书院山长志》，《滇系》，师范纂，嘉庆十三年修，云南官书局据嘉庆二十二年刊刻本重刊本。

五华书院的历任山长全是具有科举功名或任过官职者，而任过官职者，按照明清时期一般常规，也为具有科举功名者，无科举功名者一般难以进入官僚阶层。所以可以说，五华书院之山长符合具有科举功名这个条件。正如文中所言，孙潜村、张惕庵二先生“皆能讲求实学”，“其教泽所及，即新进后生无不仰之”，可见其二人学术造诣深邃，德高望重，受人敬仰，符合品学兼优之条件。虽然其他山长文中没有明确指出五华书院山长的“品学”如何，但从五华书院确立的选聘要求来看，应也为品学兼优之人。如浦起龙，雍正七年中举，次年中进士，雍正十二年，应邀赴云南昆明担任五华书院山长，乾隆二年回到无锡，在滇前后四年。就其学术成就而言，在其去云南之前就积十年之功著有《读杜心解》；其所著《古文眉诠》，在做五华书院山长时就已动手收集资料。回到家乡无锡后，又著有《史通通释》。浦起龙是位在文学、史学方面深有造诣的清代学者，其著作足见其学识渊博。除学术研究外，其一生数十年招徒授课，其中清代著名学者王昶、钱大昕、王鸣盛均受业于他的门下。有其师必有其徒，有其徒也因有其师，教学相长，由此可见浦起龙品行学识俱佳。再如艾茂，贵州麻哈县人，清朝乾隆十五年（1750）乡试第一名举人，次年中进士。选庶吉士，授检讨，所以称为“麻哈艾检讨茂”。其馆选后，淡于荣进，乞养归田，以讲学著述自娱。艾茂主讲云南五华书院五年，贵州贵山书院九年，所教之士，多所显达。贵山学人将他与安平陈定斋、福建张惕庵并称三先生而合祀于贵山书院，民国五年贵阳扶风山建道真祠，郡人附祀于中。所著有《易经人道》《五经类纂》《贵山新草文集》《古文聚精录》《贵山四书集讲》《宝珠堂诗集》等多种，由此可见其学术品德俱佳。其他五华书院山长，要么来自云南省外，要么来自省内，皆为一代宗师，道德文章响于天下。

其实《五华书院山长志》所做的名录并不完整，据记载，其后还有刘大绅、尹壮图、赵时俊等人曾出任五华书院山长，皆一时名儒，品学兼优。① 至于明代五华书院的山长，则难以见于史册，语焉不详。

再如缅宁厅一地，清代共建有五所书院，所聘山长也多有讲究。现就其书院山长选聘的相关情况列表 4－1。

表 4－1　　缅宁厅历代书院山长一览

选聘时间	书院名称	山长姓名	籍贯	出身
道光二十九年	文昌书院	张燮宽	安徽六安	无考
道光三十年	斑凤书院	杨学礼	缅宁	举人
光绪八年	同仁书院	何进贤	广西	附生
光绪十一年	龙门书院	李岧	缅宁	拔贡
光绪二十四年	龙门书院	吴学彦	普洱	拔贡
光绪二十七年	凤翔书院	黄膺	湖南	举人
光绪二十九年	龙门书院	朱岳云	贵州	进士
光绪三十一年	龙门书院	李澡	大理	举人
光绪三十二年	龙门书院	郝嘉祜	昆明	举人

资料来源：《云南通志馆征集云南省各县旧日书院资料》，云南通志馆汇辑，民国二十年至民国二十三年抄本，现藏于云南省图书馆，第 121—122 页。

从缅宁厅五所书院选聘的山长来看，科举功名方面除张燮宽无考外，其他山长功名有为附生、拔贡的，有为进士的，主体上为举人，共有四人。从山长籍贯来看，有缅宁本地人，也有普洱、大理、昆明人，更有来自云南省外的如安徽、广西、湖南、贵州等地人。由此可见缅宁厅选聘山长的慎重，一是必为科举中人，二是选聘山长不限于云南本地，为聘请到品学兼优的山长可远至安徽等地，这有益于学术文化的交流。

其他书院的有名之山长，如云龙州龙门书院，有山长杨雪门，

① 《云南通志馆征集云南省各县旧日书院资料》，云南通志馆汇辑，民国二十年至民国二十三年抄本，云南省图书馆藏，第 5 页。

“邓川县举人，回乱前州牧聘主龙门书院讲席，品端学粹，为士林矜式”；其后为鹤庆州学正，“回乱作，在任殉难”，著有《知白轩遗稿》。可见龙门书院山长杨雪门完全符合书院山长的选聘条件。丽江府雪山书院，“山长自教授万咸燕后，均系地方品优学萃之人才”；龙陵厅龙山书院，有名之山长如赵金声，恩贡生，“枕经葄史，博古通今，生平尤善讲解，多著述。主讲书院四十余年，循循善诱，老而不衰，学者瞻之如泰山北斗。一时人文蔚起，英才辈出”。东川府西林书院，有山长赛嘉寿，马龙贡生，“道光年间聘请来东，设教东川，品精学粹，谊正词严，东郡先达多出其门”。白盐井龙吟书院，“其制度年由井司聘请品学优裕者一人为山长”，其中有“乾隆丙辰科举人张露、光绪乙卯科举人罗其泽、光绪乙丑科举人王守道”等人。大姚县苴却有桂香书院，设于清中叶，有名之山长，有举人王运升及子王际唐者，皆光绪辛卯科举人。“父子先后俱主讲苴却桂香书院，学识人品均优，最为有名”。嶍峨县有萃秀书院，同治间昆明张简齐来长该书院，“品学兼优，热心教授”。永北直隶厅华坪有鸿材书院，其“山长由永北委任，资格以举人拔贡副榜为准”，“山长以王宇春、彭湘、周冕（均永北举人）、谭运昌（拔贡）等赓续长院，开华坪学风之先导，且品学优良，教授认真，最为著名”。宾川州笔山书院山长以进士张汝钦最为有名，“汝钦为人和乐平易，闲居无疾色遽言，操行甚谨，不肖者望而生畏。其心则浑然天理，无毫末私欲”。宾川州士人，以为“汝钦品诣之超卓，心术之纯粹，百年来一人而已”。张汝钦“教人也，重躬行实践，绝去浮华。弟子有过，不加苛责，循循善诱，其主讲笔山书院将二十年，造成之人才达数百十”。[①] 上述这些书院山长，皆符合山长选聘的两个条件。

确立选聘标准后，书院山长的选聘一般由地方官发送关聘文书

① 《云南通志馆征集云南省各县旧日书院资料》，云南通志馆汇辑，民国二十年至民国二十三年抄本，云南省图书馆藏。因关于各地书院山长散见于此一资料中，现所做引录也就不标注页码。

来聘定。比如宾川州笔山书院，“山长一人，由地方官函聘”。再如江川钟秀书院，“其制度每年县令延聘宿学主讲，谓之山长”，其中咸丰十年“知县讷谟谨延聘城内岁贡周云藻充当山长”，光绪四年“知县文伦聘请县属丁丑进士乐观韶充当山长”。[①] 由此可知山长的延聘，一般由地方官聘定。同时，聘定山长时也发给关聘文书。如云龙州彩云书院，“山长一席由州官具官书聘请”，所谓“官书”，就是聘请山长的关聘文书。再如元江州澧江书院，“书院山长向规定以境内进士、举人依次轮充，由地方绅士先行举定，报由知州以正式关书聘请”。[②] 山长由地方官员发给聘书而聘定，地方官员在山长的延聘中具有相当大的权力。山长已不由书院自行选聘而由地方政府选聘，说明书院具有了浓厚的官方色彩，书院的私学性质确实在明清时期有所改变。当然，从澧江书院来看，地方绅士在山长选聘中还是具有一定权力的，先由其“举定”，再报经地方官正式颁发聘书即可，实际上官方聘定山长只具有象征意义，说明民间力量参与了山长的选聘，在一定程度上保持了书院的民间办学色彩，私学性质并没有完全改变。但是，从云南各级书院选聘山长的实际情况来看，由地方绅士先行举定山长并不多。一般书院山长的选聘，就主要是由地方官员聘定。当然，也有部分书院由民间士绅公聘。现就部分书院的山长如何聘定的实际情况特列表 4－2。

表 4－2　　书院山长的聘定情况

书院所属府州县	书院名称	部分山长名录	山长聘定情况
大理府	西云书院	举人李菊村	延聘山长每年由道酌定，于十一月收课后下关聘订
洱源县	观澜书院	李学钧、杨国乔等人	由县署延聘

① 《云南通志馆征集云南省各县旧日书院资料》，云南通志馆汇辑，民国二十年至民国二十三年抄本，云南省图书馆藏，第 108 页。

② 同上书，第 397 页。

续表

书院所属府州县	书院名称	部分山长名录	山长聘定情况
云龙州	彩云书院	进士张相侯，举人赵锡昌	由州官具官书聘请；公择科甲中品学兼优、足以服众之人，岁前敦请
石屏州	玉屏书院	贡生龙驹，举人许印芳、高云屏、杨恬宇、李家凤，进士宋荫培、朱芬	由知州聘地方名流任之
蒙自县	道成书院	举人朱光等	应关道陈灿之聘
镇南州	龙川书院	举人甘孟贤、甘仲贤	州中绅士延聘
定远县	文龙书院	邵钟勋（功名不详）	光绪十二年万知事邦治延聘
江川县	钟秀书院	贡生周云藻，进士乐观韶	由县令延聘宿学主讲
路南州	敬一书院	李高培（功名不详），进士徐琦、段琦，举人施道治、缪嘉言	由官厅延聘品学兼优之山长
鹤庆州	鹤阳书院	唐平章、余登龙（二人功名不详）	由知州聘贤士一人为主讲
元谋县	桂香书院	举人刘长泰	由邑绅张荣润聘主讲席
禄劝县	秀屏书院	不详	由省关聘院长主讲
镇雄州	凤山书院	举人唐肇基、李学泮，贡生李如璠	由地方官聘请地方士绅充当山长
嶍峨县	萃秀书院	张简齐（功名不详）	由地方官聘请
宾川州	笔山书院	张汝钦（功名不详）	由地方官函聘
元江州	澧江书院	翰林马汝为、魏殿元、何朗，进士傅为泞、杨衍嗣等	由地方绅士先行举定，报由知州以正式关书聘请

资料来源：《云南通志馆征集云南省各县旧日书院资料》，云南通志馆汇辑，民国二十年至民国二十三年抄本，云南省图书馆藏；《彩云书院条规》，道光十九年刊刻本，云南省图书馆藏；《西云书院章程》，光绪十八年刊刻本，云南省图书馆藏。

由表4－2可知，山长一般由地方官以地方政府的名义发出正式关聘文书而聘定，称为官聘。官聘山长，显示书院受官方影响明显，官方色彩浓厚。也有部分书院山长的选聘由地方士绅确定，此称为公聘。公聘一般由书院发出聘书，受官方影响较小，民间办学性质突出。官聘与公聘的区别主要还是看聘书由谁发出，像澧江书院，虽由地方绅士举定，但最后聘书是由知州发出，所以澧江书院山长的聘定应为官聘。

二　书院作息时间与课程设置

书院创建，修建书舍进堂住所及藏书楼等建筑，筹措经费，聘定山长，招收生童，开始开学开讲。而开学开讲，首先要安排好教学时间和课程计划。

书院每年的学习时间，一般安排在农历二月初开学，至农历十一月底结束学业。其间没有假期，从二月至十一月底中间不放假，在书院共十个月，所以诸生徒的膏火一般也就以十个月计算。比如云龙州彩云书院条规中有一条如此规定："每年二月初旬开学，十二月初旬散馆。"① 以条规的形式正式规定在书院的学习时间，除农历十二月和正月放假外，其余十个月须在书院学习。再如大理府西云书院，关于在书院学习时间在其章程中也有所记载。如在聘定书院山长的条文中规定："延聘山长每年由道酌定，于十一月收课后下关聘订，年送束脩银贰百肆拾两，伙食银陆拾两，聘金节礼贽见，随时酌定。"② 其中"于十一月收课后下关聘订"一语，说明西云书院每年学习时期至十一月某日结束。另一条文更明确西云书院每年的开学与"收课"时间："每年由道二月十六日开课收录，十一月十六日收课。"这一条文本义是讲迤南道在开课时清点书院生徒人数，并于十一月十六收课时确定下一年生徒人数，但正好从此条文中知道，西云书院每年在农历二月十六日开学，十一月十六结束课程，其实诸生徒在书院实际上只有九个月时间。

大致十个月在书院学习时间内，一般要求诸生徒住在书院，但每个月可因事适当请假。彩云书院规定："住斋生童，每月准假五

① 《彩云书院条规》，道光十九年刊刻本，云南省图书馆藏。
② 《西云书院章程》，光绪十八年刊刻本，云南省图书馆藏。

日，途程较远及有事故酌量给假，号簿注明，如期销假，毋许私归。”每月可因事请假五日。经正书院则规定：“每月除准出院省亲访友三次外，概不准擅自出院，设遇紧要事故，必须禀明山长请假。外府者，除往返程限外，予假十五日；住省者，予假十日。”① 住院生徒每个月可请假三次；如遇“紧要事故”，生童往返路程中所用时间不计，可请假十日或十五日。由此而论，大致十个月的书院学习期间，虽没有明定放假休息时间，但每个月也可适当请假。

至于书院诸生徒每一天的学习时间，书院也有所规定。新平县桂香书院，在书院学规中，对每日作息时间有一个大致的规定：“诸生在院，每日当黎明即起，晚至二鼓后方可就寝，昼间除两餐后从事休息外，不可稍自暇逸，以误厥修。”② 也就是说，住院生徒必须每日黎明起床，晚上二鼓后就寝。两餐后可自由休息一会儿，其余时间都应用来学习。经正书院对书院大门开启关闭有如此规定：“院内定于黎明启门，二更锁闭。”从经正书院大门的开关时间规定，似与桂香书院的生徒起床睡觉时间相吻合，大致可推断经正书院的作息时间应和桂香书院相同。由此类推，明清时期云南各书院每天的作息时间可能皆为如此。

书院的课程安排，使主讲也就是山长及诸生徒的教与学有序进行，这是一所书院日常教与学的依据。至于云南各地各书院的课程安排，史料中则有比较详细的记载。

新平县桂香书院，最早创建于康熙五十一年，乾隆四十七年知县徐图南“大廓其规模”。其后日以荒落，道光年间知县李诚重整书院，“简绅士之廉能者，轮班经营”。关于其书院课程的安排，有一个比较完整的记载，现引述如下：

---

① 《经正书院条规》，滇南盐署光绪十七年刊刻本，云南省图书馆藏。

② 《桂香书院学规》，民国《新平县志》卷之四《教育第九》，民国二十二年石印本。

每月初一讲书，初二县尊官课，十一讲书，十二山长堂课，十六学师官课，二十一讲书，二十二山长堂课。试题官课制艺一篇，试帖一首，除艺帖外，间杂试经古及字课，讲书经史诗不一。[①]

此基本上安排了书院一个月的课程，其中农历每月的初一、十一、二十一三讲书，诸生徒听课。至于课试，有官课，有堂课。官课分县尊官课和学师官课，分别在农历初二和十六两日；堂课就是山长出题的课试，每月共两次，第一次在农历十二，第二次在农历二十二。如此看来，一个月的课程安排占时只有七天，以三十天计算，余下的二十三天，主要是诸生徒的自由学习时间，或可称为自学时间。从每个月学习时间分配上来看，书院教育主要为书院诸生徒自己学习，有疑向山长请教，也就是以自学为主，山长讲授为辅。

再引述一个书院的课程计划，来了解书院每天的课程安排。寻甸州凤梧书院，最早建于康熙三十三年，原名“寻阳”，乾隆五十二年，知府常德改题“凤梧书院”，以其州有“凤梧山得名也”。其书院中课程的安排，现也引述如下：

每月逢三、八日作诗文一次，月作诗文六次；早间背书，午前习字、对对，午后讲书讲文。[②]

这一课程安排不仅仅安排了每月诗文写作时间，更重要的是，安排了书院每天学习的课程：早上是背书，再是练习写毛笔字和对对子，需在中午前完成。中午后则是书院山长讲学，或就诸生徒自己学习的内容进行复述。也就是说，除开每月逢三、八的六天外，其他日子诸生徒的学习内容，已安排得十分具体。如以每月三十天

---

① 民国《新平县志》卷之四《教育第九》，民国二十二年石印本。

② 《云南通志馆征集云南省各县旧日书院资料》，云南通志馆汇辑，民国二十年至民国二十三年抄本，云南省图书馆藏，第155页。

计算，那么就有二十四天都是早上背书、练毛笔字和对对子，也就是上午以自学为主，而下午则是听山长讲课或面对山长复述或者也许还背诵所学习的内容，检查诸生徒的学习效果，由此而论也就是以师生互动为主，可谓教学相长。如经正书院条规中规定诸生徒读书“每十日呈请山长考核一次，或令覆讲义理”，由山长考核诸生徒，方法之一就是让诸生徒针对所读之书面对山长讲解，所以“讲书讲文”不仅仅指山长讲，也可指书院诸生徒讲。当然，山长的“讲书讲文”更为重要。

三　山长讲学与诸生听讲

确实，山长是书院的灵魂，书院有一个著名山长往往是使书院成为一所著名书院的重要条件，所以山长的选聘极为慎重。山长聘定以后，就既是一个书院的主要责任人，也是书院教学工作的主要承担者，所以也称为主讲。

讲学有可能是地方官员来讲，也有可能是临时相请的其他地方学识广博的儒师来讲，但最主要的是由山长任主讲。如前所述，山长一般选聘取有功名、品学兼优之士，在学识方面非同一般儒士，完全有能力承担书院讲学的重任。比如浪穹县观澜书院（又名洱源书院），“由县署延聘山长，驻院讲学”；阿迷州灵泉书院山长“与生童住院讲学”，如此等等。由此而论，讲学主要由山长承担。史料中有经正书院山长升堂讲学的具体描述，现引述如下：

> 每山长登堂讲论经史大义、小学诸条，应由监院敲点传集诸生，先行依次环侍，监院亦侧席以待山长入座，后即屏息静气，悉心听受。[①]

① 《经正书院条规》，滇南盐署光绪十七年刊刻本，云南省图书馆藏。

这便是山长讲学时的大致情形。山长讲学之前，先由监院敲钟集合书院诸生徒进入讲堂，环绕坐于讲席周围，保持安静，然后监院在侧席坐定，等待山长进入讲堂坐入讲席，最后山长开始讲学，诸生徒屏息静气，专心听讲。这是对山长开始讲课时十分具体而又形象的描述。

经正书院诸生徒听讲时，必保持安静，专心致志，如"必另有见解，或怀疑义，始准离席问难，务令气象雍肃，由严惮以生静谧，本讲贯而得服习，倘有闻点不到，及恃才高谈、指示自由毫无敬意者，监院严加纠治，初次记过，二次降罚，三次斥逐"。诸生徒听山长所讲，首先是一个"敬"字。有句话"师道尊严"，尊敬山长是山长传道解惑时对诸生徒的基本要求。当然，诸生徒听讲时如有自己的见解，或对山长所讲内容有所怀疑，可以"问难"，但不得自恃其才高谈阔论，对山长毫无敬意。

另外，经正书院山长所讲的是"经史大义、小学诸条"，由此也表明山长讲学的主要内容。其他云南各地书院，比如云南县九峰书院山长李东壁，举人，"教授学生十数人，每月课士外，每周（疑为每月）讲古文一次，讲诗书一次"。① 每周讲古文和诗书，也就是李东壁山长承担了书院讲学的任务，讲授的主要内容是古文和诗书两个方面。邓川州德源书院（又名宏文书院），"设山长一员，以进士举人选充，主阅堂课，讲授经史"；宁州宁阳书院，"聘鸿儒硕彦有资望者主讲，称曰山长，随时讲授经义与诗古文辞"，其中有山长名林槐，举人，"主讲宁阳书院，讲授制艺及诗赋"；蒙自县道成书院，"萃聚远近士子于院中，聘硕学通儒主讲，称曰山长，随时讲授经义及诗赋古文辞"；蒙自县观澜书院，山长刘铦，贡生，"主讲观澜书院，集诸生讲经，终日不倦"。②

---

① 《云南通志馆征集云南省各县旧日书院资料》，云南通志馆汇辑，民国二十年至民国二十三年抄本，云南省图书馆藏，第48页。

② 同上书。由于资料比较零碎，此处无页码。

由这些书院山长讲授的内容来看，云南各书院山长讲授的主要内容首先是经。儒家经典最初本有六经，就是《诗经》、《书经》（尚书）、《礼经》（仪礼）、《易经》（周易）、《乐经》和《春秋》，后来《乐经》失传，只有五经；东汉时增加《论语》和《孝经》，共七经；至唐代设三礼：《周礼》《仪礼》《礼记》，三传：《春秋左氏传》《春秋公羊传》《春秋谷梁传》，唐文宗时增补《尔雅》，连同《诗经》《尚书》《周易》《论语》《孝经》，共十二经；宋仁宗时增加《孟子》，合为十三经。这是中国传统儒家文化最具代表性的十三经。当然，儒家传经、讲经、读经实践中，又常常简化为四书五经：四书是指《大学》《中庸》《论语》《孟子》，五经是指《周易》《尚书》《诗经》《礼记》《左传》。对于儒家文化而言，经为学者之本，这也是一般书院山长传道解惑、讲授儒家经典的主要部分，所以经是书院山长首先必讲之内容。

其次是史。书院山长所讲授的“史”，一般是正史，即二十四史（乾隆年间《明史》官方修订以前只有二十一史）。讲授二十四史，主要以前三史为主，即《史记》《汉书》《后汉书》。古人言：以史为鉴，可以知兴替。古大学之道在于明明德，在于新民，在于止于至善，培养的是治国平天下的人才。知天下兴替，也就是治国平天下人才必须具有的认识。所以书院教育讲史，以史为鉴，目的就是培养具有治国安邦平天下素质的人才。

最后是诗赋文辞。孔子曾言：“言之无文，行而不远。”也就是说古代读书人口头表达或写文章如果没有文采，就传播不远。所以儒家素来重视读书人的文学修养，“语不惊人誓不休”恰当表达了传统文化人对文采的重视。除读经阅史外，山长还注意诗赋文辞的讲授，以提高书院诸生徒语言表达能力。

当然，书院山长讲授的内容，也随着时代的变化而有所变化。清代乾嘉考据学派的兴起，影响了书院山长讲授的内容，有些书院像五华书院就设置经古课，如经正书院则专为读古经而创办，所以该书院山长除讲授“经、史”外，还讲授“小学”。此处所言“小学”与中国传统学问的“大学”相对应。“大学”之道在明明德，在新民，在止于至善，也就是阐扬儒家的微言大义，大学的教学目的是培养治国平天下之人才；而“小学”则是阐扬大学之道的基础，也就是证实蕴涵儒家大义经典的可靠性，所以去考证儒家经典的字形、字义、字音，由此确定流传下来的儒家经典的真伪。道咸之后，西学东渐，云南各地受其影响，书院山长的讲授也有些变化，除讲授中国传统的经史外，还讲授近代西式分科课程。宁州宁阳书院，山长秦康龄，光绪丁酉年(1897)科举人，“主讲宁阳书院，教诸生以史地算术等科目，学者宗之”，讲授“史地算术”西式意义的课程。进入近代，维新之风已吹入云南边疆，书院教育照样不可避免。

四　书院诸生徒自主读书

书院诸生徒除定期听山长讲书、参加课试外，其他大部分时间是自学。诸生徒在书院学习，仅靠山长的讲授是远远不够的，更主要的是依靠自己大量阅读，在自主阅读中去体味经典之内涵，感悟经典之真义。所以，书院一般安排大量时间让书院诸生徒自主阅读，遇有疑问再向山长请教。自主读书也是书院诸生徒学习的重要形式。

对于书院诸生徒自主读书学习，清初云贵总督鄂尔泰有过一番议论：“士患不读书耳，倘肯潜心院中，如董子下帷，足不窥园，日取十三经、廿一史，次第读之，自可开拓心胸，推倒豪杰，毋自画也。”① 强调了书院生徒读书的重要性。在《经正书院条规》中则有更为明确的规定，现谨录如下：

> 令逐日研究《钦定七经》及《朱程语录》《通鉴》《史议》《大学衍义》《文献通考》，并掌故诸书，引之识义理、稽故实，手抄口诵，日渐淹贯，系以化气质而增才识？所有住院高才生，

① 《滇系》第二十一册《艺文五》，师范纂，嘉庆十三年修，云南官书局据嘉庆二十二年刊刻本重刊本。

> 拟请每人每季刊给课程日记一本，合将每日占诵考究之书，或经或史，自行登记。每十日呈请山长考核一次，或令覆讲义理，抑或驳问同异，悉听山长定规遵行，其有学业日进及旷废怠荒者，亦听山长分别奖罚劝戒。①

这一读书规定至少可以大致了解书院诸生徒自主读书的读书内容、读书方法、书院对诸生徒读书的相关管理问题。就经正书院要求诸生徒读书的内容来看，主要还是经与史，与山长讲授的应是一致的。所谓《钦定七经》《朱程语录》《大学衍义》应属于经的范围，《史议》《文献通考》属于史的范围。其实要知书院诸生徒读什么书，书院的藏书可能更能反映出书院诸生徒的读书内容，因为书院诸生徒须读什么样的书，书院才会去购买置办什么样的书。比如永善县的五莲书院，乾隆四十年教谕吴绳祖等捐款创建，现就该书院藏书罗列如下：

> 《书经》传说一部二函，共二十四本，《诗经》传说一部二函，共二十四本，《钦定性理精义》一部，五本，《钦定四书文》一部，《明史》一部，一百二十本，《近思录》一部四本，《学政全书》一部一本，《资治通鉴》一部六十本，《正史约》二部，《续增学政全书》一部四本，《四书大全》一部，六函，《四礼冀》一部，《古文渊鉴》四部，《大学衍义》一部六函，《滇系》一部，《十三经注疏》一部，《斯文精萃》一部，《东莱博议》一部，《瀛寰志略》一部，《前后汉书》一部，《泰西新史览要》一部，《文献通考》一部，《清会典》一部，《纪效新书》一部，《历代名臣言行录》一部。②

---

① 《经正书院条规》，滇南盐署光绪十七年刊刻本，云南省图书馆藏。

② 《云南通志馆征集云南省各县旧日书院资料》，云南通志馆汇辑，民国二十年至民国二十三年抄本，云南省图书馆藏，第225—227页。

五莲书院所藏书籍，基本上是经与史方面的。由此也可推知五莲书院入院诸生徒主要的读书内容，就是读经史方面的书籍，这与经正书院的规定是大体一致的。

至于如何读书、读书的步骤与方法，其实早在南宋时期朱熹就曾有过简明扼要的二十四字总结："循序渐进，熟读精思，虚心涵泳，切己体察，着紧用力，居敬持志。"这是朱熹在书院指导学生读书的经典方法论，简明扼要地指明读书的六个步骤。"循序渐进"是读书过程中的"量力性原则"，"熟读精思"是读书过程中的"巩固性"原则，"虚心涵泳"是读书过程中的"客观性"原则，"切己体察"是读书过程中的"结合实际"原则，"着紧用力"是读书过程中的"积极性"原则，"居敬持志"是读书过程中的"目的性"原则。朱子读书法是对中国传统读书方法的系统性归纳，影响到了后世的教育，包括书院教育。那么明清时期云南各书院诸生徒应怎样读书，其步骤与方法如何？云贵桂三省总督鄂尔泰早就有过更为详尽的阐述：

> 读书之法，经为主，史副之。
>
> 《四书》本经、《孝经》，此童而习之者，外此，则先之以《五经》，其次如《左传》之淹博，《公》《谷》之精微，《仪礼》之谨严，《周礼》之广大，《尔雅》之辨晰毫芒，大至无外，而细入无间，此十三经者阙其一，如手足之不备而不可以成人者也。
>
> 至于史，则先《史记》，次《前汉书》，次《后汉书》，此三史者，亦阙一不可。读本纪可以知一代兴亡盛衰之由，读年表世家可以知大臣创业立功之所自，读列传可以知人臣邪正公私，即以关系国家得失利害之分，读忠孝、节义、隐逸、儒林、文学、方伎等传，可以知各成其德、各精其业，以各造其极而得以或显当时、或传后世之故。读匈奴、大宛、南夷、西域诸传，可以知安内攘外、柔远绥边、恩威各得之用，读天官、历律、五行诸书志，可以观天而并可以知天人相感之原。读河渠、地理、沟洫、郡国诸书志，可

以察地而并可以知险要之机。读礼乐、郊祀、仪卫、舆服等书志，可以知典礼掌故之因革而有所参订。读艺文、经籍等志，可以知七略、九种、四部、六库著作之源流，而有所考稽。读平准、食货诸书志，可以知出入取予、制节谨度之大要而有所规鉴。读刑罚、兵营等志，可以知赏罚征伐、惩恶劝善、讨罪立功之大法而有所折衷。此读史之大要也。

且善读史者，不仅以史视史，凡诏诰、奏疏、檄谕、论策之属，文之祖也；乐章、歌词之属，乐府、诗歌之祖也；屈原、贾谊、司马相如、扬雄等传所载骚赋之属，词赋之祖也。故熟于三史，则文人、诗人、骚人一齐俯首矣，况不止三史乎？必待读经既毕而后读史，则史学太迟，惟读《左传》而以《史记》副之，读《公羊》《谷梁》《仪礼》《周官》《尔雅》而以前、后两《汉书》副之。

十三经与三史既读，此外如《家语》《国语》《国策》《离骚》《文选》，《老》《庄》《荀》《列》《管》《韩》以及汉、唐、宋、元人之文集与《三国志》《晋书》以下诸史参读参看，择其尤精粹者读之，其余则分日记看。天资绝人过目成诵者，看即是读；其不及者，原不能尽读。博览强记，有十三经、三史为之根本，余皆一以贯之，读固为要，看亦有功，必欲汝曹全读，非人情，不可强也。

经庄重，史闲雅；庄重者难读，闲雅者易读；读经以淑性，读史以陶情；朝经暮史，参错互读，则有体有用，内外兼该，相济而不相妨，相资而不相紊。然后反求其本而约之于至一之地，则本之身，措之世，无所往而不当。出之言为经术之言，行之事为经济之事，建之功业为经天纬地之功业。①

① 《滇系》第二十一册《艺文五》，师范纂，嘉庆十三年修，云南官书局据清嘉庆二十二年刻本重新刊印版。

总督鄂尔泰在要求云南读书人进书院读书时，更详尽地告诉在滇士人怎样读书，指明读书的方法与步骤，并详细说明读每一个方面的书的价值与意义，以此树立士人的读书信心。

此外，彩云书院在其条规中有《举业集说》八条，关于诸生徒读书方法与步骤，其中也有三条如此相关规定：

> 一用力要专。黄山谷先生云：读书欲精不欲博，用心欲纯不欲杂。陈完璧先生云：与其多看，不如少读；与其读未读之书，不如理已读之书。此真名语。汉时大儒，如董仲舒，刘向只通一经，明体达用取之不穷。若厌故喜新，夸多斗靡，其究胸中全然无物，光阴易逝，讵可浪费精神。
>
> 一经书宜多读。胸中有书卷，自然识见高。气味厚而笔亦雄健。以四书五经为纲领，经书既熟，即读左传、国语、庄骚，史记，及汉唐以来各大家能以故为时文，乃不落俗。须立定课程，每月读新书若干，温旧书若干。心不鲁莽，功不间断。久之，自能闳中肆外。
>
> 一史鉴宜常看。历朝史册纲鉴，最为简要，须日日披览，记其典故政事之得失，人物之贤否，则历代所以兴亡之故，昭然心目，而于忠孝大节循史事迹，尤宜留心效法，方为为己之学。若只看时文以为捷径，日复一日，年复一年，毫无进益，相去何啻天渊矣。①

此三条，集中阐明彩云书院的读书要求，认为诸生徒从读书专一、经书多读、史书常看三个方面入手读书，并对此做了细致规定。

朱子读书法和鄂尔泰的读书法，确实影响到后来的书院教育。云南云龙州彩云书院就直接援引朱子读书法，载于其书院条规中，

① 《彩云书院条规》，道光十九年刊刻本，云南省图书馆藏。

实质上也就成为彩云书院的读书法，诸生徒按照朱子读书法按部就班地自主读书。鄂尔泰的《征滇士入书院教》则屡见于清代云南各地方志的学校志中，其中很明显的用意就是作为各地要求士子入书院受教的读书指南，其中阐述的读书方法与步骤也就成为各地各书院诸生徒读书的基本方针。由此大致可知云南各地各书院诸生徒是如何读书的了。

时至晚清，张之洞在任四川学政时有感诸生不知“应读何书”及“书以何本为善”而开列书目，著有《輶轩语》《书目答问》二书，为读书人指示读书门径。张氏二书自然也成为晚清书院生徒读书的指导书，据《金华书院藏书书目》一书记载：“读书之法，前哲皆有程式，近时张香涛制府所著《輶轩语》《书目答问》二书，分晰条理，指示门径，尤为简切。坊间皆有其书，所愿邑之佳子弟，人置一编，循途抉奥。守己则义利必辨，讲学则汉宋毋分。体用兼赅，华实并茂。”①《輶轩语》《书目答问》二书成为金华书院诸生徒的治学指南。

诸生徒虽有方法论指导，读什么书都有明确规定，但人有懒勤，智力有高下，诸生徒自主读书应加以适当管理，书院也就要有较为严格的规定。如前所述，经正书院条规中规定学生“每人每季刊给课程日记一本，合将每日占诵考究之书，或经或史”，“自行登记”；“每十日呈请山长考核一次，或令覆讲义理，抑或驳问同异”，如不能按要求完成，则有所惩罚。现就经正书院的《课程日记例言》引述如下：

课程日记例言

一院中存书为公同校雠考察之用，诸生日所诵习者，正经正史易购之书，应由自置耑本以便稽核课程。

一诸生课程经史为要，欲治何经何史，先自标出，俟一经

① 《收藏阅钞章程五条》，见《金华书院藏书目录》，光绪十年刻本，云南省图书馆藏。

卒业，再治他经；一史卒业再治他史。

一治经史者随其资源，不限多少。每月所读于书内注明起讫，加以丹黄，尤以推阐要义，详考故实（兼及说经考史诸书）。凡有心得，触类引申，即著录于篇，是为日记。（不徒以呫哔记诵为功。）

一治经史外，如有余力，旁及诸子百家，一切有用之书，有所发明，亦即附录于后。

一限于资质，骤难辨析门径者，即将所读经史随读随抄（注释择要附辑），以准日记以二页为程。

一诸生课程以日记呈交，日记以旬计，每月以三十条为及格，多者听［其自为］。（抄书者另自为程，每月以六十页为及格。）

一每月呈交日记，经院长校阅，有能潜心研究，博证旁通者，列为优等。如有懒惰，自画不满三十条者以不及格论。（抄书不满六十页者同）

一诸生如有事故出院，须赴院长告假。其无故不交日记者，知照监院，按扣膏火。

从此《课程日记例言》可知，书院诸生徒如何读书以及平日自主读书的考核标准，都有详细而明确的规定。这些为管理平日诸生徒自主读书提供指导，以检验诸生徒平日自主读书的实际效果。

第二节 书院的课试

明清时期云南各地各级书院普遍建起，聘请山长，开学开讲；招收生徒，听讲读书。同时，书院还定期举行课试，评定书院诸生徒的学业成绩。课试也称考课，就是每月由地方官员或书院山长命题，在规定的时间内由书院诸生徒写文章，一般为参加科举考试做准备的八股文和辞赋，诸生徒命题作文完成后，再交由地方官员和书院山长评定八股文和辞赋等级，给予一定的奖励。因每月都如此反复出题课试，所以又称为月课。至于课试的目的，主要是检验书院教与学的实际效果，督促书院山长勤于教授诸生徒，激励书院诸生徒勤奋向学，提高诸生徒的学业水平。诚如经正书院条规所言，课试可以“别其升降以藉昭激劝也”，认为“启发原于愤悱，与点而先哂由，教授之微权悉因时而互励”，所以“所有内课高才生，每课均须考试”，以“验地方官师及课试诸生勤惰”，防止“怠惰偷安”。①

下面首先以五华、育材、经正三所书院为例，具体了解这三所书院的课试情形，以获得对书院课试设置的大致认识，以此为基础展开对云南各地书院课试的论述。

五华书院，雍正十三年，尹继善扩建后，其主要课试安排是，“课期月凡四，初三、十八两日为官课，自督抚学政及云南府以次而周，皆监院先一日白之，至日诣官廨请课题，一四书文，一试帖诗，至夕而毕。十三、二十八两日曰师课，则院长自课之，亦一四书文，一试帖诗，至夕而毕”。嘉庆十八年，“盐法道何金复增设字课，以月之二十三日”。五华书院每月课试五次。

育材书院，又名昆明书院，在昆明城南门外慧光寺左，康熙二十四年创建，咸丰七年毁于兵，同治十二年就南城内太傅坊祠改建。其课试安排，官课“定为每月初三、十八”，师课“定为每月初一、十五”。官课“课试题目亦四书文一、试帖一，童子试帖只六韵。督抚司道府署轮流课试，先一日由监院白官请题，与五华同”。师课“初一制艺，十五诗赋”。育材书院每月课试四次。

经正书院，“其课期订每月二十三日为官课，十八日为师课。官课自督抚学政及云南府以次而周，皆监院先一日白之，至日诣官廨请课题。师课由山长命题。皆与经史古学为重”。经正书院每月课试两次。②

① 《经正书院条规》，滇南盐署光绪十七年刊刻本，云南省图书馆藏。

② 《云南通志馆征集云南省各县旧日书院资料》，云南通志馆汇辑，民国二十年至民国二十三年抄本，现藏于云南省图书馆，第2、6、9页。

上述建于省会的三所书院，在云南全省一直颇有影响力，特别是五华书院建于明嘉靖年间，历史悠久，为云南全省书院之冠，所以说这三所书院的课试情况在论述云南书院课试中具有代表性。当然，由上述三所书院课试的具体情形，至少从以下几个方面可以获得一些认识。

一　课试类型与课试内容

从命题者、阅卷者的角度来区别，课试可分官课和师课。

官课，也就是一般每月由地方官命题和阅卷，评定试卷等级。根据书院的实际情况，有每月官课一次的，如经正书院；有每月官课两次的，如五华、育材书院。当然，根据地方官员级别或种类，官课又可分几种。如云南县九峰书院每月课士，“初三为县署课”，由知县命题阅卷；“前月十三为教谕课，后月十三为训导课”，教谕和训导轮流课士。教谕和训导为县学官，所以合称为学官课。① 如前所引的新平县桂香书院的课程安排：“每月初一讲书，初二县尊官课，十一讲书，十二山长堂课，十六学师官课，二十一讲书，二十二山长堂课。”② 其中官课就分为县尊官课和学师官课，学师官课即学官课。再如宜良县雉山书院，每月课生童三次，“初三日县令课，十三日教官课，二十三日山长堂课”，官课分为县令课和教官课，教官即学官也。③

师课，一般又分为堂课和馆课，都由山长出题阅卷，评定成绩。堂课与馆课区别在于堂课一般在评定成绩后给予奖励，而馆课一般

① 《云南通志馆征集云南省各县旧日书院资料》，云南通志馆汇辑，民国二十年至民国二十三年抄本，云南省图书馆藏，第 47 页。至于明清学官的设置，据《明史·职官四》记载：“府，教授一人，训导四人。州，学正一人，训导三人。县，教谕一人，训导二人。教授、学正、教谕，掌教诲所属生员，训导佐之。”参阅《明史》卷七十五，中华书局点校本 1974 年，第 1851 页；据《清史稿·职官三》记载：“府教授、训导，州学正、训导，县教谕、训导，俱各一人。教授、学正、教谕，掌训迪学校生徒，课艺业勤惰，评品行优劣，以听于学政。训导佐之。”清因明制，只训导人数稍有变化。参阅《清史稿》卷一百十六，中华书局点校本 1977 年，第 3358 页。

② 民国《新平县志》卷之四《教育第九》，民国二十二年石印本。

③ 民国《宜良县志》卷十上《艺文志》，袁嘉谷修，许实纂，民国十年刊刻本。

不给奖励，仅为山长训练诸生徒写作的训练课，一般每月馆课安排四五次，多于堂课次数。如云龙州彩云书院，“堂课定每月二十日，主讲命题，文一诗一”，评定成绩后，给予银两奖励，“定于二十八日发膏火”；而“馆课以每月逢五日为期，文一诗一”，不给奖励。[①]馆课实质上就是山长平常布置诸生徒作文训练，有时也就进入师课讨论的范围。但由于馆课仅仅是作文训练，不给奖励，相当于山长教学环节的一部分，所以有时略而不论，讨论师课就是指堂课，堂课也就是师课了。

从课试内容来看，课试又可分科举课、字课和经古课。

研究表明，明清书院受官方影响已很深了，在经费来源、山长的选聘等方面无不显示官方色彩。随着科举考试在明清时期进一步制度化，明清绝大部分书院也逐渐成为科举考试的培训学校。课试表现最为突出的就是科举课，科举课也称制艺课，也就是写八股文与试帖诗，为科举考试做准备。[②] 现就部分书院举行科举课的课试内容列表 4 – 3。

表 4 – 3　　　　科举课课试情况统计

书院名称	所属府州县	科举课的课试内容
五华书院	云南府	官课和师课都是“一四书文，一试帖诗”
育材书院	昆明县	官课“课试题目亦四书文一，试帖一，童子试帖只六韵”，师课课试“初一制艺，十五诗赋”。制艺就是八股文，诗赋就是试帖诗

---

① 《彩云书院条规》，道光十九年刊刻本，云南省图书馆藏。

② 八股文也称“时文”（相对于古文而言）、“时艺”“制艺”“制义”“八比文”“四书文”“帖括”“制举文”，是中国明清两朝科举考试所规定的一种特殊文体。八股文就是指文章的八个部分：破题、承题、起讲、入手、起股、中股、后股、束股（大结）。试帖诗，是中国科举考试时代的一种诗体，始于唐代科举，宋王安石变法时取消，元明未恢复，清乾隆年间恢复，并有所变化。试帖诗所以采用八韵排律的形式，就是为了附合当时八股文的结构。每韵上、下两句为一联，首联“破题”，次联“承题”，三联“起股”，四、五联“中股”，六、七联“后股”，结联“束股”，正如文章的起、承、转、合。格律要求上，乡、会试用五言八韵，童试用五言六韵。

续表

书院名称	所属府州县	科举课的课试内容
象山书院	晋宁州	“每月堂课一，在注重八股文时代，每月课题为四书文一，五言律诗一，生员八韵，童生六韵。”四书文就是八股文，五言律诗就是试帖诗
西云书院	大理府	每月“初六日，考制艺、试帖堂课”帖
彩云书院	云龙州	官课，“文一诗一”；堂课，“文一诗一”；馆课，“文一诗一”。文即八股文，诗即试帖诗
玉屏书院	石屏州	“每月十五日山长命题一次，凡石屏老生（廪、增、附）、童生皆得领卷与试，课艺时文一篇，试帖诗一首，交呈山长批阅。”
凤山书院	澂江府	“每月以八股文、五言诗课生童。”
曲阳书院	南宁县	“每月初十日课八股、试帖一次。”
龙华书院	沾益州	“每月之初二、十六命题课试诗文，取录生童，奖给笔资膏火。”
榕城书院	宣威州	“月课，书院及学署、州署，每月均示期课士，题皆四书文，及试帖各一首，生与童不同题。”
鹤阳书院	鹤庆州	“每月试字课、帖括各一次。”帖括即八股文
文华书院	蒙化厅	“月试诸生，课以时文，厚其奖资，岁以为常。”时文即八股文
钟秀书院	广西州	“每月堂课一次，由山长命题，作制举文一艺，内外舍生均一律应课，课卷亦由山长评阅。”
桂香书院	新平县	“每月官课一次，堂课二次，考试日由山长点名给卷，试题制艺一篇，试帖诗一首，限一日交卷，违者不阅。”
平成书院	平彝县	“按月课试诗文。”
养正书院	蒙自县	“每月官课八股。”
龙吟书院	白盐井提举司	每月井司、学官、山长各一次，所课文艺“以八股试帖诗为主”

资料来源：《云南通志馆征集云南省各县旧日书院资料》，云南通志馆汇辑，民国二十年至民国二十三年抄本，现藏于云南省图书馆；《彩云书院条规》，道光十九年刊刻本，藏于云南省图书馆。

从表4－3可知，明清时期云南各地书院课士一般都设置科举课，训练书院诸生童作八股文和试帖诗，为参加科举考试做充分准备。本为选拔人才而设置的科举考试，影响了本为强调独立学术精神、追求真正学问的书院教育，本为“为己之学”，已逐渐转为“为人之学”了，这也是明清时期书院教育官学化的一个最突出的表现。

其次是字课，也就是书法考试，目的是促进书院诸生徒勤练毛笔字。写得一手好字，本为读书人的本分，但在科举考试时代，字迹工整规范，具有艺术美感，往往也影响科举考试成绩的评定，所以为科举考试而创建的书院，一般十分重视书法。云龙州《彩云书院条规》中提出举业集说八条，其最后一条就是“书法须精工”，其理由就是“应试场中，文之佳否，尚待细看；字则一目了解，不可掩也。文虽佳而字迹恶劣，因而抑置者有之。文亦犹人，因字画端楷，笔墨圆润，多有拔在前茅者，兑朝考、殿试。散馆考差、大考，皆以字分高下。字迹不佳，纵有子美之诗，相如之赋，不能取在前列，或王或欧或赵或董，皆足见长”。《彩云书院条规》再引用《朱子论定程董学则》要求写字“点画必遵字典，毋从俗体。用笔须中锋，用墨宜调匀。必端楷光润，勿潦草欹倾。字纸亦当敬惜”，强调书院诸生徒写得一手好字。①

基于如此认识，一般书院都定期设置字课，评定优劣，给予奖励。五华书院在嘉庆十八年，盐法道何金“增设字课，以月之二十三日”进行考试。现根据所掌握的史料，对设置字课的书院统计如表4－4：

表4－4　　设置字课书院统计

书院名称	所属府州县	设置字课情形
五华书院	云南府	嘉庆十八年，盐法道何金“增设字课，以月之二十三日”进行考试
西云书院	大理府	“十二日考字课。”

① 《彩云书院条规》，道光十九年刊刻本，云南省图书馆藏。

续表

书院名称	所属府州县	设置字课情形
鹤阳书院	鹤庆州	“每月试字课、帖括各一次。”
桂香书院	新平县	“间杂试经古及字课。”
曲阳书院	南宁县	“每月初十日试堂课外，十五日加授字课。”

资料来源：《云南通志馆征集云南省各县旧日书院资料》，云南通志馆汇辑，民国二十年至民国二十三年抄本，云南省图书馆藏；《彩云书院条规》，道光十九年刊刻本，云南省图书馆藏；《西云书院章程》，光绪十八年刊刻本，云南省图书馆藏。

最后是经古课。如前所述，科举考试影响了明清两代的书院教育，导致书院教育偏离了学术独立精神，书院成为科举考试的附属机构。时至晚清，书院教育的这种偏离所产生的弊端已逐步为人所知，有识之士有意设立经古课，就以古经史为考试对象，不是为科举而训练八股文与试帖诗，而是以传授中国传统真正学问为目的。另外，时至近代，西学东渐，西力东渐，西方“船坚炮利”一次次冲击着传统中国的神经，脱离实际的八股应试文章已难以适应近代的需要，经世致用，崇尚实学已为部分有识之士所认可，表面上看来有复古倾向，实质上借复古寻求经世致用之道的经古课也应运而生。在此背景下，云南省在布政使司及总督、巡抚等人的倡导下为经古课而专门设立经正书院。

光绪十五年，云南督抚王文韶、谭钧培有感于滇省书院“诸生于经史古学未能讲求”，于七月二十三上奏光绪皇帝，请求在云南各地书院中“添设经古课试”获得同意，五华书院在进行科举课的同时，也设立了经古课。经古课试在云南各地书院推行近一年余时，又上奏皇帝，请求在云南省会设立专研“经史古学”的经古书院。光绪十七年三月初二，所请又获批准；三月初五，御书“滇池植秀”四字匾额一方赐予云南经古书院。经古书院即于光绪十七年建成，名曰“经正书院”，选聘儒学大家许印芳为山长，在全省选拔生徒入院研读。至于经正书院的独特之处，布政使司及盐法道会详《经正书院条规节要》有言："经正书院盖以储经纬史之才，与他书院异者有二：他书院兼课制艺，仅按月课试，经正书院则以古学为主，逐日立课以督其所学，一也；他书院除月课外，诸生不常进见山长，经正书院则堂课加详，使一堂晤对，既收讨论之功，复有熏陶之益，二也。"[①] 经正书院以经史古学为主，逐日立课，即经古课也。

据目前所掌握的资料，其他设有经古课的书院，还有大理府西云书院，其每月"二十六日考经古堂课"，由"山长校阅"；新平县桂香书院，"间杂试经古及字课"；普洱府宏远书院，"设经古山长一席，专课经古日记，聘延品学兼优之儒主讲其间"，"参仿省城经正、五华两书院规模，作育属四厅县高才生，优给膏火，专课经古，兼课举业"；[②] 石屏玉屏书院，除设有科举课外，"尚有经古课试，仿省城经正书院陈法，由知州聘地方名流为山长，以经史之学课试士子"；蒙自县养正书院，除"每月官课八股"外，也"每月官课古学"，即经古课。[③]

就课试的内容可分为科举课、字课和经古课三种类型，并且从中也可知课试的内容。科举课主要是课试八股文和试帖诗，字课就是课试书法，而经古课是近代的产物，课试经史古学，以纠科举课之弊端，名为复古，实则开新，培养适应近代需要的经世致用之才。时至近代，除书院另设经古课外，科举课本身也发生变化，课试内容由课八股文和试帖诗改为试策论。

所谓策论，就是古代士人就其时政治问题加以论说，提出对策的文章。策论多写士人个人的观点，一事一议，一篇文章表达一个

---

① 民国《新纂云南通志》卷一百三十四，龙云、卢汉修，周钟岳纂，云南人民出版社 2007 年整理本，第 527 页。

② 参阅《西云书院章程》，光绪十八年刊刻本，云南省图书馆藏；民国《新平县志》卷之四《教育第九》，民国二十二年石印本；光绪《普洱府志》卷之二十四《学校志》，陈宗海修撰，光绪二十三年丁酉岁重修本；《云南通志馆征集云南省各县旧日书院资料》，云南通志馆汇辑，民国二十年至民国二十三年抄本，云南省图书馆藏。

③ 《云南通志馆征集云南省各县旧日书院资料》，云南通志馆汇辑，民国二十年至民国二十三年抄本，云南省图书馆藏，第 64、360 页。

观点，简洁而有力度。晚清政府针对科举考试存在的弊端，有意改革科举考试的内容，由考八股文与试帖诗改试策论。这一改革影响到书院教育，定期举行科举课的云南各地书院也由课试八股文与试帖诗改试策论。据史料记载，晋宁州象山书院就有这种变化，该书院每月堂课“在注重八股文时代，每月课题为四书文一，五言律诗一，生员八韵，童生六韵”，时至晚清科举考试改试策论后，象山书院科举课也改试“经义策论，其课题则四书或五经义一，史论或时务策一”。①

二　书院课试的一般程序

书院课试究竟是怎样进行的？这是书院课试的一般程序问题。确实，对书院课试的一般程序进行历史陈述，深入这一历史细微处，能使书院历史更丰富、生动。

云龙州彩云书院，道光十六年由云龙著名乡绅杨名飏捐建，其书院条规中，对课试具体过程有个大致描述：官课，“定每月初十日，先一日赴州请题，文一诗一，密缄领回，交主讲收存。届期黎明齐集讲堂拆示，收齐试卷，封交主讲存贮，次早专夫呈州署校阅，榜发，发礼房。专夫送院张挂，定于二十日发膏火”，这是官课课试的大致过程。然后彩云书院条规对课试进一步做具体规定，课试为“扃门考试，生分坐集义讲堂，童分坐菑畬精舍，以杜代请”，课试“不完卷者，扣除饭食钱文；秉烛始交者，卷面记号，虽取列正额，扣除膏火”。② 彩云书院的条规对官课过程规定确实相当细致，由此可知官课课试的大致过程。概括起来，彩云书院大致包括三个步骤：请题、应试、评阅。

（一）请题。彩云书院官课，定在每月农历初十课试，所以提前

① 《云南通志馆征集云南省各县旧日书院资料》，云南通志馆汇辑，民国二十年至民国二十三年抄本，云南省图书馆藏，第 28 页。

② 《彩云书院条规》，道光十九年刊刻本，云南省图书馆藏。

一天在农历初九，也就是“先一日”，山长“遣院夫持山长名帖到州署请题”，云龙州知州或学官出八股文课试一题，试帖诗课试一题，“加封锁置箱中”，也就是“密缄”好，交由院夫“持归”，交给山长“收存”。请题，时间安排在课试时间前一天；出题者为地方官员；出题内容科举课为八股文题一道，试帖诗题一道。

（二）应试。彩云书院官课课试时间，为每月初十，也就是请题后的次日早晨，“山长集生童点名毕”，当众“开箱拆封”，将八股文题和试帖诗题“贴在课堂”，公示于书院诸生徒。书院诸生徒中生员在集义讲堂，童生在菑畬精舍“按三人列坐一席”进行课试，按题写八股文一篇、试帖诗一首。“派首事监场，限即日交卷”，也就是至当日黄昏交卷。总之，课试时间为一天，从早晨至黄昏，也就是掌灯之前；课试题目当公拆封公示，以示公正；生员和童生分开课试；首事也就是监院监考。

（三）评阅。彩云书院官课课试结束后，山长就交来的试卷“略一阅看，其抄袭雷同”，论说荒谬者不“送官”，“余卷包好，外标记若干卷置箱中封锁”。第二天，也就是十一日早晨，山长再次派遣“院夫送官”，也就是呈送知州或学官评阅。知州或学官评阅后，发送礼房，由专夫送书院张榜公布评阅结果，或由书院院夫“至下月请题方领回，贴榜发落，考列在前三卷，相与传观”。评阅，先由山长初选，再送州官或学官评阅，评阅后领回公示结果。

至于师课，大致过程亦为如此，只是请题已很简单，就是山长出题。比如彩云书院师课，其中“堂课定期每月二十日，届期点名、出题、监视等规如官课”，“卷收齐，首事送交山长看阅，至迟不过三日，即列榜宣示发落”；“每月初五有馆课，住院肄业之生由山长出题课之，但加批改，不列榜”，也就是评定等级，分名次。彩云书院就是分名次，从第一名至第几名等。[①]

① 《云南通志馆征集云南省各县旧日书院资料》，云南通志馆汇辑，民国二十年至民国二十三年抄本，云南省图书馆藏，第 57—58 页。

从相关记载有其他书院课试的过程来看，一般也按请题、应试、评阅三步进行，所以彩云书院课试的具体过程也就是书院课试的一般程序。当然，在其他书院关于课试的史料中，也显示出一些有关课试的重要细节，比如大理府西云书院，“每月十六日考官课，道、府、县轮流校阅，即用本官御印出榜；初六日，考制艺、试帖堂课，十二日考字课，二十六日考经古堂课，均山长校阅，由监院出榜”。[①] 此处虽不见西云书院课试请题的记载，但根据彩云书院课试中谁出题谁评阅的规律，既然“道、府、县轮流校阅”，应也为迤西道道台、大理府知府、太和县知县轮流出题。对于西云书院出榜公示评阅结果需要强调的一处细节就是，官课出榜时，榜上盖有或道台或知府或知县的官印。由此大致可推知，书院官课出榜时，应盖有“校阅”官课试卷的地方官的官印，以示正式和庄重。再如经正书院官课、师课，“交卷后仍仿科场例，用夹纸弥封”[②]，杜绝监考者、送卷者与评阅者徇私情，以示公正。新平县桂香书院学规中有一条就是“严课”，规定“按月考试，原以造就人才，命题后诸生宜静坐构思起稿，限本日交卷，逾限不录”。该学规“严课”这一条提到课试中诸生应如何应考的细节，也就是课试题目揭示出来后，诸应试生童“宜静坐构思起稿”，这是正常的应试态度与方式。[③]

此外，其他书院的课试也有与彩云书院稍微不同的细节，比如“先一日”请题问题，五华、经正、育材官课“自督抚学政及云南府以次而周，皆监院先一日白之，至日诣官廨请课题”，三书院都是如此，但与彩云书院可能不同的是，“先一日白之”，虽应可视为请题，但真正拿到试题应在课试当天。[④] 再如课试后评定成绩的问题，比如易门县桂香书院，“每月考课一次，生员分超、特、壹等，童生

① 《西云书院章程》，光绪十八年刊刻本，云南省图书馆藏。

② 《经正书院条规》，滇南盐署光绪十七年刊刻本，云南省图书馆藏。

③ 民国《新平县志》卷之四《教育第九》，民国二十二年石印本。

④ 《云南通志馆征集云南省各县旧日书院资料》，云南通志馆汇辑，民国二十年至民国二十三年抄本，云南省图书馆藏，第2、6、9页。

分上、中、下取”。与彩云书院不同的是，成绩评定不是分定名次，而是分等级。云南县九峰书院也以定等级评定成绩，初三为县署课，评定成绩，“内庠定为超、特、一三等”，其中超等四名，特等四名，一等四名，备取四名，其余不评定等级；“外庠定为上、中、下三等”，其中上等取四名，中等取四名，下等取四名，另也备取四名，其余也不评定等级。另有学官课和师课，“内庠亦分超、特、一三等，外庠亦分上、中、下三等”。邓川宏文书院亦为如此，“每月州牧阅州课一次，两学阅学课一次，山长阅堂课一次，取录以超等、上等、中等别之”。① 另外，江川县钟秀书院，“新县令到任，初次考试，谓之观风；每月朔望考试，谓之月课。观风、月课，均由县令出题，试卷由山长批阅后，送交县令，评定甲、乙、丙三等，出榜晓谕生童”。钟秀书院的课试试卷成绩分为甲、乙、丙三等，与一般书院谁出题谁评阅不同的是，该书院由县令出题，由山长“批阅”，但又由县令最终评定等级。元江澧江书院亦为如此，该书院“初二日为官课，知州命题，由山长批阅试卷，复送知州许定甲、乙”。②

三　课试奖惩

课试交卷后，评定等级或名次，书院或地方官一般对成绩优异者给予一定的所谓膏火或笔资奖励，以示鼓励，以振士气。比如经正书院对于课试成绩优异者，给予一定的奖赏银。其中山长堂课，“每月仍于十八日课试一次，以免夺诵读考据之功。每次无论高才生及非高才生，而愿应课者，均准一体考试，仍先取列内课二十四名，余均统为外课。首名给奖赏银叁两，二、三名各给银壹两，四、五名各给银陆钱，六名至十名各给银伍钱，十一名至二十四名，各给

① 《云南通志馆征集云南省各县旧日书院资料》，云南通志馆汇辑，民国二十年至民国二十三年抄本，云南省图书馆藏，第 36、47、52 页。

② 同上书，第 108、397 页。

银肆钱。外课首名至二十名，各给银叁钱”。经正书院按名次给予多少不等的奖赏银，奖赏规定得十分具体。

此外，经正书院诸生徒分为高才生和非高才生，其条规规定如果“其非高才生而应外课者，如接连三次考列内课二十四名内，准其存记，遇有高才生额出序补；三次考列内课前五名者，存记超补”，也就是说非高才生如果考列内课二十四名以内，如有高才生名额空出，则可按前后名次顺序替补；如三次考列内课前五名者，如有高才生名额空出，则可直接提前补入，以此方式奖励非高才生应课优异者。经正书院条规还规定，对于诸生徒的“前列课卷则于传房五日后，由监院饬该书办等另抄揭悬讲堂三年，由公筹款选刻一次，以资激扬而备观摩”。考在前列的课卷则可传示五日，揭悬三年，并用书院公款刊刻一次，以此方式奖励课卷优异者。①

经正书院对课试优异者从三个方面给予适当的奖励：奖给赏银，予以升补，课卷传示并刊刻，其他书院则多为奖给银两或文钱。

罗次县扶雅书院，每月农历初二、十六课试，“分超、特、壹叁等，奖银自壹两至叁两为定”，该书院对课试成绩分等级奖赏银两。云南县九峰书院，亦为分等级奖励，该书院每月课试三次，县署课“内庠定为超、特、一三等，超等四名，每名奖钱壹千文，特等四名，每名奖钱捌佰文，一等四名，每名奖钱陆佰文，备取四名不给奖。外庠定为上、中、下三等，上取四名，每名奖钱捌佰文，中取四名，每名奖钱陆佰文，下取四名，每名奖钱肆佰文，备取四名不给奖”；至于学官课和师课，“内庠超、特两等给奖，一等不给奖；外庠上、中取给奖，下取不给奖”。云龙州彩云书院的奖励，官课考列“前三卷，相与传观”，优异者奖给膏火银，生员膏火十份，“第一名奖一两三钱，二名一两一钱，三名九钱，四名八钱，五名七钱，六名六钱，以下四名每份四钱”；童生膏火也十份，“第一名奖一两，

① 《经正书院条规》，滇南盐署光绪十七年刊刻本，云南省图书馆藏。

二名九钱，三名八钱，四名六钱，五名五钱，六名四钱，以下四名每份三钱”。彩云书院还有盐官课和山长堂课，都按名次发给多少不等的赏钱。蒙自县道成书院，月课分堂课、官课，各二、三次，“课试取录生童，分别等第，奖给笔资，谓之膏火，岁以为常”。江川县钟秀书院，官课考卷评定为甲、乙、丙三等，“考列甲、乙两等者，县令奖给笔资，书院筹给膏火”，给予双重奖励。[①] 当然，还有更多的云南书院课试奖励的记载，此处不一一列举。

确实，云南部分书院课试时针对三种情况：不应课试的生童、应试但不完卷或迟交卷的生童、课试成绩一直名次或等级落后的生童，都要给予一定的处罚，目的是督促书院诸生徒进步，对懒惰和学习成绩差的生童给予警告。

针对应试但不完卷或迟交卷的生童，云龙州彩云书院则如此规定：“不完卷者，扣除饭食钱文；秉烛始交者，卷面记号，虽取列正额，扣除膏火。”[②] 以扣除饭食钱文和膏火形式给予处罚。

针对不应课试的生童，西云书院则如此规定：“无故不应堂课者，即将膏火扣除，只发考列超、特等加奖银两。”[③] 不应试者扣除膏火，以示处罚。

针对课试成绩一连数次名次或等级落后的生童，比如经正书院是如此规定，“所有内课高才生，每课均须考试，不得怠惰偷安，其月课优劣拟请每三课查核一次，如官课一次堂课一次，又官课一次，或堂课二次官课一次，均连次考列外课等内，则是毫无进益，应罚半月膏火银叁两，充公购印书籍，留备官、堂课笔资外，山长奖励诸生之需。必下次考列内课等内，方准补复”。[④] 经正书院高才生连次考列外课，也就是名次落后，罚银三两，以示警诫。

---

① 《云南通志馆征集云南省各县旧日书院资料》，云南通志馆汇辑，民国二十年至民国二十三年抄本，云南省图书馆藏，第 20、47、58、59、79、108 页。

② 《彩云书院条规》，道光十九年刊刻本，云南省图书馆藏。

③ 《西云书院章程》，光绪十八年刊刻本，云南省图书馆藏。

④ 《经正书院条规》，滇南盐署光绪十七年刊刻本，云南省图书馆藏。

总而言之，此处虽然以三所书院为例讨论书院课试三种不良情况的处罚，但从书院共性的角度思考，其他书院的课试，应也有相应的处罚。

四　课艺举例

为更具体而又深入地认识书院课试的出题、应试、评定成绩等环节，现根据《育材书院课艺约刊》一书就育材书院课试优秀八股文的文题、应试生童、课试类型、评定等级名次等，详列于表 4－5 内，以窥探书院课试的实际情形。

表 4－5　　育材书院课试优秀八股文相关情况

优秀八股文文题	应试生童	课试类型	评定等级及名次
无情者不得尽其辞，大畏民志	熊廷权	堂课	超等第一名
富润屋，德润身	李绍阳	堂课	超等第一名
“是故君子有大道”至“以得之”	徐德	堂课	超等第一名
“子曰：弟子入则孝”至“而亲仁”	汤立贤	粮宪课	超等第一名
恶不仁者好仁者	张焕文	堂课	上取第一名
母之年不可不知也，一则以喜	李植	藩宪课	上取第一名
子谓公冶长	车文富	县尊课	超等第一名
子路曰：愿闻子之志	施德昌	盐宪课	超等第一名
伯夷叔齐何人也	杜滐金	藩宪课	超等第一名
“临大节而不可夺也”至“人也”	徐彬	堂课	超等第一名
舜禹之有天下也	曹曙湘	抚宪课	超等第一名
固天纵之将圣又多能也	刘启藩	堂课	超等第一名
然后乐正雅颂，各得其所	周汝源	堂课	超等第一名
“法语之言”至“绎之为贵”	黄中理	抚宪课	超等第二名
善人为邦陌年	赵荣恩	粮宪课	超等第一名
袗絺	倪惟诚	府尊课	上取第一名
“行己有耻”至“可谓士矣”	杜滐金	堂课	超等第一名
“君子易事”至“不说也”	桂梁棻	堂课	超等第一名

续表

优秀八股文文题	应试生童	课试类型	评定等级及名次
是社稷之臣也	张继鲁	堂课	上取第一名
“君子不可小知”至“小知也”	李绍杨	堂课	超等第一名
及席，子曰席也	桂梁棻	抚宪课	超等第一名
“礼云礼云”至“钟鼓云乎哉”	车文富	督宪课	超等第一名
子如不言	阳绍驹	堂课	上取第一名
如得其情	陆金声	堂课	上取第一名
“贤者识其大者”至“之道焉”	范尔昌	堂课	上取第一名
“莫见乎隐”至“慎其独也”	李正芳	堂课	上取第一名
“使天下之人”至“以承祭祀”	赵嘉福	藩宪课	超等第二名
诚者物之终始，不诚无物	周长清	堂课	超等第一名
自北无思不服	倪惟诚	县尊课	上取第一名
“于宋馈七十镒”至“不受是”	李坤	抚宪课	超等第一名
皆曰天下国家	王龙宾	堂课	上取第一名
“道在尔而求诸远”至“天下平”	谢灿	臬宪课	超等第一名
“道在尔而求诸远”至“天下平”	吴源	臬宪课	超等第二名
伊尹耕于有莘之野	杨桢	抚宪课	上取第一名
“彼将曰在位故也”至“在位故也”	李绍杨	堂课	超等第一名
欲贵者人之同心也	张兆桂	粮宪课	超等第一名
其操心也危，其虑患也深，故达	李坤	学宪课	超等第一名
其操心也危，其虑患也深，故达	李棻	学宪课	超等第二名

资料来源：《育材书院课艺约刊》，光绪十五年刻印本，云南省图书馆藏。

从表4－5可知，昆明县育材书院诸生徒所课不但有堂课，也有官课，而官课则有学宪课、粮宪课、抚宪课、臬宪课、县尊课、藩宪课、督宪课、府尊课、盐宪课，也就是上自云南总督、巡抚、学政，下至云南府知府、昆明县知县，大大小小地方官员都在育材书院课试书院生童。其出题多从四书五经中选取段落或语句作为课试文题，与科举考试出题并无二样。由育材书院官课和出题来看，时至明清两代，科举考试已极大影响书院的教学，书院由提倡独立学术精神、追求真知灼见的民间私学，逐步沦为科举制度下的培养未来官员的培训机构。

现在引录表4－5最后一栏李棻所应学宪课而写的官课文章，可更直接地认识云南各书院官课中的科举课。

其操心也危，其虑患也深，故达

李棻

操虑备至，达非偶然矣。

夫操心虑患，不必孤孽亦然，而独有危焉深焉者？达非职是故乎？尝谓晏安中无卓识，困苦中有通才，此非苛论也。事变未审于几先，则心之坦易者，乘以事变而识淆，艰屯未筹于意外，则患之猝投者，历以艰击而才窘。古今来忠也而愚，孝也而愚，人谓其才智不足也，而不知豢酣之境，汩没其性灵者，匪一日矣。不然，达如德慧知术，何以恒存疢疾乎？吾求其故，于孤臣孽子，吾盖窥其操心虑患矣。忠爱之苦衷，岂易见谅于君父。顾求谅而不获谅，其心之忧谗畏讥者，遂有不能不操之势，而防闲之事可想也。家国之变故，岂易潜消其蘖萌？顾欲消而未能消，其患之纷至沓来者，遂觉不能不虑之周，而筹备之密孰测也？

呜呼！何其操之危乎？危则敬畏生，羑里犹颂圣明；危则忧思切，历田时深怨慕。方寸之内，内非棘地荆天，则委曲求全心，遂以磨练而灵明日启，抑何其虑之深乎。深则见机明，忧愤不形于左右；深则审势确，趋避不见于容颜。肘腋之间，时防投抵隙，则隐忍弥补，患遂以潜弭而才智日增。此达之由来乎。

吾因操心虑患而得其故矣。谓聪明必经困塞而生，何以古今智士，不必皆历艰贞？然磨砺在无形，其操心虑患，又何尝敢居安而忘危？狃浅而略深乎，而孤孽则值其阨也。心以操而弥精，患以虑而渐泯，迨至达于义命，而宠辱不惊，达于机宜，而措施皆准。然后叹冰霜雨雪，皆君亲陶熔臣子之资也。此其故身历者，当自知之，谓谙练缘阅历而熟，何以少年老成？亦自洞悉世变，然运用在方寸，其操心虑患，又何尝不转危为安，由浅而测深乎。而孤孽则偏遭其变也。操也危而图谋者远，虑也深而构衅无由。迨至达于经权，而阙廷感悟，达于常变，而骨肉和谐。然后双挫折磨石龙，皆级苍鼓铸英奇之具也。此其故当局者自审之，观此可恍然乎疢疾之说矣。

评语：立意坚卓，措词简贵，略为点窜，便觉滓渣去而清虚来。①

此一育材书院官课文章，其中以起承转合展开写作，符合八股文的写作要求。由此而论，官课科举课即以训练和检验书院诸生徒写八股文为目的，为书院诸生徒参加科举考试做准备。

第三节　书院的藏书事业

书院在修建之时，一般都建有藏书楼，为体现儒家精神，名其曰“尊经阁”。概括起来，一所书院一般有三个核心要素：山长、生徒和藏书。山长是书院的灵魂，生徒是书院的希望，而书院所藏之书则是体现灵魂、实现希望的工具。书院培养人才而储备人才，其途径是通过书院山长的谆谆教诲和诸生徒的刻苦攻读。山长与诸生徒教学相长，山长为诸生徒授课，必须借助于书院的藏书提升自身学识；诸生徒在接受山长教诲的同时，也得通过书院的藏书来扩展知识面。所以一所书院教育的成功，需要学识渊博的山长、优秀的生徒，更需要丰富而专业的藏书。

① 《育材书院课艺约刊》，光绪十五年刻印本，云南省图书馆藏。

一　书院藏书的来源

明清时期云南各地各级书院的修建，主持修建者都重视书院的藏书，拨出专项经费去购买书籍；上自皇帝颁赐图书，下至地方各级官员购买书籍捐献给书院。比如清初云贵总督鄂尔泰来滇重建五华书院时，就十分重视书院藏书，诚如其自称："使者先已置廿一史诸书于院中，学者尚未及读。至是复取架上十三经及周秦以来之书若干部，各用图书印记注之简册，贮之书院，掌之学宫，传之永久。"① 把其自用书籍捐献给五华书院使用。同时，也"购置经、史、子、集万余卷，选士课读"。此外，书院也量其财力拨款刊刻书籍，充实书院藏书。究其书院书籍的来源，一般来自四个方面。

（一）御赐图书

据史料记载，对于明清时期云南各地各级书院，获得御赐图书待遇的只有建于省会的五华书院。五华书院建于明朝嘉靖年间，明末清初荒废，雍正十三年"命各省皆设书院，赐帑金千两"，所以五华书院得以重建。同时雍正皇帝也为新建的五华书院赐书《古今图书集成》一部，共五百二十函，五千一十八本。此部书，为其时最大的一部图书集成，基本包括了古今图书的各个方面，分为六大汇编：历象汇编、方舆汇编、明伦汇编、博物汇编、理学汇编、经籍汇编，其中共有三十二典，六千一百零九部，一万卷。②

御赐图书，虽然所赐图书并不多，仅《古今图书集成》一部，只是一种象征性的表示，但至少表明其时最高统治者的一种态度，表示对书院教育的重视，另外也让书院主持者明白图书在书院教育

---

① 鄂尔泰：《征滇士入书院教》，《滇系》第二十一册《艺文五》，师范纂，嘉庆十三年修，云南官书局据清嘉庆二十二年刻本重刊本。

② 民国《新纂云南通志》卷一百三十四，龙云、卢汉修，周钟岳纂，云南人民出版社 2007 年整理本，第 525 页。

中的重要性，促使书院为书院的教与学努力去添置图书。

（二）购置图书

书院购置图书，其一为官购，一般以书院所在地地方政府官员的名义购置。比如五华书院，雍正九年总督鄂尔泰为五华书院由云南省司库拨款购“经、史、子、集四部，共九千九百四十五卷”；康熙五十七年，巡抚甘国璧也为五华书院由地方政府拨款置书十三部，又续增五十五部；道光六年，总督阮元又置书八部；光绪五年，善后总局购置四十五部；光绪十年，巡抚唐炯置书二部；光绪十三年，总督岑毓英置书三部，学政戴鸿慈置书五部。这些由云南地方官员购置的书，经费应来源于地方政府之司库。①

比如光绪十九年，经正书院创建之初，即“先于经史子集四部，择其尤关切要者，开单采购，存置院中，以为诸生诵法”，即为“制备经史子集各书”做准备。云南布政使司兼护盐法道为修建经正书院事，呈文云贵总督及云南巡抚，其中有言：“已另禀请提银壹千两，开单交同庆票庄，径赴江浙湖北等省采办在案。”也就是说，经正书院购置图书的经费来源于“司库”，即地方政府拨款采购图书给经正书院。②

再如育材书院，其藏书大部分为购置的图书，其中有乾隆二十八年盐法道罗源浩从盐库中提取经费所购置的书籍，有《御制乐善堂集》《三礼义疏》《五华大全》等，共十一部；有道光元年总督阮元所置书，所购的书籍有《十三经注疏校勘记》《经籍纂诂》《学海堂集》等，共五部。③

其二为院购，以山长等书院人士的名义所购置的书籍。比如育材书院，嘉庆二十二年，山长杨桂森置书四部，即《史记》《古文

---

① 民国《新纂云南通志》卷一百三十四，龙云、卢汉修，周钟岳纂，云南人民出版社 2007 年整理本，第 526 页。

② 《经正书院条规》，滇南盐署光绪十七年刊刻本，云南省图书馆藏。

③ 民国《新纂云南通志》卷一百三十四，龙云、卢汉修，周钟岳纂，云南人民出版社 2007 年整理本，第 529 页。

渊鉴》《昭明文选》《二十八种秘书》这些书籍。山长购置书籍，经费应来自书院本身所留有的图书购置费。再如五华书院，其中购置书籍有乾隆“二十七年置书八部，二十八年置书四部，二十九年置书三部，四十六年置书二部”，嘉庆“七年置书三部，九年置书三部，十年置书十九部，十五年置书十二部，二十二年置书六部，二十三年置书八部”，道光十一年置书一部，等等，这几年“置书”并没有像其他数年专门具体地指出所置购的书籍为地方官员，所以大致可排除为官购，应是书院自身或山长所购图书。

其三为公购，应为支持本地书院建设，经公议，以地方公共田产铺面所得租金留拨购置图书。比如镇南州龙川书院，即于光绪十四年获得州人公置图书《古文渊鉴》《滇系》《御批通鉴辑览》三部。①

（三）私人捐赠书籍

其实书院藏书中，很大部分为地方官员及民间人士的私人捐赠。明清云南各地各级书院中，绝大部分都曾接受过私人捐赠的书籍。地方官员及民间人士中，不乏热心地方书院教育事业者，为显名于乡、造福地方，时有捐款购置图书送给书院，或把自己所藏书籍直接捐赠书院使用的行为。

私人捐赠的书籍也可分两种，一种为地方官员私人所捐赠；另一种为民间人士，特别是地方士商所捐赠。五华书院曾接受地方官员捐赠的大量图书，同治十三年署布政使沈寿榕捐置图书《十三经注疏》《二十四史》《康熙字典》《云南通志》等书在内，共达九百三十册；光绪四年巡抚杜瑞联捐置图书《御批通鉴辑览》《钦定全唐文》《汲古阁十三经原注》等书在内，共一千二百五十册；光绪十五年布政使史念祖捐置图书《皇朝经世文续编》、杜佑《通典》、

① 光绪《镇南州志略》卷三《建置略》，李毓兰修，甘孟贤纂，光绪十八年刊刻本。

马端临《文献通考》《皇朝五经汇解》、郑樵《通志》《正谊堂全书》《九朝东华录》等图书。① 同时，五华书院也接受地方商人同庆丰商号老板王炽的图书捐赠，其捐给五华书院《钦定古今图书集成》一部。②

镇南州龙川书院除官购图书和公置图书外，则有一大部分图书来自地方绅士的私人捐赠。现就私人捐赠的图书辑录如下：

> （光绪）二十五年乡宦刘咏唐捐置《十三经注疏》一部、相台岳氏《古本注五经》一部、《今文尚书》一部、《汉书》一部、《后汉书》一部、《三国志》一部、御批《通鉴辑览》一部、《说文》段注一部、《夏小正》一部、《五经集解》一部、《史外》一部、《文献通考详节》一部、《史通削繁》一部、东莱《博议》一部、张天如《史论》一部、《读史论略》一部、顾回澜《历代史总论》一部、《四库全书提要》一部、《书目答问》二部、《五子近思录》一部、《朱子全书》一部、《小学纂注》二十部、《吕子节录》一部、《李一曲》一部、《冰言》一部、《四书翼》十部、翁注《困学纪闻》一部、《日知录集释》一部、《楚辞释》一部、《杜诗镜铨》一部、《文选》李注一部、御选《古文渊鉴》一部、《湖海文传》一部、御选《唐宋诗醇》一部、《八代诗选》一部、《骈体文钞》一部、《律赋必以集》一部、《皇朝经世文编》一部、《古今历验良方》一部、《弟子规》十部、《蒙馆遗规》十部。

① 论到此处，注意“置”与“捐置”的区别。如前所述，在讨论书院书籍来源的购置图书中，所言官购，一般称某些藏书为某某官员所“置”，而此处讨论捐赠书籍中，所言地方官员捐赠，总称某些藏书为某某官员所“捐置”。所以，引述的史料应注意细微区别，所言书籍为某某官员“置”，一般意指为某官员倡议，由地方政府拨款购置；所言书籍为某某官员“捐置”，其意应指为某官员私人捐赠。因此，所言“置”，应指官购，所言“捐置”，应指官员私人捐赠。

② 民国《新纂云南通志》卷一百三十四，龙云、卢汉修，周钟岳纂，云南人民出版社2007年整理本，第526页。

举人郭夒熙捐置《康熙字典》一部。

附贡生张应元捐置《五种遗规》一部。①

龙川书院所获私人捐赠图书，主要来自“乡宦刘咏唐”。所谓“乡宦”即本地人士为官者，其为支持家乡教育事业而捐赠图书，为书院教与学提供便利。光绪二十五年乡宦刘咏唐为家乡龙川书院捐赠书籍，共四十一部。此外，地方读书人也为龙川书院私人捐献图书，举人郭夒熙、附贡生张应元分别捐赠图书一部。

腾越厅来凤书院，由“同知陈宗海捐廉购置群书，束以夹板，藏之藏书楼厨中”。陈宗海捐廉购置的书籍，包括《御纂周易折中》《昭明文选》《十三经注疏》《二十四史》等在内的图书，共四十部，计一千五百一十一册。② 地方官员捐廉购置书籍捐赠书院，应属私人捐赠性质。

（四）刊刻书籍

刊刻典籍，一直是云南部分书院获得藏书的重要途径。据学者研究，如五华、经正、育材三大省会书院，“均先后刊刻过多种书籍上万卷”。③ 刊刻书籍，体现在两个方面：一是以地方官员的名义刊刻书籍，经费来源或由官方拨款或由官员私人捐资；二是书院自身刊刻书籍，经费来源于书院经费结余。

比如五华书院，从雍正年间开始至光绪六年，共刊刻书籍六十七种。据史料记载，其中有布政使刘荫枢、总督尹继善、总督蒋陈锡、学政蒋洞同、学政于广选、迤南道佟景文、巡抚杜瑞联曾刊刻多部典籍存入五华书院；育材书院藏有的《近思录》《学治臆说》《尔雅注》《丁祭谱》等书，为光绪六年巡抚杜瑞联所刊刻；镇南州龙川书院的藏书中，也有光绪八年“督宪刘武慎公颁给”新刊《周

① 光绪《镇南州志略》卷三《建置略》，李毓兰修，甘孟贤纂，光绪十八年刊刻本。

② 光绪《腾越厅志》卷之十《学校志》，陈宗海修，赵端礼纂，光绪十三年刊刻本。

③ 李一是：《清代云南三大书院藏书状况一瞥》，《云南文献》1995年合刊，总第4期，第145页。

易本义》《尚书蔡传》《诗经集传》等书，共六部。[①]

另外，书院为自己筹措经费而刊刻书籍，比如五华书院曾于乾隆三十一年、乾隆三十三年、嘉庆九年、嘉庆二十年、道光四年刊刻多部书籍。[②] 腾越厅来凤书院，也有刊刻书籍存板，其中有《圣谕广训》一部、《腾越志》一部、《科场条例》《弟子规》等书籍存板，随时需要可随时刊印，十分方便。

二　书院藏书个案分析

对于书院藏书的认识与探讨，既可做整体性的分析，也可寻找个案，以某所书院藏书为例深入认识明清时期云南各地书院的具体藏书情况。关于明清时期云南某所书院的藏书，目前史料记载最为完整的是五华书院。五华书院的藏书来源于上述四个方面，为更深入、更具体地了解一所书院内部藏书情况，现就其藏书目录谨录如下。

（一）御赐书籍

御赐《古今图书集成》，共五百二十函，五千一十八本。

（二）刊板书籍

《御纂经书》《周易折中》《书经传说汇纂》《诗经传说类纂》《孝经衍义》《朱子全书》《性理精义》，以上七种奉颁重刊。

《御选古文渊鉴》，布政使刘荫枢重刊；《斯文精粹》，总督尹继善选刊；《万世玉衡录》《臣鉴录》，总督蒋陈锡、学政蒋泂同刻；《明文粹集》，学政于广选刊。

① 光绪《镇南州志略》卷三《建置略》，李毓兰修，甘孟贤纂，光绪十八年刊刻本。

② 民国《新纂云南通志》卷一百三十四，龙云、卢汉修，周钟岳纂，云南人民出版社 2007 年整理本，第 526、529 页。

《四礼》《四礼翼》《孝经注解》《小学纂注》《近思录集解》，以上五种布政使陈宏谋重刊。

《四书闽本集注》《钦定诗文折中》《周易述义》《春秋直解》，以上乾隆三十一年刊刻。

《御制诗初集》《诗二集》《文初集》，以上乾隆三十三年刊刻。

《读书分年日程》，道光三年迤南道佟景文刊刻。

《切问斋文钞》《六书说》《劝士条约》《泰律篇》《石淙诗钞》《关中奏议》《韵字略》《痘疹会通》《云南试牍》《大成礼典》《圣谕十六条》《钦定四书文》，道光刻。

《旧云南通志》《旧云南府志》《孝经衍义》《驳吕留良四书讲义》，以上各板旧存书院，今毁。

《御批通鉴辑览》《周礼精华》《仪礼章句》《孝经注解》《朱子小学》《性理精义》《唐宋文纯》《南诏野史》《古文渊鉴》《养蒙图说》《学案初模》《易经注解》《诗经注解》《春秋三传注解》《书经注解》《礼记注解》《四书集注》《圣谕广训》，以上各书板，光绪六年巡抚杜瑞联刊刻。

《九成宫字帖》（四十三块），嘉庆二十年刻。

（三）捐赠书籍

《十三经注疏》《五华大全》《史记》《汉书》《后汉书》《北史》《梁书》《陈书》《北周书》《元史》《康熙字典》《佩文韵府》《子史精华》《云南通志》《杜诗镜铨》，以上各书，同治十三年署布政使沈寿榕捐置。

《圣谕广训》《御批通鉴辑览》《钦定全唐文》《钦定全唐诗》《钦定授时通考》《汲古阁十三经》《正谊堂丛书》《粤雅堂丛书》《国语》《国语考异》《国语补音》《战国策》《国朝儒林文苑》《史学萃珍》《斯文精萃》《礼乐备考》《文庙祀位考》《阙里述闻》《易古兴钞》《张文忠集》《忠雅堂诗文全集》《兵占秘要》《养正摘要》

《得颐堂范言》《庸吏庸言》《读律心得》《蜀僚问答》《佐治药言》《学治臆说》《相山撮要》，以上各书，光绪四年巡抚杜瑞联捐置。

《皇朝经世文续编》、杜佑《通典》、马端临《通考》《皇朝五经汇解》、郑樵《通志》《正谊堂丛书》《九朝东华录》，以上七部，光绪十五年布政使史念祖捐置。

《古今图书集成》，同庆丰商号王炽捐置。

（四）购置书籍

雍正九年，总督鄂尔泰置经、史、子、集四部，共九千九百四十五卷。

康熙五十七年，巡抚甘国璧置书十三部，又续增五十五部。

乾隆二十七年置书八部，二十八年置书四部，二十九年置书十三部，三十二年置书三十四部，四十六年置书二部。

嘉庆七年置书三部，九年置书三部，十年置书十九部，十五年置书十二部，二十二年置书六部，二十三年置书八部。

道光六年，总督阮元置书八部，十一年置书一部。

光绪五年，善后总局购置四十五部，巡抚唐炯置二部，总督岑毓英置三部，学政戴鸿慈置五部。①

从上述五华书院的藏书来看，其藏书以经史子集为主，但有侧重于经部的倾向，这与科举考试的影响密切相关。虽然如此，但总体上，藏书体现了中国传统文化精神。

再如普洱府宏远书院，“光绪二十三年迤南道陈灿、知府陈宗海、知县谢诗纯率邑绅艾芳馨、李熙廷、李锦元、黎荣清、武职华文龙等倡捐并拨提公款改建”。其书院藏书，现也照录如下：

① 参阅民国《新纂云南通志》卷一百三十四，龙云、卢汉修，周钟岳纂，云南人民出版社 2007 年整理本，第 525、526 页；光绪《昆明县志》卷四《学校》，戴䌹孙纂，光绪二十七年刊刻本。

《御纂周易折中》六十四本，《钦定书经传说类纂》五十五本，《钦定诗经传说类纂》七十二本，《钦定春秋传说类纂》八十六本，《钦定仪礼义疏》一百五十本，《钦定周官义疏》一百二十本，《钦定礼记义疏》一百八十三本，《御批通鉴纲目前正续三编》缩版二十四本，《御批通鉴辑览》六十四本，《御批唐宋文醕》四十三本，《御批唐宋诗醕》二十四本，《钦定四库提要》一百二十本，《钦定渊鉴类函》四十八本，《钦定佩文韵府》二百本，《皇清经解》三百六十本，《皇清经解续编》缩版三十二本，《皇朝经世文编》二十四本，《皇朝经世文编续编》三十本，《皇朝一统图》十二本，《国朝先正事略》十本，《国朝通商始末纪》五本，《九朝东华录》七十六本，《咸丰东华录》二十四本，《五礼通考》一百本，《资治通鉴》一百二十本，《续资治通鉴》六十本，《古文苑集》三十二本，《二程全书》十二本，《陆宣公翰苑集》八本，《日知录》十六本，《史通通释》八本，《七种纪事》五十本，《海国图志》十六本，《大学衍义》六十本，《说文通训》二十四本，《马氏绎史》三十二本，《说文通检》一本，《困学纪闻》十二本，《沈选唐宋八大家文》十六本，《瀛奎律髓》十二本，《水经注》十六本，《古经解汇函》二十本，《名家文详说》二本，《范家集略》四本，《牧令全书》八本，《百子全书》一百十本，《正谊堂全书》一百六十本，《子史精华》四十八本，《宋元学案》四十八本，《经籍纂诂》二十四本，《呻吟语》四本，《练兵实纪》六本，《周馆诗赋》八本，《说文引经考》二本，《文选集评》十六本，《阮刻十三经注疏》一百四十本，《读史兵略》二十四本，《历代名臣言行录》十二本，《廿四史》二百九十二本，《纪效新书》四本，《国语国策》八本，《汉魏六朝百三家集》一百二十本，《八家四六文》六本，《东莱博议》二本，《历代史论》六本，《陆清献公四书义》六本，《英字指南》六本，《同文馆算学》四本，《时事新编》六本，《时务丛抄》八本，《格致精华录》四本，《瀛寰志略》四本，《胡文忠公全集》八本，《彭刚直公奏议》四本，《五大洲述异记》四本，《钱南园先生遗集》二部四本，《中外时务新策》四本，《格致启蒙》四本，《格致书院课艺》十三本，《精选中外时务文编》二十本，《万国公法会通》二本，《时务新书八种》六本，《京师大学堂章程》一本，《洋务用军必读》二本，《九数通考》五本，《时下奏议》一本，《奏疏录要》二本，《读史三才略》一本，《法字入门》一本，《无师自通英语》一本，《英语问答》一本，《英话注解》一本，《英字入门》一本，《平定粤匪纪略》六本，《天文地学歌略》一本，《校邠庐抗议》二本，《水雷秘要并图》《兵船炮说附炮操法》《水师操练附图》《行军测绘》《防海新论》《御风要术》共计十二本。《算学启蒙》《行素轩算学》《恒河沙馆算学》共六本，《滇系》四十本，《教谕语节抄》二十四部，《先正遗规》。二本，《自得斋易学》三本，《古文渊鉴》四十本，《理学宗传》十二本，《纲鉴正史》约十九本，《朱子小学》四本，《续墨谱名文》二本。谨案：以上各书均光绪二十三年筹款购置。①

宏远书院改建于光绪二十三年，书院藏书也购置于光绪二十三年。光绪二十三年，也就是1897年，维新变法正如火如荼地在全国开展，远处西南边陲的普洱府也难免不受影响。就从宏远书院的藏书来看，这种影响是存在的；宏远书院藏书，已经可以看到近代的因素。其藏书，有关于世界历史地理的书籍：《瀛寰志略》《海国图志》《五大洲述异记》等，有关于外国语的书籍：《英字指南》《法字入门》《无师自通英语》《英话注解》《英字入门》等，有涉及近

① 光绪《普洱府志》卷之二十四《学校志》，陈宗海修撰，光绪二十三年重修刊刻本。

代科学的书籍:《同文馆算学》《格致启蒙》《天文地学歌略》《算学启蒙》《行素轩算学》《恒河沙馆算学》等，还有许多近代军事方面的书籍:《水雷秘要并图》《兵船炮说附炮操法》《水师操练附图》《行军测绘》《防海新论》等，更有许多与维新变法相关的书籍:《时事新编》《时务丛抄》《中外时务新策》《精选中外时务文编》《万国公法会通》《时务新书》等。这些图书是五华书院的藏书所没有的。比较完整的记载五华书院藏书的《昆明县志》刊刻于光绪二十七年，也就是1901年，晚于记载宏远书院藏书的《普洱府志》(该方志修于光绪二十三年)，但五华书院却不见具有近代因素的图书。其中原因，可能是五华书院建于明朝嘉靖三年（1524），已将近四百年，传统因素太重，难以接受近代事物，所以从所藏书籍来观察，难以看到近代的影响；而宏远书院改建于清末维新变法时期，在一定角度上而论就是近代维新变法的产物。

当然，上述两所书院的藏书主要是中国传统书籍经史子集四部。这两所书院的藏书目录至少也反映出两个特点:（一）书院藏书与书院教学目标一致。如前所述，书院教育发展到清代，官学化已十分明显，并逐步与科举制度相联系。绝大多数书院实质上是科举考试的培训学校，书院教育其实最突出的就是学写八股文（这一问题后面还要具体分析），书院教学目标就是培养科举应试人才。所以，书院藏书也就是为这一教学目标服务，具体到云南上述两所书院的藏书，其藏书最多的是为科举考试提供参考的经部书籍，因为科举考试以四书五经为考试内容的核心。（二）书院藏书随时代而有所变化。明清两代的云南书院，既承载着中国传统文化的血脉，又遭逢近代西式文化的冲击。所以具体落实到书院藏书方面，有些书院藏书一直仅是中国传统图书，有些书院则在大量藏有传统图书的基础上，开始收藏近代图书和可以了解西方文化的图书。云南明清书院藏书既可看到传统的根深蒂固，又能感受到近代的气息。如果说中国的近代从中英鸦片战争开始，那么云南书院藏书正好表现出传统书院的近代某些转变。这也说明两个问题：一是某些传统书院并不排斥近代因素，近代因素可以见容于传统书院，恰恰体现中国传统的海纳百川的精神；二是传统在吸收近代因素，传统也容纳了近代，而不是一定要为进入近代而反传统进而毁灭传统，新造一个没有传统的近代，这正是胡适先生所提倡的“旧瓶装新酒”。

三　书院藏书的收藏、借阅管理

关于明清云南书院藏书的管理，目前所掌握的史料比较少，重建书院藏书管理的真实情形似有困难。据光绪十年刻印的《金华书院藏书目录》中所附《收藏阅钞章程五条》，大致可知书院藏书的实际情形，在此亦谨录于下：

> 此次置书，经史子集，约共六千二百余卷，置买载运，已属不易，而藏弆尤难。现商诸士友，为大木厨二，于书院之藏书楼中，分类庋置，厨各有锁钥，交付在院肄业之学长二人，优给膏火，轮替经管，以时督视看伺，料检曝晒，稽核借还。
>
> 积书固所以供学子诵读也，然须明定章程，方能久远。兹议岁置借、还账簿各一本，交两学长收存。凡在院肄业诸生借阅借钞，先禀山长，然后检付在院阅钞，不得携书出院。学长即记于借簿，曰某年月日某生借某书某部某卷，无污损。及还时察无污损、收存后，复记于还簿，仍将借簿所记注销。其借书之限，每百篇书，约以十日为率，届期不还，即指名著看伺追缴。如有遗失损坏，即禀山长，责令借者买补，或估赔书价，由公另买补足。不在院者，概不借与，以归画一。年终交代，照目录检查一次。为学长者，务须秉公经理，切勿稍涉瞻徇，以防损失。
>
> 书每卷首尾两页，先已分别某姓捐者，即钤盖某姓捐置金华书院同阅图记，余页钤盖金华书院藏书图记，所以防人换易，

且戒掠美，非敢自炫也。阅者谅之。

读书之法，前哲皆有程式，近时张香涛制府所著《輶轩语》《书目答问》二书，分晰条理，指示门径，尤为简切。坊间皆有其书，所愿邑之佳子弟，人置一编，循途抉奥。守己则义利必辨，讲学则汉宋毋分。体用兼赅，华实并茂，上副朝廷作育之雅，下培乡闾礼让之休，又不仅望里为冠盖已也。

藏书中经史子已略备矣，惟集部无多，余意欲再购：《经籍纂诂》《大学衍义》《大学衍义补》《松阳讲义》《朱子全书》《资治通鉴》《御批通鉴辑览》《续资治通鉴》《文献通考》《圣武记》《东华录》《满汉名臣传》《皇朝经世文编》《国朝先正事略》《四库简明目录》《寰瀛志略》《海国图志》《文选》《汉魏六朝百三家集》《古文辞类纂》《御选唐宋诗醇文醇》《采菽堂古诗选》《五朝诗别裁集》，以及有裨举业诸书，钦定四书文、制艺、灵枢、列科、馆课、诗赋之属，补其未备。一时力薄，耿耿于心，拟俟陆续再置，倘邑中有力好义之君子，出而弥此缺陷焉，则幸甚矣。①

此五条章程，实质上主要包括图书收藏管理和借阅管理两个方面的内容。另在记载腾越厅来凤书院藏书的《腾越厅志》中，也透露了藏书的管理要求："同知陈宗海捐廉购置群书，束以夹板，藏之藏书楼厨中，责成管事经理，每夏月学长须检点晒晾，以免朽蠹，切不可外移出院，致令简册散佚，并将书名卷目备纪于左。"②

从这两段记载来分析，至少透露出传统书院藏书管理的三个重要方面：

（一）在藏书设施方面，一般书院修建了藏书楼，制作了藏书橱

① 《收藏阅钞章程五条》，见《金华书院藏书目录》，光绪十年刻本，云南省图书馆藏。

② 光绪《腾越厅志》卷十七《艺文志》，陈宗海修，赵端礼纂，光绪十三年刊本。

柜。书院修建，规模较大之书院一般为书院藏书专门修筑了藏书楼，有时美其名曰“尊经阁”。这也往往是一座书院的核心建筑之一。规模较小之书院则专门设有书室或书斋，用来藏书。光绪八年，同知陈宗海在腾越厅做官，有感于该地文教未兴，建成书院一座，名曰来凤书院，其中捐廉修藏书楼，“新建正房书楼三间”。[①] 再如云南蒙化府，其崇正书院建于明弘治年间，后“倾圮”残破，嘉靖年间通判吴绍周捐资修葺，新建尊经阁，改名明志书院，明末该书院荒废。清乾隆年间又重建，重新修建“厨库书室”。[②] 藏书楼一般建于书院中心，便于学生去借阅抄录图书。大理府所辖宾川州，其秀峰书院由知州朱官主持建于嘉靖二十三年，据该书院碑文中记载：“甲辰八月，乃复作书院，十二月乙丑书院成，中为楼，以藏书，名尊经阁，以备制也。”[③] 藏书楼，名为尊经阁，建于秀峰书院中心地带，借书更为便利。藏书楼房建成，为收藏图书，一般制作橱柜，配有橱柜钥匙锁好书柜，在借阅时打开。

（二）在图书保管方面，由书院学长或书院管事负责管理，掌管橱柜的钥匙。金华书院由两位在院肄业之学长轮流掌管藏书，负责具体的图书保管；来凤书院则由书院管事负责“经理”，学长负责图书的具体保管，分工合作管理图书。具体而论，由书院学长负责清点图书，编制书目，分类保存。与此同时，要求学长时常把图书搬出藏书楼，在日光下晾晒，保持图书的干燥和洁净，以免被虫咬坏或腐朽而毁坏。此外，为了防止图书被人“换易”，比如金华书院的图书，首尾两页则分别加盖“某姓捐置金华书院同阅图记”和“金华书院藏书图记”。

（三）在图书借阅方面，书院生徒借阅时，必先经山长同意，借

① 陈宗海：《重建来凤书院碑记》，光绪《腾越厅志》卷十七《艺文志》，陈宗海修，赵端礼纂，光绪十三年刊本。

② 民国《蒙化县志稿》卷二《学校志》，李春曦修，梁友檍辑，民国八年铅印本。

③ 李元阳：《秀峰书院记》，康熙《大理府志》卷二十九《艺文》，黄元治修纂，康熙三十三年刊本，民国二十九年重印本。

阅的图书只能在院内阅读，不得带出书院，以免图书丢失；非院内生徒，不能借阅；书院每年置借书登记账簿和还书登记账簿各一本，书院生徒借某书时，则在借书登记账簿上登记，注明“某年月日某生借某书某部某卷”，也注明某书某部某卷借出时“无污损”；还书时，首先“察无污损”才能退还收存，并且记入还书登记账簿中，借书登记账簿中原有记载进行“注销”。如有污损或丢失，禀告山长，责令借阅者或者买来补足，或者按书价“估赔”，再由书院买来补足。另借书期限，规定“每百篇书”，一般可借阅十天即要归还，如果“届期不还”，即列出借阅不还者姓名，安排看伺去“追缴”。

上述三个方面，实际对图书的保存、维护、借阅要求、分类编目等几个图书管理的核心方面做了相关规定，其中在图书借阅方面则规定得特为细致。当然，总体而言，与近代图书管理制度比较，规定显得简略。虽然如此，但立于“了解之同情”的态度去理解历史，而不苛求于历史，光绪年间的书院图书管理章程，其中如此细致的规定，与近代图书管理制度再比较，也许已是近代图书管理制度的雏形。

第五章

书院与云南文化教育的发展

从明代弘治年间苍山、崇正等书院的创建，至清代在云南各地，包括边远少数民族创办书院，书院对云南文化教育的发展影响是深远的。下面就这一问题开展论述，以加深我们对明清时期云南书院的认识。

第一节　明代书院建设与王学入滇

在本书第二章中，对明代云南书院的建设进行考证得知，整个明代云南共建 78 所书院，除在大理、昆明等受中原文化影响较早较深的地区外，在部分相对比较偏远的景东府、元江府也建有书院，中原文化尤其是儒家文化也借书院进入云南各地，包括偏远地区或少数民族地区。书院在云南的普遍建立与中原文化尤其是儒家文化在云南的传播，具有直接的关系。此处以明代王阳明心学思想在云南的传播视角，探讨云南书院建设与儒家文化在云南的传播关系。

明朝中后期，王阳明心学逐步在全国各地传播，其传播的途径在一定程度上就是借助于书院，通过创办书院和在书院讲学，王阳明及其弟子把心学思想传播至各个地方。现立意通过讨论云南书院在明代的普遍建立与中原文化尤其是儒家文化的关系，并以王学入滇的视角来集中论述，阐明明代云南书院的创办在一定程度上推动了云南文化教育的发展这一观点。

据记载："正、嘉之际，王守仁聚徒于军旅之中，徐阶讲学于端揆之日，流风所被，倾动朝野。于是缙绅之士，遗佚之老，联讲会，立书院，相望于远近。"① 由此可知，正德、嘉靖年间全国各地书院建设进入鼎盛时期，部分原因与王阳明等学者倡建书院以聚徒讲学有关。王阳明经"龙场悟道"，创立心学思想体系。此后王阳明通过创办书院讲学，使其心学思想流于四方，"风靡天下"，弟子门人遍于国中，影响所及，也达于云南边地。

罗汝芳，人称近溪先生，年少时师从阳明后学泰州学派颜钧，为阳明再传弟子，得泰州学派之真传，为泰州学派代表人物，提倡以"赤子良心"去"体仁"。万历年间出任云南屯田副使，后"进参政，分守永昌"。② 据《永昌府志》记载："罗汝芳，字惟德，江西南城人，万历间任云南屯田副使，署金腾兵备道事，开永昌沙河，灌田数千余顷，至今民享其利。"③ 除事功外，罗汝芳在滇五年，更热衷于讲学，宣讲阳明后学泰州学派之思想，其中在云南府五华书院讲学，著有《明道录》一书，书中同游者郭斗所作序言描述了罗汝芳在滇讲学活动，其中有言："万历甲戌冬，公始以副宪来滇，再得会公于滇中。公学益精，力益勤，而从游者日益众，欲倡道西南。会同野李公继至，与公同志，又合并晹谷方公、西岩顾公、禹江张公、渐江张公、一水陈公诸君子，讲学五华书院，日孜孜不倦。诸生不惟得领诸君子文学之教，其所熏陶培养者多矣。"④ 罗汝芳在滇讲学，从游之徒日益广集，会同更多"同志""君子"讲道五华书院，"孜孜不倦"，受教者众多，由此可知罗氏在滇讲学盛况。阳明后学罗汝芳借五华书院传播阳明心学，阳明心学由此可得入滇矣。

---

① 《明史》第二百三十一卷，中华书局 1974 年版，第 6053 页。

② 同上书，第 7276 页。

③ 光绪《永昌府志》卷三十四，刘毓珂等纂修，光绪十一年刊本。

④ 郭斗：《刻近溪罗先生会语叙》，《罗汝芳集》，凤凰出版社 2007 年版，第 938 页。

此后，罗汝芳在云南昆明州海春书院、楚雄府龙泉书院、永昌府某书院、腾越州凤山书屋讲学，宣扬阳明心学，认为“制欲”并非能致良知，“家邦天下咸归乎仁”，提倡“体仁”才可达“良知”之境，如此，“人人皆可以为尧舜”。[①] 如在楚雄府龙泉书院，罗汝芳讲学时之盛况则有如此记载：“楚雄分巡毕，公（罗汝芳，笔者按）偕郡邑，邀会于龙泉书院，父老子弟，群然而集。时见诸声歌，间以钟鼓，堂上下雍雍如也。”有感于楚雄读书人的热情问学，即启示“士子”质疑辩难，其中从《中庸》“天命之性”论起，罗汝芳认为“心之宁静”为“天命之性”，也就是说人心本是宁静的，并不需“闭户静坐”方可达到人心之宁静，他说：“天命率性，道本是个中庸，中庸解作平常，固平常之人所共由也，且须臾不可离，须臾不离，固寻常时刻所长在也。”[②] 宁静之人心本来就“长在”的，只是没有体验到人心之天性即为“宁静”，才枉费工夫去“闭户静坐”，寻求心之宁静，这是“骑驴觅驴”一样的道理。在永昌府某书院讲学，当诸生童向罗氏请教做圣贤的方法时，罗汝芳说：“圣人去我已远，其方从何而觅？所立五经四书，即其方也。”然而，罗氏指出“看经书者”的弊病是对于“自己性命”却“了无相干”，即如孟子所言：“放其心而不知求，哀哉！”读圣贤之书固然重要，更重要的则是用心去体验，这才是真正的成圣贤之道。[③] 罗氏认为“故善读书者，既知详悉于章旨，更当统会于自身”，心得之才为真正读书，否则如“说食者，虽详明其种艺根苗，而滋味不曾入口”，如“说衣者，虽悉晓其纤纴丝缕，而和暖未曾著肤”，纵读万卷圣贤书，心

---

① 参阅《语录汇集类》，见《罗汝芳集》，凤凰出版社 2007 年版，第 147—183 页。据记载明代永昌府书院有二：一为保山书院，一为见罗书院，《语录汇集类》中没有明确是在哪所永昌府书院中讲学；在《语录汇集类》中称为凤山书屋，据考证此时腾越州有凤山书院，凤山书屋是不是凤山书院，有待进一步的考证。

② 《语录汇集类》，见《罗汝芳集》，凤凰出版社 2007 年版，第 171 页。

③ 同上书，第 172—173 页。

无体味即无益。[①]

借书院而传播阳明心学，自然也推动书院在云南的创建。如李元阳《明志书院记》中所言，主持重修明志书院者胡绍周，为湖南长沙人，“弱冠游岳麓书院，其于阳明先生之学，目击而心唯，气感而机悟，故其历官所至，以讲学著闻，虽尝以此龃龉于时，然其浩大之气，直方之名，卒亦因是而显于乎”。胡绍周游学岳麓书院得阳明之学，以“讲学著闻”，因蒙化府旧有之书院“历岁既久，倾圮殆尽”而重建增修，名曰明志书院，于是胡绍周“乃升讲堂，布师席，以平日所闻于师者，铺张而扬历之”，诸生“枢衣问难”，“公亦忘倦，自是盖朝往而夕忘归焉”，胡绍周借书院以阐明阳明心学，亦因宣扬阳明心学而积极修建书院。[②] 云南书院之建设与阳明心学入滇之密切关系明矣。

除了胡绍周，还有更多来云南做官者，也在倡议修建书院，也总会寓阳明心学于立书院之宗旨中。王尚用，江西安福县人，嘉靖二十七年“承乏守寻甸”，出任寻甸府知府，倡议重修萃华书院，在其所作书院记中，认为：“致治莫先于立教，立教莫先于明伦，然必诚心举，行斯乃实迹显。”一切事功最终归结为“诚心”，诚心即可“实迹显”，建书院即蕴涵倡明心学之意，应无疑义。[③] 黄琮，山东海阳人，万历三十七年“督学于滇”，倡议重修五华书院，为之记，其言曰：“故文之于学，宇宙之日月灯光也。文斯辨辨，而后不可欺，而后可责以不自欺，不自欺则诚，诚之至，圣之至也，学之事尽矣。”《大学》有言“欲正其心者，先诚其意”，意诚则心正，诚则“圣之至”，则“学之事尽矣”，其意则为心正、意诚即是学，意味着只需“诚”，再无须去探寻其他方面的“学”了。黄琮倡修五

① 《语录汇集类》，见《罗汝芳集》，凤凰出版社 2007 年版，第 155 页。

② 李元阳：《明志书院记》，万历《云南通志》卷八，邹应龙等修，李元阳纂，明万历四年刻本。

③ 王尚用：《建萃华书院记》，嘉靖《寻甸府志》卷下《艺文十七》，王尚用修撰，宁波天一阁藏明嘉靖刻本，上海古籍书店 1963 年影印本。

华书院，宣扬阳明心学之意亦不言而喻。①

除了阳明后学入滇宣讲阳明之学，更有云南本地学者在内地做官，深受阳明心学的影响，归乡后参与书院的创建，致力于阳明之学的传播。李元阳即为其中之一。李元阳，号中溪，云南大理人，白族史学家、思想家，嘉靖五年进士。其一生中常与阳明弟子交游，书信往来，由此深受王阳明心学之影响。李元阳在京为官时，即与阳明弟子王龙溪交游，在《再答王龙溪》一信中写道："都门分手，忽复二十六秋。"② 信中流露出思念之情，说明李元阳与王龙溪同在京为官，多有交往，其中难免不切磋学问，讨论王阳明心学。李元阳在致另一阳明弟子罗念庵的信中，更反映其对阳明心学的敬慕，其中所言："读《冬夏游》一记，见诸公倡明道学于湖海上，羡慕无已，恨不奋飞，一领謦耳。"③ 此信中，李元阳彻底流露出对阳明心学的推崇。李元阳自撰《心性图说》寄给罗念庵，恳请罗之指点。罗念庵在回信中肯定了李元阳心性之学，"心性图并诸说""皆极精密"，读之"受益受惠多矣"；同时也提出自己的一些看法。④ 再据其与罗念庵的另一封书信可知，嘉靖三十六年，罗念庵之弟罗求庵到云南大理做官，李元阳即向其求教阳明心学，其中所言："阳无以尝从海内士后，钦仰道望，竟不获一睹光仪，一聆绪论，以为恨。屏居二十年，无日不往来胸臆也。忽得求庵尹君来令敝邑，知其为翁弟，窃自庆幸，以谓私淑有地。"⑤ 李元阳内心已服膺心学，自认为王阳明心学派的私淑弟子。确实，李元阳在与阳明弟子的交往当中，自然而然地受到阳明心学之影响，著《心性图说》阐述其对阳

① 黄琮：《修建五华书院记》，天启《滇志》卷二十，刘文征纂，明天启五年本，北京大学图书馆藏抄本。

② 李元阳：《再答王龙溪》，《李中溪先生全集》卷十，民国元年刻本。

③ 李元阳：《与罗修撰念庵》，《李中溪先生全集》卷十，民国元年刻本。

④ 罗洪先：《答李中溪（庚申）》，《罗洪先集》，凤凰出版社 2007 年版，第 338 页。

⑤ 李元阳：《再与念庵》，《李中溪先生全集》卷十，民国元年刻本。

明心学的理解，并与阳明后学交流心得。①

嘉靖十九年，李元阳辞官回到云南家乡，在大理建立讲学之地，讲授王阳明心学。据《大理县志稿》记载："明嘉靖间，李太史中溪先生于治城西北隅构建院楼各三楹，翼以两庑，久为邑人士修学之地。"② 虽未明确以此建成书院，但已成"邑人士修学之地"。与此同时，李元阳关注云南各地书院建设，常借为各地所修书院撰写书院记时，把倡导王阳明心学之意旨寓于其中。嘉靖年间蒙化府的明志书院、大理府的桂林书院、宾川州的秀峰书院，隆庆年间剑川州的金华书院都有李元阳撰写的书院记传世。比如蒙化府通判胡绍周重修已"倾圮"的崇正书院，在改名为明志书院时，李元阳即写有《明志书院记》，记中以明志为论述起点，阐述阳明心学宗旨："且夫志也者，心之诚也。心之出入，无乡而能制之。使内不出外不入者，惟志而已。"由心与志的紧密关系阐明心学之要旨在"诚"，由此强调个人修养之重要，以明"致良知"之宗旨。李元阳借修建书院撰写书院记时，不失时机地传播阳明心学。

总而言之，一方面，借助书院以宣扬阳明心学；另一方面，又因传播阳明心学，宦滇者及受王学影响的云南本地学者也积极倡导修建书院，相应促进了云南书院的建设。也就是说，嘉靖之后，云南书院的普遍建立与王阳明心学在云南的传播应有一定的关系。

第二节　清代书院人才与云南文化教育的发展

据史料记载，云南书院教育确实为云南培养了许多人才，由此推动了云南文化教育水平的提高。就目前掌握的史料来看，明代毕

① 参阅李元阳《李中溪先生全集》卷十，民国元年刻本。

② 民国《大理县志稿》（二）卷七，张培爵修，周宗麟纂，民国五年铅字重印本，中国方志丛书第二五五号，（台湾）成文出版社 1967 年影印本。

竟距今久远，留下来的关于云南书院教育培养人才的具体记录并不多，而清代相关方面的资料相对具体丰富，现主要以清代云南书院教育培养的人才情况为主展开论述。

一　清代书院在云南普遍建立

书院建设扩展至边远偏僻之地。清代书院建设与明代的典型区别是，书院建设一改明代书院建设相对集中于几个中原文化影响较早较深地区的状况，而扩展至边远偏僻地区。如前所述，明代书院主要分布在十二府的七府、八军民府的七府之中。其中十二府中的广西、广南、顺宁、永宁、镇沅五府不见有书院建设的记载；八军民府中的丽江也不见有关书院的记载。其他如州三：北胜、云州、新化（云州后属顺宁府，新化后属临安府）；长官司一：者乐甸；另有羁縻之府二，宣慰司六，宣抚司三，州四，长官司一等地区，此更为中原文化影响弱的边远偏僻地区，根本不必论有书院建设。

但在清代，书院建设规模远超明代，更重要的是，清代书院建设普及云南行省所辖的14府4直隶州4直隶厅，其中明代云南行省所辖的十二府中没有建有书院的广西、广南、顺宁、永宁、镇沅五府，在清代，广南府建有书院2所，顺宁府12所，广西府已改为直隶州，建有书院11所，镇沅府改为直隶州，建有书院2所，永宁府改为永北厅，建有书院4所。明代没有建有书院的军民府丽江，在清代即为丽江府，建有书院7所。连直接由云南行省管辖的三盐井，黑盐井建有书院3所，琅盐井为1所，白盐井为4所。总体而言，清代云南行省除了云南、大理、临安、楚雄四府，所建书院数量略多于其他各府州厅外，其他各府各直隶州各直隶厅所建书院数量上已相差不远。可见，清代云南书院建设已遍及所辖各地区，边远偏僻地区也已建有一定数量的书院。

书院在云南各地区普遍建立，自然推动云南各地区文化教育的发展，培养的人才影响了云南的各个领域，尤其对云南各地文化教育的建立与发展产生促进作用。

二　清代书院人才与云南文化教育的建设与发展

据所掌握的史料，云南书院教育确实为云南培养了各类人才。现就以史料为依据，将清代各书院培养的人才列为表5-1。

表5-1　　清代云南书院培养的有代表性人才统计

书院名称	所属府州县	代表性人才名录
五华书院	云南府	进士杨国翰、池春生、戴炯孙、李于阳、戴淳
育材书院	昆明县	车文富、汤立贤、冯思永、周长清
经正书院	云南府	经济特科第一名袁嘉谷、李坤、席聘臣、秦光玉、张学智、陈度、孙文达、吴良桐、蒋谷、熊廷权、宋嘉俊
扶雅书院	罗次县	张映宿、张翀、胡步瀛、吴宗孔、胡春熔、石应瑞、李春生、汪朝宗、王允斌
桂香书院	昆阳州	进士汤曜、举人宋藩、副贡李毓秀、吴汝霖、廪生张有功、冯克明、拔贡黄元吉
桂香书院	易门县	董芳、高德富、吴贞祥、朱秉善
玉屏书院	石屏州	陈庚明、陈毕明、张思敬、朱炳册、高玮、张舜琴、张瀛、李家凤、丁逢庚、张世勋、旃玮、朱光、后重贤、袁嘉谷、苏慈、陈钧、何述曾、孙松森、许世芳、胡商彝、王建中、张儒用、王儒端、丁兆冠、张湝、雷恩溥、毛怀文、陈宗彝
灵泉书院	阿迷州	举人林雨欣、王开元、张汝南、胡治尹、顾廷相、杨以义等，廪生周泽南、尚嘉会、杨家彦、李开运、尚长庚、杨以仁、邹以铨、尚运昌、林钟英等
螺峰书院	河西县	举人常绍先、拔贡王培英、举人张联芳、举人王东周、拔贡杨学礼
观澜书院	蒙自县	亚元尹仲杰、举人王鸿浩、举人周允徽、拔贡王绵心、举人李伯昌、进士杨增辉、举人杨巨涵、解元杨炳炎、举人马宽厚、举人李淇园、举人李馥园、知县周子荫、内阁中书闵道、陆军部主事王继林、拔贡汤鼎新、优贡邓和祥、举人李凤元、优贡侯来宾、岁贡王锡昌、拔贡周子庄、拔贡段葆真、拔贡李文洋、藩库大使张琼林
龙川书院	镇南州	举人郭燮熙、李毓森，拔贡王祯、吴尚友等
凤山书院	河阳县	贡生洪云程、吴鹤、张文星、张儒宗、吴崇义，法部主事李增，举人张鑫，拔贡李家珍，廪生施善政、张天福
钟秀书院	江川县	唐淮源、李志忠、杨灿星、赵书翰、何钟英、龚树丛、邓树泽、陈见龙、陈天德、陈天骏、陈天夔、王延龄、李泽鸿
敬一书院	路南州	进士徐琦、段琦，举人施道治、缪嘉言

续表

书院名称	所属府州县	代表性人才名录
文昌书院	缅宁厅	杨恩锡、欧阳秉彝、杨宗本、赵凤彦、邱灏、杨子嬰、蔡鉴堂、邱淳
同仁书院	缅宁厅	何自然、彭寓俊、杨万年
龙门书院	缅宁厅	廖鼎卿、廖鼎高、邱廷和、邱廷宽、彭联升、彭联举、黄成章、尹谅、杨炬锟、周继美
凤梧书院	寻甸州	经元刘增，拔贡张连芳，县知事张槭成、汪锡龙、汪钰龙，恩贡黄朝质，岁贡黄朝士，廪生李世楠、张连科、杨道清
玉河书院	丽江府	诗文家马之龙、李玉湛，经学家木增
天鸡书院	丽江府	寸一宇、李瀛魁、李寇春、李斌铨
博南书院	永平县	苏雨时、马学易、薛松平、陈师虞
开文书院	开化府	进士延福、李熙文、邹毅洪、向昌甲，举人王炤、向丹纶、解佩文、陈昌龄、刘中鹤、李熙臣、吴树槭、张连浦、陈价
五莲书院	永善县	举人胡大章、范丹崖、凌华章，贡生葛奎元、李维德，兵部侍郎聂培湖
钟秀书院	广西州	太史何彤云、举人缪云章
丹凤书院	师宗县	马安礼、周辅宸、徐绍祖、李映昌
桂香书院	元谋县	赖春荣、陈泗源、杨春源、陈金源、雷发扬、张诘、杨惟清
龙江书院	黑盐井提举司	杨时待、时亮、时翔、时发、重六、张焯、杨炜、何廷夔、营仁武、祖之铭、龚自强、李宗贤、兆恒、杨承恩、段承训、施承吉、杨登甲、李锡绶、杨润章、李辅清、永安、莫予先、杨承绪、张致和、协和、锡璜、绍伟
龙吟书院	白井提举司	进士甘美、进士李天骏、翰林甘守先
桂香书院	直却县	廪生才怀德、杨泽培、张发先，增生姚熺、黄正荣
郁文书院	盐津县	贡生罗尚乡、岁贡段彦臣、少将陈铎
开南书院	景东厅	举人高寿、张朝宪、刘贤、杨仕汉、罗一甲、杨汝堂、杨启昌，进士刘体舒、李灏、翰林院编修刘崐、巡抚侍郎程含章、曹鹤鸣、涂耀龙
凤鸣书院	永北厅	翰林刘慥，进士黄恩锡、何现龙、杨嵘、谭精品、谭精明、谭钺、谭震
山天书院	南安州	赵炘、赵钟泰、赵之城、赵槐、苏致芳、王文汉、王世昌、叶钟和、尹永祚、李玉孙、李济
萃秀书院	嶍峨县	徐玉山、董汝翼、董汝明、王世德，举人董乃麟、优贡周德容、知事徐为邦、知事程宗孔、县长徐德璜、拔贡周兴烈、拔贡王绍汤
凤鸣书院	普洱府	举人黎荣清、吕志伊，翰林刘钟华、贡生涂达伦、教育局长赵家珍、庠生张开泰、吴志学、黎荣石、罗之纪，省议员白光文、许景，县长段体全等

续表

书院名称	所属府州县	代表性人才名录
来凤书院	腾越厅	李根源、王家士、革孚言、李德沛
曲阳书院	南宁县	孙光庭、解安澜、窦汝珍、窦维藩、朱兰、李尊先、路安衢、孙尔炽、孙念曾、孙宪曾、喻怀信、孙天秩、曹钟英、刘宗泽、李箴贤、喻怀诚、何辰朗、杨本濬、高仰、汤增美
澧江书院	元江县	县长刘乾义、何文选、杨丛桂、胥儒林，县知事关景曦、胡秉彝、刘奎光、刘壁光、夏鼎新，巡检刀兆瑞，训导彭松森，拔贡何望霖、附贡生周维蕃

资料来源：《云南通志馆征集云南省各县旧日书院资料》，云南通志馆汇辑，民国二十年至民国二十三年抄本，云南省图书馆藏。

表5－1为清代云南部分书院培养的代表性人才。从中可知，云南各地所建各类书院为云南各地培养了各类人才，参与云南文化教育的建设，共同推动云南各地文化教育的发展。此处我们以个案来阐述这一问题。

钱用中，1864年生于云南晋宁州，1891年入经正书院学习，深得山长许印芳的赏识，并于同年中举，其间著有《政学录》一书。维新变法后出任普洱府宏远书院主讲。1902年钱用中奉命创办普洱中学堂并被委任为该校总教习。于1904年委派往日本宏文学院学速成师范，1906年学成回国，前后出任学务处学绅、云南提学使司实业课长，省教育厅总务课长。此外，其还担任云南第一份日报《滇南钞报》记者，以文笔犀利闻名报界。民国时期，其致力于云南地方教育，曾任云南省教育厅总务课长、经费稽核委员、省教育会干事、省师范学校校长等职，为师范教育、边疆民族教育及云南教育经费独立等工作而努力。此外，钱用中也致力于云南文化事业，参与创办《云南日报》，经努力于宣统二年元月一日创刊出版。

秦光玉，1869年生于云南呈贡县，1892年在经正书院读书，次年中举，其后会试不第，一直肄业于经正书院，前后共达十一年。1903年书院停办，秦光玉在云南高等学堂担任历史地理教习。1904

年被选派日本弘文学院学习速成师范，并考察学务。回国后，先后出任两级师范学堂监督兼教务长、省立第一师范学校校长，曾参与创办成德中学、求实中学、五华中学、五华文理学理。1921 年 8 月出任云南省教育厅长一年。此外，还担任过云南通志馆编纂、云南丛书处经理、昆华图书馆馆长等职。秦光玉一生，一是兴办教育和培养人才，其中李根源、李曰垓、罗佩金、徐嘉瑞、陈一得、方树梅、谢显琳、杨春洲等皆其门生；二是对云南省地方文献资料的征集、整理和编纂，为后世留下著作多达 180 多卷，如《罗山楼经学》《明季滇南遗民录》为其代表作，参与编纂《云南丛书》，主持编纂《滇文丛录》。

负有盛名的袁嘉谷，1872 年生于云南石屏州，先后在五华书院、经正书院读书。光绪二十九年，袁嘉谷“大魁天下”，被点为经济特科状元。然后袁氏受清朝政府的委派，赴日本考察学政，在日本被聘为云南留日学生监督，回国后任学部提调。宣统元年，袁氏调任浙江提学使。民国建立前，袁嘉谷一直从事与教育有关的工作，为民国建立后回云南从事教育方面的工作打下经验基础。1912 年，袁嘉谷回到家乡云南，参与家乡建设，1919 年出任云南省图书馆副馆长，与李根源共同辑刻有《云南丛书》，主编《滇文丛录》，参与云南文化建设事业；1923 年受聘东陆大学任教，专讲国学，讲学十余年，参与云南教育建设事业。①

周钟岳，1876 年生于云南剑川州，曾在大理西云书院读书。1903 年中乡试举人第一名，1904 年被云南学务处选派日本弘文学院学习师范，后又入早稻田大学学法政，辑有《师范丛编》十卷。1907 年回国，出任云南省学务公所普通课课长兼两级师范学堂教务长、云南教育司长、云南省省长、国民政考试院副院长等职。除从事云南教育相关工作外，在文化事业方面也有所成就，曾总纂《云

① 参阅张维《袁嘉谷传》，云南教育出版社 2001 年版；《袁嘉谷文集》，云南人民出版社 2001 年版。

南光复史》，主编《新纂云南通志》《续云南通志长编》。①

由于史料的局限，以上所述为晚清书院人物，但照样可以反映出其时书院所培养出的人才，都相应参与过晚清及民国时期云南文化教育事业，并有所成就。

第三节　清末云南书院改制与近代教育的建立

1901 年 9 月 14 日，清朝政府颁发上谕："著各省所有书院，于省城均改设大学堂，各府及直隶州均改设中学堂，各州县均改设小学堂。"② 全国各地书院纷纷改制为近代学堂。云南各地书院也相应改为近代学校，迅速建立近代教育体系，推动了云南近代教育的发展。

一　书院改制为近代"高等学堂"

根据光绪帝的上谕，要求省城书院改为"大学堂"，但实际实行起来也面临一些实际问题，如经费，如师资。所以，根据各省具体情况，在传统教育发展程度不高，近代师资力量不足，兴办经费比较困难的省份，退而求其次，首先兴办地位略低于大学堂的高等学堂。③ 云南即如此。在全国书院改制为"大学堂"的浪潮中，云南省会昆明城中最负盛名的五华书院，于光绪二十九年相应改制为"云南高等学堂"。这是云南省建立的第一所近代意义的高等学校。

① 参阅蔡寿福《云南教育史》，云南教育出版社 2001 年版。

② 《光绪朝东华录》（四），中华书局 1958 年版，总第 4720 页。

③ 清朝政府于 1902 年所颁布的学制中，大学堂与高等学堂相区别，两类学堂虽同属于高等教育阶段，但大学堂地位上高于高等学堂，高等学堂与大学堂预备科并列，只属于高等教育阶段的低等层次。1904 年所颁的学制，高等学堂与大学堂预科并列，程度上低于分科大学堂。参阅孙培青主编《中国教育史》，华东师范大学出版社 2009 年版，第 347—348 页。

据其时云南省学务处总理陈灿所言，“云南之改书院为学堂，于光绪二十八年经营创始”。光绪二十九年二月（1903），“就五华书院改设高等学堂，设总理一员，副办一员、监督一员、总教习一员、分教习六员、收支一员”，建立学校行政机构。由“陈灿任总办”，“滇绅陈荣昌任总教习”。然而，“维时教习人才，均就留心时务之科举中人选聘，师资极感缺乏”。为解决师资缺乏问题，“乃于三十年，开始选送留学。一时人俊被选送往京师大学［堂］，及日本欧美留学者，凡百数十人”。①

因其时“各府厅州县中小学堂尚未一律开办，高等学堂学生非由中学堂升进”，其生源，“仅就通省举贡生童中择其文理清通、年办富强者”，或由“省城考选”，或由“各府、直隶厅、州、县选送举”，“以一百八十人为额”，“肄业其中”。② 入学学生，不是来自已接受近代中学教育并毕业的学生，而是传统科举时代遗留下来的“举贡生童”。

就其高等学堂开设的课程，最初除原书院所授课程照常传授外，“仅有英法日文、算学、体操等项”，“余皆阙如”。另据《云南教育概况》所言，云南高等学堂，初设“理财、兵学、交涉三科”。至光绪三十二年，才“添聘日本教习三员，一文科，一数理化科，一博物科，普通科学于是粗备”。③ “堂中课程，除数理化等科，系聘日人江部醕夫，池田太郎，河合涓吉等为教习外，余如史，地，国文，图画，音乐，体操等科，多以本省夙有研究，曾赴日本卒业速成师范之人才担任”。④

---

① 陈灿：《沥陈云南学务及改良高等学堂情形详文》，《教育行政杂志》，杨觐东编纂，云南官书局光绪三十二年十二月十五日初版。

② 民国《新纂云南通志》卷一百三十七《学制考七》，龙云、卢汉修，周钟岳纂，云南人民出版社 2007 年整理本，第 605 页。

③ 《云南教育概况》，教育司编辑处编，民国十二年八月印，第 77 页；另见《云南高等学堂改良章程》，云南学务处订，光绪三十二年三月刊刻，云南省图书馆藏。

④ 《清季各省兴学史》，炎培辑，近代中国史料丛刊续编第六十六辑，沈云龙主编，文海出版社 1979 年版，第 163—164 页。

高等学堂原有"英文两堂、法文两堂、东文两堂"，一百八十人，共六堂。总教习陈荣昌于光绪三十一年赴日本考察教育，光绪三十二年回滇，以高等学堂学生"普通科学"程度不足，将原"英文两堂、法文两堂、东文两堂"分别并为一堂，共三堂，称为"普通部"，以为养成高等专门人才之准备。每堂六十人，共一百八十人，与前学生人数一致。与此同时，考虑到要振兴教育，"教员亟须养成，故师范尤要"，"又添招师范部三班，合计六班，凡四百余人"，所以云南高等学堂于光绪三十二年，"附设优级师范三堂，每属选送举贡生员之文理明通、品行端正、志在教育者各二人"，云南计有"十四府、三直隶州、五直隶厅、七十二州县"，入学肄业学生"约百八十余人"，称为"优级师范部"。师范部根据学习的课程，分为三类："第一类以地理、历史为主，第二类以算学、物理、化学为主，第三类以植物、动物、矿物、生理学为主"。总之，高等学堂分为普通和师范两部，"普通为入高等专门之地，师范为预备中学及初级师范教员之选"。

由于云南近代教育的兴建，须有受过近代教育的教师，然而"滇省边远，教员难得"，急需各级教师；再加之云南高等学堂普通部学生"普通科学"程度不高，又都是仅具传统教育背景的举贡生童。所以，光绪三十三年，叶尔恺为云南提学使，"改高等学堂为两级师范学堂，[①] 就原有学生及东文学堂学生考取二百五十名，称优级师范选科，以养成中小学教员为主旨"。根据学习的课程，共分为四类："一、历史、地理；二、理化；三、博物；四、文学、教育。"[②] 除理化一类特开双班共一百人外，其余各类均系五十人。"又另招一年及二年毕业之初级简易科，五年毕业之初级完全科，各四班。宣

① 高等学堂改为两级师范学堂之后，宣统元年，又以云南方言学堂改为云南高等学堂。然此问题已逸出本书论述的范围，故而略之。

② 民国《新纂云南通志》卷一百三十七《学制考七》，龙云、卢汉修，周钟岳纂，云南人民出版社 2007 年整理本，第 607 页。

统元年，优级选科毕业。续办第二届，至民国元年毕业。”① 其后，优级师范选科停办，专办初级师范，更名为师范学校，此为后话。

二　书院改制为近代“中学堂”

清末云南所建的中学并不多，其中有一部分由书院改成。据记载：“云南所属中学，以普洱府中学堂创办为最早，实始于光绪二十八年。洎二十九年，省会设高等学堂，始通饬各府及直隶厅、州一律筹设中学堂。三十一年，各府及直隶厅、州均成立中学堂一所。”云南共有二十二府、直隶州、直隶厅，应建有中学堂二十二所。

具体而言，如经正书院，在云南省城内贡院内右侧报恩寺故址，光绪十七年由总督王文韶、巡抚谭钧培所建。光绪三十一年，以云南府的名义改制为中学堂。楚雄府原建有龙泉书院，原名雁峰书院，“光绪三十年，奉谕以书院改学堂，次年知府孙朝华、知县陈源濬以龙泉书院改中学堂，兼师范学堂”。②

后因“办法不善，于三十二年除省会外，一律改办师范传习所”，培养小学教师，“预储小学师资”。至宣统三年，云南府由经正学院改制而成的中学堂，改为模范第一中学堂，“于大理、蒙自设第二、第三模范中学堂”。如云贵总督李经羲的奏折所言：“拟定将全省划为五区，每区各设模范中学及初级师范各一堂。第一区设在省城，校舍用云南府中学堂及三迤会馆改办，而以澂江、楚雄、武定、广西等属附之；第二区设在大理府城，校舍用西云书院改办，而以丽江、永昌、顺宁、永北等属附之；第三区设在临安府之蒙自县城，校舍用道成书院改办，而以开化、广南等属附之。并东川、曲靖、昭通、镇雄等属为第四区，并普洱、元江、镇沅、景东、镇

① 《清季各省兴学史》，炎培辑，近代中国史料丛刊续编第六十六辑，沈云龙主编，文海出版社 1979 年版，第 163—164 页。

② 宣统《楚雄县志》卷之三《建置志》，崇谦等修，宣统二年抄本。宣统元年知府崇谦以中学堂为七属荟萃之所，改在学使考棚，将龙泉书院拨归楚雄县为高等小学堂。

边等属为第五区。”第四区和第五区因经费困难与师资不足，中学堂并没有按计划建设，也就是云南在宣统年间只建有三所中学堂，全由书院改制而成。

如大理模范第二中学堂，即由西云书院改制而成。西云书院，同治十二年由提督杨玉科所建，为大理府各属举贡生员研习之所，最初改为“透西高等学堂”。该“学堂办法”，因未尽善；“管理员、教员，亦未得人”，拟改为“迤西中学堂”，并办“两级师范学堂”，但终因办法未尽善，后改为中学堂，并附初级师范学堂。宣统三年，称云南省模范第二中学堂。民国元年，令师范全体毕业，专设中学，始易“省立第二中学校”。西云书院改为中学堂时，原杨玉科为西云书院所置在“榆城内之各街店铺公馆，下中两乡之田亩，乔后井之盐灶，鹤庆牛街之田亩”租息，归中学堂常年经费。①

当然，此处所言“中学堂”，实指中等学堂。除由书院改制而成的三所中学堂外，也有由书院改制成的其他中等学堂。光绪三十二年（1906）春正月，出洋速成师范生回滇，于是在云南各府州厅设师范传习所，培养小学教师，以广师资。师范传习所，培养小学师资，应该是中等学堂，在癸卯学制中也是如此规定。大理师范传习所“则设于西云书院，始则半年毕业，后续办，则改为一年毕业，至庚戌年停办”，改办初级师范学堂。高等学堂改办两级师范学堂，其中的初级师范学堂则是中等学堂，三所中学堂附设的初级师范学堂，也应是中等学堂。② 再如大理敷文书院，在宣统三年改设农业学校，“设校长并教习一人，教习无定额，书记一人，杂役二名”。③

---

① 民国《大理县志稿》卷七《学校部》，张培爵、周宗麟纂，民国五年铅字重印本。

② 民国《新纂云南通志》卷一百三十七《学制考七》，龙云、卢汉修，周钟岳纂，云南人民出版社2007年整理本，第611页。

③ 民国《大理县志稿》卷七《学校部》，张培爵、周宗麟纂，民国五年铅字重印本。

三 书院改制为近代“小学堂”

云南书院改制，五华书院改制为云南省高等学堂，另有几所中等学堂也由书院改制而成，虽有意于旧瓶装新酒，高等中等学堂设立近代分科课程，尽量聘请受过近代西式教育的人才担任教师，但毕竟总留有传统印迹。尽管如此，书院改制为近代学堂，毕竟推动了云南教育的近代化进程。高等学堂只建立于省城昆明，中等学堂也仅建立在云南各府城，而初等学堂由各州县厅书院改制而成，则较为普遍。此处几所比较重要的由书院改制而成的初等学堂，就其相关情况罗列如下。

育材书院，在云南省城南门外慧光寺左，清康熙二十四年由总督蔡毓荣、巡抚王继文建。原名昆明书院，康熙四十二年，御书“育材”二字颁赐，制匾恭悬，因而又名为育材书院。光绪二十九年改制为省会小学堂，后几经变更，“定名模范第一两等小学堂”。①

南阳书院，原名敬一书院，在路南州城内东街，乾隆癸卯年知州周鉴重建，易名南阳书院。旧有公租八百京石。光绪年间改制为小学堂，民国后改为路南县立女子国民学校，书院讲堂归学校，“公租拨充学款”。②

龙泉书院，原名雁峰书院，在楚雄县，光绪“三十年奏谕以书院改学堂”，本改为中学堂，宣统元年知府崇谦以中学堂为七属荟萃之所，改在学使考棚，将龙泉书院拨归楚雄县为高等小学。至宣统二年，“学生除送府送省外陆续添入共百余名，分甲乙丙三班”。“所有旧存各款新增各款一概并入学堂。遂一开列于左：一年收叛田租谷城市斗二百五十石零五斗七升，每石折银三两，共存收银七百

---

① 《本司叶详请省会模范两等小学堂高等三年级生来年冬季举行毕业考试，照章请奖，先期将各生履历造册详请咨部立案文，并督宪批》，《云南教育官报》第十六期（光绪三十四年十一月二十九日）。

② 民国《路南县志》卷四《学校志》，杨中润纂辑，民国六年抄本。

五十一两七钱五分；一年收叛田租谷吕合斗三百一十五石六斗一升，每石折银三两二钱，共收银一千零九两九钱五分二厘”。①

秀屏书院，在禄劝县，光绪三十四年改为县立高等小学校，因书院设置而设立近代小学。“知县吕国璋率邑绅梅晏荣、梅朝荣、杨国柱、角乃赓、梅增荣、姚桢等筹款组织”，以开展禄劝县近代初等教育。②

兴文书院，在开化府安平厅，光绪“二十八年改办学堂教育，曰有起色，为马关四里之先导”。据《马关县志》记载，最初也就是光绪十一年安平同知覃克振筹款创修兴文书院，适逢交卸，“继任者为凌凤阁，仇视学务，书院司事李成章等惮之，遂不克落成，仅存空屋三间，租与铁匠支炉”。十年以后，“刘司马洪庵谕饬熊学文等，领银八百两培修两耳学舍及后层十余间，越十年渐坍塌”。“民国四年乙卯知事景介溪莅任，提款一千八百二十三元增修完备，作本关高初两级小学校”。③

凤山书院，在顺宁府“城东北隅，光绪三十年，县属绅士禀请知府党蒙、知县黄乾济详请定案，以凤山书院改修作小学堂，遵照钦定章程延请教习，参酌条规办理”。也就是顺宁府小学堂，由顺宁府凤山书院改制而成，以书院房舍作为小学堂的教室，“设膏火三十分”，招学生三十人。至于改制后小学堂的经常费用，由原包括书院束脩在内的经费拨入，据顺宁府志记载：小学堂“年需用款，拨入乡会卷金田租谷一百孔，坐落马里铺等处；膏火公田租谷二百零七孔，坐落等洒新村、阿洒坝、立款圈、桥达村等处；黉宫内公田租谷八十孔，坐落锡林、独水井等处；新生公礼项下公田租谷一百二十孔，坐落蛮朵、蛮恺等处；棚费公田租谷五十孔，坐落太平里等

① 宣统《楚雄县志》卷之四《食货志》，崇谦等修，宣统二年抄本。

② 民国《禄劝县志》卷六《学校志》，许实纂修，民国十四年铅印本。

③ 民国《马关县志》卷四《文教志》，张自明修，王富臣等纂，民国二十一年石印本。此虽逸出清末，为民国时事，但起源是在清末，故也列入。

处；书院束脩谷五十京石，坐落琼岳等处；又新提充公修各庙寺公项田租谷四百余孔，坐落县属各里。”①

庆云书院，在顺宁府云州，据采访，庆云书院原名瞻云书院，已毁坏，“同治十二年州城克复，士民等禀请知州康宗灏，以逆首马成功住屋壹正两厢，壹过厅，伍天井作为书院，更名庆云书院，拨叛产田租谷四百挑以充膏火，二百三十挑作山长束脩，又三百五挑充卷金。每挑计市斗四斗。光绪三十年奉□催办小学堂，知州会楫于书院原有之膏火束脩六百三十挑外，添拨别项公租谷数十挑，共有租谷七百余挑，造成册通报，定为学堂束脩火食暨各项常年经费”。②

五桂书院，原名桂香书院，在新平县城北门内，“讲堂三间，礼堂三间，教员室三间，接待室三间，书舍十间，厨厕各二间”。“光绪三十一年改办学堂”，“知县詹坦集绅筹议，就城内五桂书院设立高小一校，形式虽具，学科未备”，光绪三十二年，“知县廖鸿宾加意整顿，高小学科始备”。其经费“以书院公款”拨入“高小”。③

榕城书院，在宣威州，乾隆四十四年由知州陈云龙所设，1904年改为学堂。据方志记载：“甲午庚子之变，清廷上下皆知闭关之非，而旧教育之不足恃，于是选派学生出洋吸收新文化，一面停废科举，改书院为学堂。省有高等，府有中学，各州县皆有高等小学。时当光绪甲辰，我宣人亦奉将榕城书院改题为学堂，招收已经州府汇取列前茅而未得院试之各童生入堂肄业，优给伙食，然未遽正其曰高小也。”④ 虽未名为“高小”，但已改为“学堂”，只是在学堂设施、课程程度、学生人数等方面，未达到“高等小学”要求而已，一旦达到标准，名为“高小”也就自然而然了。

---

① 光绪《顺宁府志》卷十五《学校志二》，朱占科修，周宗洛等纂，光绪三十年刊本。

② 同上。

③ 民国《新平县志》卷之四《教育》，马太元等编纂，民国二十二年石印本。

④ 民国《宣威县志》卷六《教育》，缪果章、浒澄甫修纂，民国二十三年刻本。

雪堂书院，在宜良县城内“西北隅孔子庙左”，乾隆五十一年建。“开创学堂后”，“民国五年改修后殿为县立高等小学校讲堂”；鹅塘书院，在宜良县汤池，道光二十七年建，“民国六年改为汤池区乡立高等小学校”。①

澧江书院，在元江州文昌庙前，又名文昌书院，雍正三年建。“同治十年知州刘凤苞禀准年由税课项下拨银一百两，添给束脩膏火之资，光绪二十八年知州陈乔松奉文废院，膏火束脩一律停止”，澧江书院停办。光绪三十二年知州王元龄任内劝学总董彭松森创办县立高等小学校，“就旧日澧江书院修改为校，置礼堂一间，管教员住室各一间，讲堂一间，藏书楼一所，学生寄宿十间，体操场在左，厨房一间，厕所一间”。三十四知州赵心得新建讲堂一楹，“奉文改为两等小学堂”。民国三年知事姜松龄“新建大讲堂一楹，改修小讲堂一楹，内设校长一人，教员无定额，书记一人，杂役二人，以澧江书院公租及房地租息本金息并民间捐入田产为经费”，至民国十年，“有高等学生二班，初等学生三班，共百二十余人”。②

养正书院，在个旧厅文庙左侧，初建于乾隆年间，重建于光绪癸巳年，“清宣统元年二月，个旧厅同知李良年，就书院内设立县立中区第一高小国民学校，以原有书院脩金膏火为开办费”。③

龙山书院，在龙陵厅，始建于乾隆三十五年。据记载，“光绪末叶，诏停科举考试，改书院为学堂，三十年同知赵心得莅任，集本城绅士商议于前龙陵协署基址，建筑两等小学校。因公款拮据，将书院地变卖与杨姓合族，作为杨氏宗祠。所有毁折砖瓦木石材料，添作修造学堂之用。年收租谷租银，拨归教育经费局保管收支。越

① 民国《宜良县志》卷五《学校志》，袁嘉谷修，许实纂，民国十年刊本。

② 民国《元江志稿》卷十《教育志》，黄元直修，刘达式纂，民国十一年铅印本。

③ 《云南通志馆征集云南省各县旧日书院资料》，云南通志馆汇辑，民国二十年至民国二十三年抄本，云南图书馆藏，第350页。

两载而大厦落成，学堂兴书院灭矣。”① 两等小学校虽不办于龙山书院，但建设经费部分来自书院地变卖款，书院“所有毁折砖瓦木石材料，添作修造学堂之用”，书院“租谷租银”也“拨归教育经费局”，作为兴办近代教育经费。

上述各州县厅书院，在清末书院改制的浪潮下，纷纷改为近代小学堂。

总而言之，以传统书院改制为近代学堂，“旧瓶装新酒”，推动近代云南教育的发展。现就相关史料记载云南各地书院改制为近代学堂的有关情况，特列表 5－2 如下：

表 5－2　　云南各地书院改制为近代学堂相关情况

书院名称	改制时间	近代学堂名称	地址	其他情形
五华书院	光绪二十九年二月	云南高等学堂	昆明城中五华山北麓	后改为两级师范学堂
经正书院	光绪三十一年	云南模范第一中学堂	省城贡院右侧	初名云南府中学堂
西云书院	光绪二十八年	云南模范第二中学堂	大理县署南	最初改为迤西高等学堂，但并未办学
道成书院		云南模范第三中学堂	蒙自南城外	
育材书院	光绪二十九年	模范第一两等小学堂	昆明城南	
鹅塘书院	民国六年二月	汤池区高等小学校	宜良县汤池	
雪堂书院	民国五年	宜良县立高等小学校	宜良县城内学宫左	
碧城书院		罗次小学堂	罗次县治城内	
玉龙书院	光绪三十三年	下关公立两等小学堂	大理城内三十里龙尾关上街	
波罗书院	光绪年间	波罗初等小学堂	大理城北龙首关云弄峰麓	

① 《云南通志馆征集云南省各县旧日书院资料》，云南通志馆汇辑，民国二十年至民国二十三年抄本，云南图书馆藏，第 206 页。

续表

书院名称	改制时间	近代学堂名称	地址	其他情形
敷文书院	宣统三年	乙种农业学堂	大理城西北桂香里	
龙川书院	光绪末年	镇南州立小学堂	镇南州行署中	该书院山长郭燮熙，又为小学堂“堂长”
凤山书院	宣统三年	初等小学堂	陆凉州南关外文昌宫右	民国四年改为两等小学校
蓉峰书院	光绪三十三年	两等小学堂	陆凉州城内	
钟灵书院	宣统元年	两等小学堂	陆凉州南区马街	
龙门书院	光绪三十二年	小学堂	缅宁厅	仍以山长郝嘉祐为教员
萃文书院		高初两级小学堂	文山县江那街	
文华书院		小学堂	蒙化厅城北	民国改为高级小学校
桂香书院		高等小学堂	弥勒县城南门外	民国改为高等小学校
虹溪书院		高等小学堂	弥勒县虹溪	民国改为高等小学校
化平书院	清末	高等小学堂	永平县城内	
兴文书院	光绪二十八年	高初两级小学堂	开化府安平厅	宣统二年正式成立
养正书院	宣统元年二月	县立中区第一高等小学堂	个旧厅	
建蒙书院	宣统元年二月	县立乍甸高等小学堂	个旧厅	以书院租息为开办费
按板书院	光绪三十二年	小学堂	镇沅州按板井	
胜峰书院	光绪三十一年	八属中学堂	曲靖府城内	
澧江书院	光绪三十四年	两等小学堂	元江州文昌庙前	
榕城书院	光绪三十年	小学堂	宣威州	
五桂书院	光绪三十一年	高等小学堂	新平县城北门内	
庆云书院	光绪三十年	小学堂	顺宁府云州	
南阳书院	光绪年间	小学堂	路南州城内东街	
龙泉书院	宣统元年	高等小学堂	楚雄县城内雁峰之麓	本改为中学堂
秀屏书院	光绪三十四年	县立高等小学堂	禄劝县城内隍庙左	
凤山书院	光绪三十年	小学堂	顺宁府城东北隅	知县黄乾济详请定案
九峰书院	光绪末年	官立高等小学堂	云南县文昌宫	校长、教习等为科举中人

续表

书院名称	改制时间	近代学堂名称	地址	其他情形
龙吟书院	光绪三十年	高等小学堂	白盐井回龙山下	
玉屏书院		县立女子两级小学堂	鹤庆州城内	

资料来源：《云南通志馆征集云南省各县旧日书院资料》，云南通志馆汇辑，民国二十年至民国二十三年抄本，云南图书馆藏；民国《新纂云南通志·学制考》卷一百三十四至一百三十七，龙云、卢汉修，周钟岳纂，云南人民出版社2007年整理本；《教育行政杂志》，杨觐东编纂，云南官书局光绪三十二年十二月十五，云南省图书馆藏；《云南教育官报》第拾伍期等，云南省图书馆藏。

此为云南部分书院改制为学堂的粗略统计，从中可以知道，改制时间从光绪年间开始，一直到民国六年二月，说明改制时间并不统一，延续到民国初年。除五华书院改制为云南高等学堂，西云书院、经正书院、道成书院改制为中学堂外，其他云南各地书院均为小学堂。从云南书院改制来看，至少可说明一个事实：清末书院成为创建近代学堂的基础，对于近代云南教育的创建和发展，其作用不可抹杀。

余　论

清末书院改制之反思

西学东渐的冲击，早期各类近代学堂在中国的建立，特别是书院改制为近代学堂上谕的发布，清末云南紧随全国书院改制浪潮，将全省各地各级书院改制为近代各级学堂，如果从宏观角度来探讨云南书院改制为近代学堂的作用，至少可从两个方面来分析。

一方面，云南书院改制为近代学堂，从整体上摧毁了传统教育体系。虽然清末教育改革之时，并没有触及传统教育的象征孔庙或学宫，但真正的教育机构书院、义学和私塾，其中书院改制为近代学堂，可以说已从总体上动摇了中国传统教育大厦。云南义学与私塾可以说是传统最低层次的教育机构，而直接与科举考试相联系的却是书院。如前所述，随清朝政府由前期对书院的限制逐步转变为对书院建设的支持，书院也逐步官学化。就清代云南书院来说，绝大部分书院带有培训科举考试人才的目的，并以书院培养科举中人为荣。创办云南各地书院者绝大部分为地方各级官僚，其目标也十分明确，希望更多的人考中秀才、举人和进士。可以说，时至清代，书院已成为传统教育的核心。那么清末云南书院改制为近代学堂，也就意味着书院已不复存在，相应书院制度已然废除。所以说，书院改制从整体上摧毁了云南传统教育体系，当然为近代学堂的兴办扫清了障碍。

另一方面，云南书院改制为近代学堂，有益于近代各级学堂的兴办和云南近代教育体系的建立，在一定程度上推动了云南教育的近代化。近代各级学堂的兴办，首先需要的是学堂校舍及相关设施。如需重新建设这些设施，则需要大量经费。云南书院改制为近代学堂，既摧毁了传统教育体系，又"旧瓶装新酒"，在不需要更多经费的前提下，更容易更快捷地建设各级近代教育机构，迅速建立起近代教育体系，全国如此，在云南更是如此。当然，这种改制使近代教育机构能迅速在云南各地普遍建立，反映了清末改革者们的急切心情，但在清末国病民穷的条件下，既是一种权宜之计，也不失为一种可行之计。总而言之，云南各地各类书院普遍改制为近代学堂，对于云南教育近代化也起到一种示范作用，推动云南更多近代学堂的建立，与此同时，其本身也成为云南教育近代化的一部分。

当然，云南书院改制为近代学堂，也意味着对云南书院教育的否定，至少也是部分地对云南传统教育的否定。然而，建立千年之久的中国书院制度，在云南也历经明清两朝的书院制度，在中国数千年传统文化的继承与传播方面的意义，至少在数百年的文化创新方面的作用，不是清末的喜新厌旧、除旧迎新思维所能否定的。

虽然云南各级书院绝大部分带有培训科举考试人才的目的，并以书院培养科举中人为荣，但在书院创办时，谈到其教育宗旨，希望培养的却是齐家治国平天下的人才，是反对追求功名利禄的，是不以考取科举功名为依归的。以在学问中探寻微言大义，在思索中获得修养之道为治学目标的书院传统精神，也不因书院的官学化而荡然无存。云龙州彩云书院，其学规规定所培养的人才是能"上报国恩，下立人品"的贤才，当立志为"忠臣清官"，当"居心忠厚正直"，如此为学才"有成就"，所学才"有实用"，"不可干求官长，交结势要，希图进身"。[①] 彩云书院首先教人"为人"，其次才

① 《书院学规》，《彩云书院条规》，道光十九年（1939）刻本，云南省图书馆藏。

是“为学”。大理西云书院培养的是“处为纯儒，出为名臣”的人才，这与中国传统读书人“穷则独善其身，达则兼济天下”的理想相类似。[①] 其目标之一是培养“纯儒”，而不是仅培养猎取功名之人。所谓“纯儒”，是道德文章能为世人楷模。尤其是光绪年间云南昆明城所立的经正书院，更为纠云南书院过多带有培养科举中人的目标之偏。诚如创办人之一的云南巡抚谭钧培所言，“因滇省诸生于经史古学未能讲求”而立“经正书院”，研求古学，“专课经古”，培养“通经致用之才”。另一创办人布政使司兼护盐法道陈灿在其所奏中言称：设立经正书院，培养的不是“育材、五华两书院，仅课时文”的科举中人，而是“专心精研古学”的读书人，从而使“三迤人士渐知崇尚实学”。[②] 由此而论，传统书院教人做真人为真学的精神并未变。

再就书院教学方式而言，传统书院与近代学堂相比较，教学方式有所不同。近人章太炎先生曾批评近代学校教学方式说：“专重耳学，遗弃眼学。”[③] 其所言虽不完全准确，但确实指出了传统书院与近代学堂在教学方式方面的区别：传统书院更强调个人自学，也就是大量的个人阅读，即以“眼学”为主；而近代学堂教学方式，则更强调课堂教师授课，学生听课，即以“耳学”为主。对于已积淀数千年之久的中国学问，教学是专由教师讲解，而学生不大量阅读相关书籍，这肯定是有局限的，收获也是十分有限的。

当然，书院该不该改制为近代学堂，这不是问题，因为书院改制为近代学堂已成为历史事实。在理解书院改制为近代学堂的意义

---

① 陈席珍：《西云书院章程序》，《西云书院章程》，光绪十八年（1892）刻本，云南省图书馆藏。

② 参阅谭钧培《奏为筹建经正书院延聘主讲添设监院人员，恳恩颁赐匾额，以广作育，恭折仰祈圣鉴事》和陈灿《布政使司兼护盐法道为会议详请奏咨立案事》两文，《经正书院条规》，光绪十七年（1891）滇南盐署刻本，云南省图书馆藏。

③ 章太炎：《救学弊论》，《章太炎全集》第五卷，上海人民出版社 1986 年版，第 98 页。

的同时，也应对传统书院制度的教育目的、教学方式等方面有正面而公正的认识，这是当下真正能够继承传统的思想基础，否则所谓“弘扬中华文化”之吁求只能成为一种无奈的虚愿。

附　录

一　明清云南书院诗

安宁云峰谪仙书院会升庵

黄棋

万卷楼成绿水前，玉堂人倚白云边。
草玄落笔三千丈，风雨龙蛇动九天。
海内知君已廿年，旧山重树两依然。
诗成酒尽还为别，云树江天起暮烟。①

书院课士喜雨二首

知府陈灿

好风忽送爽声来，披拂青林润绿苔。
雨意凉催诗意淡，云痕浓映墨痕堆。
敢云泽物培文化，深愿为霖蓄异材。
更上层楼高处望，秧田葱郁气佳哉。
轻雷隐隐雨声来，一片凉痕上碧苔。
雁塔近迷烟树暗，龙川新溅浪花堆。

---

① 王大谟：《五华揽翠》，见天启《滇志》卷二十八《艺文志（第十一之十一）》，刘文征撰，明天启五年刻本，北京大学图书馆馆藏抄本。

天心有意滋桑种，帝泽无私育楚才。
领略乾坤清气味，登高作赋思悠哉。①

晴夜雉山远眺

陈鸣玉

久雨初开霁，清光洗夜氛。
天空惟见月，山远乍疑云。
灯偶渡头认，树难村外分。
何人归独晚，隐隐犬声闻。②

坐龙泉书院勉文会诸生

佥事彭谨

华馆开金谷，清池引玉泉。
迎香诸户辟，倒影尽楼悬。
夜月蟾宫满，春风杏苑偏。
题诗勖多士，德艺早争先。

题南峰书院

知府戴惣

高峰秀耸壮文居，气势崚嶒接紫虚。
碧藻香浮春泮外，青藜云护夜堂余。
风传铎韵翻天籁，月射珠光逼斗墟。
浅薄何能禆出牧，愿看鹏鹗起秋衢。

---

① 《宣统楚雄县志述辑》卷十一，沈宗舜纂修，见杨成彪主编《楚雄彝族自治州旧方志全书·武定卷》，云南人民出版社2005年版，第1281页。

② 民国《宜良县志·艺文志》，许实辑纂，郑祖荣点注，云南民族出版社2008年版，第362页。

诸生邀饮南峰书院

知府戴愬

别馆花开春已深，为谁乘兴此登临？
静听野鸟迁乔木，闲看流云度远岑。
俗吏簿书常自厌，青衿杯酒特相寻。
剧谈更唱情无极，抚己翻令思不禁。
分曹开宴及春晴，师友赓酬不世情。
真乐远追沂水上，高歌散入楚云轻。
惊闻白日风云动，想见清秋雕鹗横。
事业明时须努力，行藏何必问君平。[①]

苍山书院

张含

仿佛传经白玉堂，老松无数锁幽香。
山连海国龙关杳，雪拥春城雉堞长。
万里衣冠开六诏，百年词赋效三湘。
繁台故事今何在，云日徘徊古石梁。[②]

凤池书院

百年声教遍遐垓，此日文明渐次开。
鹿洞渊源朱子肇，凤池桃李薛公栽。
诗书久化獉狉俗，几席常亲俊彦才。
棫朴菁莪培植厚，榜花时放瘴江隈。[③]

---

① 以上三首诗，请参阅隆庆《楚雄府志》，徐栻、张泽纂修，明隆庆年间修，见杨成彪主编《楚雄彝族自治州旧方志全书·楚雄卷上》，云南人民出版社 2005 年版，第 141—142 页。

② 民国《大理县志稿·艺文部》，张培爵修，周宗麟纂，民国五年铅字重印本。

③ 嘉庆《永善县志略》卷二《艺文》，查枢、徐绥纂，嘉庆八年刊本。

二　云南部分书院照片

五华书院

石屏州玉屏书院内院

新修书院碑记　　李淳　摄

新修玉屏书院碑记

三 云南书院碑记、碑序举例

五华书院记[①]

（明）都御史王启

予尝登高眺远，滇之山水其最秀者，莫如五华山；浮屠氏虽窃而宫之，不能当其美。其西南一山，冈阜蜿蜒，林木畅茂，遥岑面之若拱而立，翠海腹之若虚而受，盖滇之秀气至是而极焉。盛极必泄。

予自入滇以来，每目击心醉。一日，与大巡汉阳傅君登此，徘徊瞻望，皆若符白鹿、衡岳之胜概者，曰："是岂不可以书院乎?"乃谋诸镇总二府、藩臬长贰、提学暨郡守等官，而拓其地建书院，以当其形势；置讲堂、斋舍，令可肄习；区本钱、廪饩，俾可以继。凡几席床柜之物，门厨供张之类，莫不毕具。至是选博士弟子，将进而讲习于其中。

予喜诸生之朝夕相与刮摩，必将大有所成，以应昌期之用；又喜滇之名儒将自是辈出，而书院将与白鹿、衡岳垂名不朽也，岂曰小补之哉?

修建五华书院记[②]

（明）参政黄琮

黄子以己酉之夏督学于滇，至则闻所谓五华书院者。以试事方棘，日朴遨两迤间，不及一诣。比冬始往观焉。遥岑面拱，翠泽胸罗，真不减白鹿、衡麓之胜；［而］颓梁落栋，鞠为茂草，令人徘徊

① 《云南通志》卷八《学校》，李元阳纂修，明万历四年刻本，龙氏灵源别墅重印本，见《大理丛书》卷四《方志篇》，《云南通志》影印本。

② 《滇系》卷八之二《艺文》，师范纂，嘉庆十三年修，云南官书局据清嘉庆二十二年刻本重印本。又见康熙《云南府志》卷二十一《艺文》，范承勋等纂，康熙三十五年刊本。

叹息久之。会时有道署之役，弗克并举。越明年庚戌秋，乃檄云南府委官鸠度，因其旧修之制，弗协者更之已，以丙舍不足，辛亥复相左右町疃及城隍之余地益之。迄壬子春暮告成，为屋百七十有二，修者半创者半，于是五华之上宫墙翼翼，而山川之胜亦若为改观矣。

黄子曰：昔读橐驼氏言，深以促耕督织为病，然古者田畯、田正，职主劝相，而循良之吏多循行阡陌，止舍乡亭，至榆薤、葱韭、鸡彘之细，各为课籍，何也？倘亦民饥己饥，民事己事，有不忍坐视至此欤？夫学士之田也，有庠序以联之，有科举以劝之，而又为书院以课督之，与催耕促织何异？顾海内自白鹿、衡麓等四书院外，在在有之，宁独不以为病，实以为利也。至于滇、余又以为亟焉。

滇，故百濮之余也，自汉元和中有神马、白鸟之瑞，始开文学之风。其后乱于唐，弃于宋，湮于胜国，存者能几？至有明而始建诸学校，至今上而始增科举之额。滇之于学，其亦地之瓯脱，田之菑亩也，其耕当倍力，故所谓劳来而辅翼之者，当倍笃。且也车书内向，皇风远翔，二百余年于兹矣；而蠡贼溃讧，寇攘窃据，无时无之，兴师问罪，扑而旋起者，何以故？岂非教道衰而彝伦斁？爱人、易使者少，而犯上作乱之萌无自销欤。则庠序之外，复于书院课督之，夫世道人心之虑，有不得不然者。

或曰：科举兴而士为辞章之学，今将以辞章课之，则亦利达之媒已耳，于世道何裨焉？噫，结绳远而文契繁，图书呈而爻象著，宾兴起而为今日之科举，风会之流，有自来矣，且安见今之科举而不为昔之宾兴耶？夫口诵格言，力探秘义，得于心而笔之辞，此非古三物中六艺之学？而古人兼习其事，今人直抉其精，其于入道之门，似尤简径。若乃六德六行，虽先王教人本旨，要令从六艺中寻求，服习涵濡而自得之，实非课程可及，何也？教之可得而指，学之可得而循者，皆文也。子曰："博学于文，约之以礼。"圣人之望于人者约礼。顾所日与从事者，何尝脱然离文，故文之于学，宇宙之日月灯光也，文斯辨辨而后不可欺，不可欺而后可责以不自欺，不自欺则诚，诚之至，圣之至也，学之事尽矣。余安见夫今之科举不为昔之宾兴也者？顾诚与欺也，为何如耳？惟诸生审处焉。

是役也，经始协谋，藉云南太守彭君宪范之力，盖有文翁遗意；而料材课工，则广南卫知事李枝阳、镇沅府经历徐可迪，分理书院事云南府学训导贺继芳，皆有功兴作者，例宜并书。

新建南峰书院记[①]

（明）高光

郡学一再迁而始协吉，悉于唐西洲记中，惟卫庾尚陵于学南，弗称，士欲移之，而屡挠于势。郡守麻城周侯载及二守金溪傅侯昂达于巡按侍御遂昌黄公中得如议，乃檄县尹铜仁刘时举相度之，迁并于大有。然遗址欹旷地道，又有不足者，再议建塔以补之，结室宇以资游息。惟时侍御怀庆刘公泾、佥事全州蒋公贲咸曰可。郡守以照磨毕节李衢事，事为来良作于西洱，环积石砖，如法成塔，一峰檐铎，列星斗腾翔之状，层梯冲汉，峙于当阳。构宇三楹，面之书室，数楹相向，门墙阶级咸如度，题曰“南峰书院”。学有辅而规愈宏矣。司学者连多士，状索予言于石。

予惟卫庾之积，以备戎也。徙彼之积以崇学，学可无积耶？愿诸生克其本然之量而已矣。古有塔，起于雁塔之名，若荣矣，而君子惟恳切于登塔之喻，谓学之不可不进于特立也。欂栌栱桷，或有济于室宇；而君子惟比德于栋梁柱石者，缘胜重而持久也，学可不要于远大矣乎。若庾之充以弘施也，若塔之特立以镇定也，若栋梁柱石之远大，以覆冒斯世而范来今也，容非即事体道之大端耶？士也励之，庶守贰当路之承，而造创之艰，为有庆也。

是役肇自嘉靖甲寅冬，竟于乙卯秋，鞠生以仁遂登录，亦良兆也。材用无需于帑上焉者，捐俸廪如级。其次生员徐克迁辈干理居

① 隆庆《楚雄府志》卷之五《艺文志上》，徐栻、张泽纂修，明隆庆年间修。

多，其下虽棘僚，咸知慕向而乐助者，非久濡圣化而习俗善变之一机耶？郡守敦恺端恪，崇文易俗之绩不止此，又得二守公与共成之，是大可征矣。爰记之以风。

新建五华书院碑记①

（清）云贵总督尹继善

滇处西南极边，衣冠文物差不逮中土；而山川玮丽，韫玉陶金，人才亦辈出。会城旧有昆明书院，为诸生讲习所，因规制未备，廪给难继，诸生裹粮负笈，未能周遍。

我皇上覃敷文教，无远弗届。雍正十一年，特谕天下督抚建立书院，给帑千金，永为膏火资。余适于是时奉命总制三省，驻节斯土，爰与抚军熟筹审榷，为经久计，期上副九重栽培鼓励之盛心，下收多士引掖观摩之实效，乃就五华山址，新建官廨，辟讲堂，增学舍。饬藩司购买官庄，岁入租谷为修脯饩廪之需，遂远聘明师于江南，而集学使所取前列诸生，并通行各属举报文行兼优之士，严加考验，拔其优者，收入书院肄业。复酌定条约，日有课，月有试，训诲有程，勤惰有别，委教员专司稽察出入之事。又虑道远难致书籍，手订制艺、古文、诗赋各种，刊成数卷，令诸生以时诵习。规模具备，焕然改观。诸生感沐皇仁，欢忻鼓舞，不独在院肄业者，汲汲孜孜，力图进取；即未与其列者，闻风奋发，骎骎乎有日上之势。夫功不专则业不精，教不严则率不谨；举一事而不慎厥始，则不足以图厥终。余忝居封疆重任，环顾彼都人士皆吾子弟，造就期望之怀，至真且切。

自莅任以来，仰赖庙谟，蛮氛涤净。武备既裕，文治宜兴，矧钦奉恩纶，敢不和衷筹画，为经久之规条？嗣自今声教暨讫，风气日开，将见椎髻侏㒧之俗，家弦诵而户诗书，不难抗卫中土。是圣

---

① 《滇系》卷八之五《艺文》，师范纂，嘉庆十三年修，云南官书局据清嘉庆二十二年刻本重印本。

天子德泽殷流，实足衣被万世。后之官斯土者，尚其加意滋培，永行遵守，庶几无负圣朝作人之雅化云尔。

彩云书院碑记[①]

（清）杨名飏

古者国学而外，家有塾，党有庠，州有序，无不学之人，即无不学之地。

我朝文治覃敷，辟雍、泮宫、学校之典章大备，鹅湖、鹿洞书院之规制极详。虽在边陲，莫不涵濡圣化，亦既群黎遍德，比户可封[②]矣。吾乡党钟沧水秀毓崇山，科第早已渐开，贤能亦经继起，则是州长党正之教治。考其德行，道亦有由来也。在城有象山、沘江两书院，始基草创，仅与四乡之义学同，云樵谢君权收斯土，如意栽培，首捐廉俸，倡建云龙书院，闻者靡弗兴起。

飏曾司铎十有四年，窃庠序之设攸关治化本源，既而承之三秦、义越二十七载，仰邀圣主遇殊恩，由郡县而荐应封圻。所至波波以振兴学校为先务，不敢有负初心，每念故乡未尝不有杞梓良材、芝兰嘉卉，若不少加扶殖，将可以副我父兄之责，壹我子弟之观摩乎？所以当勉竭余廉，以期小补乡校。石门一邑乃各井里适中之地，于建立书院，四方负笈而来，岂不较便？质之舆论，咸以为宜，爰基在梅阿，马侍郎作谋，杨明经两族田间价银六百两，亦并乐输。遂于乙未冬鸠工庀材，于丙申秋次第落成，修房舍八十三间，置租石七百京石，共捐银九千四百二十余两，颜之曰“彩云书院”。因彩云适现州境，故向文明以纪瑞云。

丁酉春飏解组[③]归来，优游林下，获与后进传述旧文，研求新得，补读少年未读之书，以寡晚年欲寡之过。所私心窃幸敬业乐群

---

① 光绪《云龙州志》卷十三《艺文志》，张德霈等修，光绪十年版。

② 比户可封：差不多每家每户都有可受封爵的德行，用以泛指风俗淳美。

③ 组：印绶。解下印绶，谓辞去官职。

于其中者，更应及时努力，争自濯磨与陶情淑性饬纪明伦，即以修之家者献之廷，勉为今日醇儒，以作异时之循吏。此则款款微忱，所望我一乡之善士，进而为一国之善士、天下之善士者。

灵源书院记①

（清）王子音

王子音因五井人士之请，详改书院于明伦堂东，额之曰“灵源”，崇宸翰也。讲堂仍奎阁，以“五云”名。总督富方崖先生榜曰“奎井联辉”。巡抚谭古愚先生书之，重以序，额“汲古”于主讲所，而系之跋者，布政司费筠浦先生也。盐法道蒋培元、颜惺圃，迤西道杨虚舟三先生并有额。院成，子音会教谕杨一揆、大使王定国暨本井肄业诸生于堂以考之。时乾隆五十八年癸丑三月上巳日也。初，康熙四十三年井改直隶，雍正二年设学额时，则有曰“绿萝书院”者。乾隆庚午，署提举葛庆曾详迁五马桥南，不果。乙亥，接任郭存庄始得因龙吟书院补葺以成，名曰“龙吟书院”。规模狭隘，逼近市尘。井人士谋迁久矣，而苦其无地。辛亥冬初，子音权井司来，延览山川风景，雅类吾乡白鹿洞，朱子所谓泉峰交映其间，必有得气之灵者。

日明视学，升明伦堂，堂之东，耳目开张，山左右如揖让。余低回留之，意有属也。会井人士以改书院请，遂指示之。众称善。地纵十五丈六尺，横七尺有奇。岐半为讲堂，堂十六楹，深二十四尺，高二十三尺有三寸。其上为楼，当楼北，五井峰环之，东为象山，左翼有峡有田，高下凹凸，草木禾稼，青翠映楼中。西南则回龙飞凤二峰，所云山左右如揖让者，此也。水潆纡如带，市井烟火错列，佳气蒸蒸，“五云堂”所由名。堂北距十五尺，为主讲所，合燕室凡三间，高十六尺六寸，深二十一尺，即颜“汲古”处。堂南

① 光绪《续修白盐井志》卷之九《艺文志中》，李训铉、罗其泽纂修，光绪三十年修。

面叠石为阶，高五尺；阶下有溜，横一丈，纵倍之，左右学舍十六间。阶以上翼讲堂各四间，阶下如之，溜前有屋十二楹，屋外东为爨室，西居守院者。屋前后楹分两户，一为二门，一为前门，题曰"灵源书院"。距前门十五尺五寸，塞以屏，屏西作栅门，与文庙东门对峙。院前后左右缭以墙，主讲所墙后则补建学署五间，宾室一间。盖旧无学署，寄栖张公书舍，今之前门地也。凡入，由栅门，升阶五级，至前门；再升九级，至讲堂；又升五级，至主讲所。主讲所视讲堂高三尺，视前门则八尺也。木值百六十金，石值九十八金，砖瓦值百四十金，灰铁髹漆值百四十金。各工费二百七十金，通计八百零八金。

经始乾隆五十七年壬子九月二十五日，至是落成，计所入赀：署提举裴灼文五十金，子音百金，教谕杨一撰五十金，井民刘子旭赎田价二百五十金，吴光里屋租赎价三十金，五井灶户公捐百金，加捐南关外公地。除议建节孝祠外，以东偏余地归井承买，价十八金，张郁文二十五金，白松龄十五金，张正之十金。旧井小西关外有店，呈请移关于店外，俾益店租，捐金五十。留龙吟旧院招租，岁订四十八金。五十八年，除修费外，用去七十六金，并出借赎田价获息三十四金，合之得八百零八金，刚敷改作经费，岁聘主讲束脩。经提举存庄详，拨提举白兑前捐柳树塘田租十七石，生员白万正子监生白汇前后捐租二十石，并积余加购租二十石，都计租五十七石，画完粮守院役食岁折束脩租金五十。自改作书院讫今初成，不别聘主讲，子音月凡再课，而以教谕权院事，两年奉束脩百金，教谕以其半买租，为生童岁科试卷金，而以其半作书院经费，可风也。肄业廪生张昙、罗道元、罗光泰、生员甘岳、罗光绪、张敦朴、余德昭、罗道学、陈渤、罗光宝、陶玉成、张矗、张辉滢、罗万宝、白炘、张敦培、王志正、何述典、王槐、李修鳞、罗万钟、张银汉、张辉台、王锡骥、刘炳、张辉和、唐光裕、张杰、王运升、杨超元、刘煊藜、罗万选、王瑞昌、阮锦文、李愈芳、甘炘、李友桂、张曜、张南金、季锡畴、杨杰、张时汉、夏鸿儒、杨溥和、甘正来、张立诚、张芳桐、季履贞、郭文明、童生七十二人，向无膏火，今紫阳县令张志超捐十金，举人陈瑛捐二十金，灶生张裕远捐五十金，张廷玺捐三十金，季统捐二十金，陈世德、王思忠、白松龄、张鉴举、布文星、民樊绅各捐十五金，李珦捐十金，合得二百三十金，典郭从去田租六石，计价一百金；又典霜坝塘田租八石，计价一百六十金，内借垫银三十金，俟收租息归补。增生李修易捐马槽沟田山，计价二百九十金，以岁租三石五斗拨抵通学添买草房、菜地，价三十金，其余田山召垦，俟成熟详请升科议租。张聪捐田岁租二石，即在李修易田契之内。龙吟旧院岁入租息，除归补田租借款外，陆续归还井司捐百五十金，及五井公捐、观井买价、旧井移关捐款，三共百七十金，均给五井生息。每岁额定正课生员十名，每名月给膏火银五钱；正课童生十名，每名月给膏火银一钱五分，统计月给童生膏火银六两五钱。每月官课定为初三、十六、二十九日。主讲课定为初八、十二、二十四日。正课生员两次不列超、特等者，降为附课，开除膏火；正课童生两次不列上上卷、上卷者，降除如之；附课童生两次列上上卷、三次皆上卷者，升补如之。著为例。将来租息积存、正课广额增加膏火束脩。盖亦庶乎其有基矣。是举也，呈请者紫阳县令张志超，嵩明学正罗道位，丽江训导候补知县张伯桂；举人张志韶、张志亮、陈瑛恩、贡生杨德模，岁贡生赵溶、罗道育、王承宗；贡生甘荣、张仲桂、白汇、何伟、甘仁、王业，江都县巡检李庚瑞，廪生何琦、赵书荣、张志铭、张作相、王莅正、刘宗甲、刘青藜、李钟瑞、赵汝桧、夏元升、夏元会；生员王佩、何德振、张鉴芳、李怀璋、张继美、樊山、杨世详、罗道一、樊斯彦、何虞臣、刘亮宇、王德基、郭祥云、甘僎、李曰璋、王心浚、王述曾、甘维藜、张际盛、王均、张叔佳、孟东山、李丰、张鉴艺、张思诚、刘勉斋、张学远、罗万里、白伟壁、白松龄、张裕远、陈世德、张廷玺、张鉴举、王思忠、彭以珍、周朝清、张涵、杨荫松、李光荣、张培远、杨惟清、洪魁南、何文山、张翔汉、张槐；监生张樾、王翰、何德斯、王素晖、李锡玉、罗光新、杨濂、甘信、白煊、布文星、武生王心浩、张耀鳞、季统、樊思圣、白映璧、李登科、李钟玉、刘锡庆、何述典、李修政。而经营土木，杨教谕实董其成；始之终之则张裕远、何琦、罗道元宣力为多。余谓白井僻在偏隅，得山川之灵，实资盐利。有恒产，故有恒心。比屋可封，弦歌不辍，代有以穷经致用，为国家光者。自改直隶九十年，雍正三年钦赐堂额曰“灵源普泽”洋洋声教讫遐荒矣。古愚先生《序》称“科名仕宦，炳蔚埒大都”。信哉！比来子音会黑、琅井司详请岁科试童生照直隶厅州径送学院，诸贤大夫如所请；今书院落成，均宠以额，所以加惠吾井人士者，正未有艾也。尚书公“联辉”之、祝�浦先生“汲古”之喻，殷殷以治民之道，教养并重见勖，意深哉！子音往建永北书院，成于暮春，因以“鹿洞”名楼者，名堂曰“春风”。此来忝代井长，当兰亭修禊日，复得与教谕诸君子考课“五云堂”，非偶然也。所期吾井人士仰体圣训，诸贤大夫所劝勖者，如云如风，舒布将来，益进于曩日，此又子音改作灵源书院纪楹之意也。诸生勉夫哉！是为记。

西云书院序①

（清）杨玉科

迤西文教之盛，往昔甲于滇省。虽山川灵秀之气所钟，亦前人之振兴使然也。自逆回倡乱，生民涂炭，衣冠鱼肉。于斯时也，有心世道者戡乱不遑，奚暇治礼义哉？

科，本籍隶三湘，而生长是邦，目击时艰，志存匡济，爰举义旗，以靖妖氛。幸赖圣天子德威远播，所以将士用命，黎庶效劳，积年巨寇，一旦扫除。旋蒙恩宠，异数频加。回忆历年办理军务，

① 载有《西云书院序》碑文之碑现存大理市一中。

各属绅民敌忾同仇，或输将恐后，或奋力争先，获致升平。今之子弟，乃父乃兄，要皆夙昔从征将士。兹既地方宁谧，应复家弦户诵，渐摩仁义，敦崇雅化。其如迭遭蹂躏，财尽民穷，不惟家塾党庠无力延师；且风雨敝庐，文献亦无征考，若不设法培植，心实未安。

因思从前撙节廉俸，稍有存积，曾置田地于牛街者，壹千余亩。原拟戈清，分给残废弁勇耕种谋生。又当其环攻大理时，有乔后盐井，本杜逆新辟，无干正井。彼时军饷支绌，乔后既复，遂措资添设硐口、灶舍、器具、什物，募丁煮熬，约垫办银三万有奇。每卯每灶，除纳课外，酌归灶租银贰两伍钱，抵偿措息，余则添补军费。再榆城克复，自建铺面陆拾余间，亦拟用给阵亡家属。并商同岑彦卿宫保，奏毁杜逆伪宅，将砖石修补城郭，所遗木料，添资建立公寓一所，暂为栖止。借资岑公初意有如此者，既而彦卿宫保查明，各属尚遗逆产，曾经奏奉谕旨，准分给残废弁勇并阵亡家属，照例议恤。因将前所拟议，别作善举。

窃思滇南为极边之地，迤西又滇之极边也。廿余年来，干戈扰攘虽全滇同。然而盘踞侵削，西陲为甚。衣食未足，礼义孰兴。幸际承平，欲振民风，先端士习。士习既端，嚣凌自化，用是不忍私诸所有。爰将大理府城前建公寓，捐置迤西所属五府三厅为肄业书院，并将田亩、灶租、铺面，尽数捐入书院。以递年所收租息，作束修膏火薪水，兼置备书籍各项。余则分送文武举人、优拔贡生，公交车北上之资。区区之心，敢谓振兴文教，但念杜陵广厦，聊以抒其素志。前经备文咨请督府，奏蒙俞允在案。兹复会同官绅，妥为议定详细章程。仍请两院咨部立案外，并勒贞珉以志颠末。或曰是举也，上以襄国家文治之休，下以作多士奋兴之气，又安可不肇锡嘉名。科敬谢不敏，爰因其地，思欲一复其文明之盛，而颜之曰：“西云书院”。夫白鹿、岳麓、嵩阳、睢阳，自宋以来，垂千古而不朽者也。滇西名胜，夙擅于山，见点苍之秀，雪山之奇，鸡山之雄峙；于水，见金江之源远流长，沧江、洱海之深且广。毓秀钟灵，其各属必有殊尤伟特之士，今愿肄业生童，穷理尽性，致知力行，深得夫修身立政之本，咸油然有笃行君子之风。数年后，恍然见西周菁莪棫朴之盛，而多士青云直上焉，则书院为不虚设，西云之名，藉垂不朽矣。爰为之文，以叙其事如此。钦赐黄马褂、头品顶戴、记名提督、前署云南提督、前云南开化镇总兵、调补广西右江镇总兵、瑚松额巴图鲁、世袭二等男杨玉科云阶氏谨撰。

参考文献

（一）方志

1. 《云南图经志》，郑颙撰，陈文纂修，云南省图书馆据北京图书馆藏明景泰六年刻本传抄庋藏。
2. 《云南志》，周季凤纂，正德年间修撰，明嘉靖三十二年刻本，云南省图书馆据北京图书馆藏明嘉靖三十二年刻本传抄庋藏。
3. 《云南通志》，邹应龙修，李元阳撰，万历四年刻本，云南省图书馆据天津任振采藏明万历四年刻本传抄庋藏。
4. 《滇志》，刘文征撰，北京大学图书馆据明天启五年刻本传抄庋藏，云南省图书馆据此传抄本再次传抄庋藏。
5. 《滇史》，诸葛元声编，云南省图书馆据上海图书馆藏明万历四十六年刻本传抄庋藏。
6. 《滇略》，谢肇淛撰，秦光玉校，云南省图书馆据上海图书馆藏文澜阁四库全书本传抄庋藏。
7. 《云南通志馆征集云南省各县旧日书院资料》，云南通志馆汇辑，民国二十年至民国二十三年抄本，现藏于云南省图书馆。
8. 《滇南杂志》，曹春林编，嘉庆五年刊本。
9. 《云南通志》，范承勋等修，王继文撰，民国十九年重印本。
10. 《云南通志》，鄂尔泰修，靖道谟撰，清乾隆元年刻本。

11.《云南通志稿》，阮元等修，靖道谟等纂，道光十五年刻本。
12.《云南通志》，岑毓英等修，陈灿等纂，光绪二十年刻本。
13.《续云南通志稿》，王文韶等修，唐炯等纂，光绪二十七年刻本。
14.《滇系》，师范纂，嘉庆十三年修，云南官书局据清嘉庆二十二年刻本重新刊印版。
15.《新纂云南通志》，龙云、卢汉修，周钟岳等纂，1949 年云南省通志馆据 1944 年刻本重印，云南人民出版社 2007 年整理本。
16.《续云南通志长编》，民国年间纂修，云南省志编纂委员会 1986 年整理刻印。
17.《云南府志》，范承勋、张毓碧修，谢俨纂，康熙三十五年刊本。
18.《昆明县志》，戴䌹孙纂，光绪二十七年刊本。
19.《昆明市志》，张维翰修，童振藻纂，民国年间刊本。
20.《宜良县志》，袁嘉谷修，许实纂，民国十年刊本。
21.《安宁州志》，朗一桀等纂修，雍正九年木刻本。
22.《呈贡县志》，朱若功纂修，李明蓥续修，光绪十一年刊本。
23.《高峣志》，由云龙修纂，民国二十八年刊本。
24.《续修嵩明州志》，王沂渊等纂修，光绪十三年刊本。
25.《禄丰县志》，刘自唐纂修，康熙五十一年刊本。
26.《晋宁州志》，杜绍先纂修，康熙五十五年刻本。
27.《大理府志》，黄元治等修纂，康熙三十三年刊本，民国二十九年重印本。
28.《大理县志稿》，张培爵修，周宗麟纂，民国五年铅字重印本。
29.《浪穹县志》，樊肇新等纂修，道光二十二年刊本。
30.《浪穹县志略》，罗瀛美修，周沆纂，光绪二十八年修，民国元年重刊本。
31.《赵州志》，庄诚修，王利宾纂，万历十五年刊本。
32.《赵州志》，陈钊镗修，李其馨等纂，道光十八年修，民国三年重刊本。

33.《宾川州志》，周钺纂修，雍正五年刊本。
34.《邓川州志》，高上桂等纂修，道光年间刊本。
35.《云南县志》，项联普修，黄炳堃纂，光绪十六年刊本。
36.《云龙州志》，张德霈等修，光绪十年稿本。
37.《邓川州志》，侯允钦纂修，咸丰四年刊本。
38.《重修邓川州志》，艾自修纂辑，隆武二年刻本。
39.《建水县志》，祝宏等纂修，雍正九年修，民国廿二年重刊本。
40.《蒙自县志》，李焜撰，乾隆五十六年抄本。
41.《石屏州志》，管学宣纂修，乾隆二十四年刊本。
42.《阿迷州志》，王民皞纂修，康熙十二年刊本。
43.《河西县志》，董枢修，罗云禧等纂，乾隆五十三年修，民国十三年重印本。
44.《嶍峨县志》，陆绍闳修，彭学会纂，康熙三十七年木刻本。
45.《通海县志》，魏尽臣、阚祯兆纂修，康熙三十年刊本。
46.《楚雄府志》，徐栻、张泽纂修，隆庆年间刊本。
47.《楚雄府志》，张嘉颖纂修，康熙五十四年刊本。
48.《楚雄县志》，崇谦等修，宣统二年抄本。
49.《姚安县志》，由云龙等修纂，民国三十六年刊本。
50.《姚州志》，额鲁礼、王垲纂修，道光十二年刊本。
51.《大姚县志》，刘荣黼纂修，道光二十五年刊本。
52.《镇南州志略》，李毓兰修，甘孟贤纂，光绪十八年刊本。
53.《南安州志》，张伦至纂修，康熙四十八年刊本。
54.《定远县志》，张彦绅纂修，道光年间刊本。
55.《盐丰县志》，郭燮熙纂修，民国十年刊本。
56.《白盐井志》，刘邦瑞纂修，雍正八年抄本。
57.《白盐井志》，郭存庄纂修，乾隆二十三年刊本。
58.《续修白盐井志》，李训鋐、罗其泽纂修，光绪三十年刊本。
59.《黑盐井志》，沈懋价纂订，康熙四十九年刊本。

60.《重修澄江府志》，李星沅等修，李熙龄等纂，道光二十七年刊刻补抄本。

61.《路南县志》，杨两膏编纂，民国六年抄本。

62.《广南府志》，林则徐等修，李希玲纂，光绪三十一年重抄本。

63.《南宁县志》，毛玉成修，张翊辰等纂，咸丰二年抄本。

64.《宣威州志》，刘沛霖等修，朱光鼎等纂，道光二十四年修抄本。

65.《宣威县志》，陈其栋等修，缪果章、浒澄甫等纂，民国二十三年刻本。

66.《平彝县志》，任中宜纂辑，康熙四十四年刊本。

67.《陆凉州志》，沈生遴纂修，乾隆十七年修，民国二十六年刊本。

68.《罗平县志》，朱纬修，罗凤章纂，民国年间刊本。

69.《寻甸府志》，王尚用等纂修，嘉靖二十九年刊本。

70.《沾益州志》，陈燕等修，韩宝琛、李景贤等纂，光绪十一年刻本。

71.《丽江府志略》，管学宣、万咸燕纂修，乾隆八年刊本。

72.《鹤庆州志》，杨金和、杨金铠修纂，光绪二十年刊本。

73.《剑川州志》，王世贵等纂修，康熙五十三年刊本。

74.《鹤庆府志》，佟镇修，邹启孟、李倬云纂，故宫博物院图书馆藏康熙五十三年刻本。

75.《永昌府志》，刘毓珂等纂修，光绪十一年刊本。

76.《永平县志稿》，江逢僧纂，民国三十五年刊本。

77.《龙陵县志》，张鉴安修，寸晓亭等纂，民国六年刊本。

78.《泸水志》，段成钧纂，民国二十一年石印本。

79.《东川府志》，崔乃镛纂辑，方桂纂修，乾隆二十六年刊本。

80.《续修东川府志》，余泽春续纂，冯誉骢增修，光绪二十三年刊本。

81.《巧家县志》，陆崇仁修，汤祚纂，民国三十一年铅印本。

82.《昭通县志稿》，卢金锡等纂，民国二十五年抄本。

83.《昭通志稿》，符廷铨、蒋应澍总纂，杨履干编辑，民国十二年刊本。
84.《大关县志》，张维翰编修，民国三十四年刊本。
85.《绥江县志》，钟灵总编，赵家淑、凌邦宪分修，民国三十五年修撰。
86.《盐津县志》，陈一得编辑，民国三十八年刊本。
87.《恩安县志稿》，戴芳、马洲编纂，乾隆四十年刊本。
88.《永善县志略》，查枢、徐绶、孙谦及门诸生编辑，嘉庆八年始修，光绪年间刘伯墉补。
89.《镇雄州志》，屠述濂、孙思达纂修，乾隆四十九年刊本。
90.《镇雄州志》，吴光汉修，宋成基纂，光绪十三年刊本。
91.《顺宁府志》，朱占科修，周宗洛等纂，光绪卅年刊本。
92.《续修顺宁府志》，党蒙修，周宗络纂，光绪年间刊本。
93.《开化府志》，汤大宾修，赵震纂，乾隆二十三年刊本。
94.《马关县志》，张自明修，王富臣等纂，民国二十一年石印本。
95.《普洱府志》，梁星源、李熙龄纂修，道光三十年刊本。
96.《普洱府志》，陈宗海修纂，光绪二十三年刊本。
97.《思茅厅志》，李熙龄原撰，魏锡经辑次，光绪十一年抄本。
98.《威远厅志》，谢体仁纂修，道光十七年刻本。
99.《蒙化府志》，蒋旭纂，云南省图书馆藏清光绪七年重刻康熙卅七年本。
100.《景东县志稿》，侯应中纂，民国十二年石印本。
101.《腾越厅志》，陈宗海修，赵端礼纂，光绪十三年刊本。
102.《腾越州志》，屠述濂纂修，光绪二十三年重刊本。
103.《腾冲县志稿》，李印泉修，刘楚湘纂，民国三十年刊本。
104.《元江志稿》，黄元直修，刘达式纂，民国十一年铅印本。
105.《新平县志》，李诚纂修，道光四年刊本。
106.《新平县志》，吴卓如修，马太元等纂，民国二十二年石印本。

107.《广西府志》，周采等修，李绶等纂，乾隆四年刊本。
108.《师宗州志》，管抡纂修，康熙五十六年修，雍正七年增刊本。
109.《弥勒州志》，傅腾蛟等修，秦仁等纂，乾隆三年刊刻传抄本。
110.《泸西县志》，纂修者不详，民国年间抄本。
111.《武定府志》，王清贤、陈淳纂修，康熙二十八年刊本。
112.《武定直隶州志》，郭怀礼、孙泽春纂修，光绪四年刊本。
113.《禄劝县志》，许实纂修，民国十四年铅印本。
114.《大明一统志》，李贤、彭时等纂修，天顺五年成书刊刻，四库全书本。

（二）史料集

1. 陈谷嘉、邓洪波主编：《中国书院史资料》，浙江教育出版社 1996 年版。
2. 季啸风等：《中国书院辞典》，浙江教育出版社 1996 年版。
3. 朱有瓛：《中国近代学制史料》，华东师范大学出版社 1989 年版。
4. 陈元晖：《中国近代教育史资料汇编》，上海教育出版社 2007 年版。
5. 舒新城：《近代中国教育史料》，中国人民大学出版社 2012 年版。
6. 邓洪波：《中国书院学规》，湖南大学出版社 2000 年版。
7. 邓洪波主编：《中国书院章程》，湖南大学出版社 2000 年版。
8. 邓洪波：《中国书院学规集成》，中西书局 2011 年版。
9. 孟宪承等编：《中国古代教育史资料》，人民教育出版社 1961 年版。
10. 赵所生、薛正兴：《中国历代书院志》，江苏教育出版社 1995 年版。
11.《海镜书院给示勒石碑记》，《华宁史料类编》，华宁县志编委员 1986 年 5 月编，内部发行。

（三）著作

1. 邓洪波：《中国书院史》，武汉大学出版社 2012 年版。
2. 白新良：《明清书院研究》，故宫出版社 2012 年版。
3. 王炳照：《中国古代书院》，商务印书馆 1998 年版。
4. 徐雁来：《清代东南书院与学术及文学》，安徽教育出版社 2007 年版。
5. 肖永明：《儒学·书院·社会——社会文化史视野中的书院》，商务印书馆 2007 年版。
6. 蔡寿福主编：《云南教育史》，云南教育出版社 2001 年版。
7. 孙培青：《中国教育史》，华东师范大学出版社 2009 年版。
8. 杨慎初等：《岳麓书院史略》，岳麓书社 1986 年版。
9. 张正藩：《中国书院制度考略》，江苏教育出版社 1985 年版。
10. 胡昭曦：《四川书院史》，巴蜀书社 2000 年版。
11. 李国钧等：《中国书院史》，湖南教育出版社 1994 年版。
12. 陈元晖：《中国古代的书院制度》，上海教育出版社 1981 年版。
13. 李弘祺等：《中国书院》，上海教育出版社 2002 年版。
14. 王涵：《中国历代书院学记》，首都师范大学出版社 2010 年版。
15. 刘少雪：《书院改制与中国高等教育近代化》，上海交通大学出版社 2004 年版。
16. 金敏、周祖文：《儒家大学堂：长江流域的古代书院》，浙江大学出版社 2005 年版。
17. 白新良：《中国古代书院发展史》，天津大学出版社 1995 年版。
18. 陈谷嘉、邓洪波：《中国书院制度研究》，浙江教育出版社 1997 年版。
19. 徐梓：《元代书院研究》，社会科学文献出版社 2000 年版。
20. 李兵：《书院与科举关系研究》，华中师范大学出版社 2005

年版。
21. 朱汉民、邓洪波、高峰煜：《长江流域的书院》，湖北教育出版社 2004 年版。
22. 李才栋：《江西古代书院研究》，江西教育出版社 1993 年版。
23. 丁钢、刘琪：《书院与中国文化》，上海教育出版社 1992 年版。
24. 吴万居：《宋代书院与宋代学术之关系》，（台湾）文史哲出版社 1991 年版。
25. 刘伯骥：《广东书院制度》，（台湾）“国立编译馆”中华丛书编审委员会 1978 年版。
26. 刘卫东、高尚刚：《河南书院教育史》，中州古籍出版社 1991 年版。
27. 胡青：《书院的社会功能及其文化特色》，湖北教育出版社 1996 年版。
28. 王欣欣：《山西书院》，三晋出版社 2009 年版。
29. 樊克政：《中国书院史》，（台湾）文津出版社 1995 年版。
30. 卞孝萱、徐雁平编：《书院与文化传承》，中华书局 2009 年版。
31. 李才栋：《白鹿洞书院史略》，教育科学出版社 1989 年版。
32. 邓洪波：《湖南书院史稿》，湖南教育出版社 2013 年版。
33. 《新唐书》，欧阳修等撰，中华书局 1975 年点校本。
34. 《明史》，张廷玉等撰，中华书局 1974 年点校本。
35. 《清史稿》，赵尔巽等撰，中华书局 1977 年点校本。
36. 陈富贵：《清代昆明书院研究》，云南师范大学 2012 年未刊硕士学位论文。
37. 党洁：《云南古代书院的历史研究》，云南师范大学 2013 年未刊硕士学位论文。
38. 薛梅：《云南五华书院研究》，云南师范大学 2006 年未刊硕士学位论文。
39. 《光绪朝东华录》（四），中华书局 1958 年版。

40.《清季各省兴学史》，炎培辑，近代中国史料丛刊续编第六十六辑，沈云龙主编，文海出版社 1979 年版。
41. 盛朗西：《中国书院制度》，中华书局 1934 年版。
42. 李元阳：《李中溪先生全集》，民国元年刻本。
43.《教育行政杂志》，杨觐东编纂，云南官书局光绪三十二年十二月十五日初版。
44.《云南教育概况》，教育司编辑处编，民国十二年八月印。
45.《云南高等学堂改良章程》，云南学务处订，光绪三十二年三月刊刻，云南省图书馆藏。
46.《袁枚全集》（五），江苏古籍出版社 1993 年版。
47.《罗汝芳集》，凤凰出版社 2007 年版。
48.《罗洪先集》，凤凰出版社 2007 年版。
49.《袁嘉谷文集》，云南人民出版社 2001 年版。
50. 张维：《袁嘉谷传》，云南教育出版社 2001 年版。
51.《章太炎全集》第五卷，上海人民出版社 1986 年版。
52.《彩云书院条规》，道光十九年刻本，云南省图书馆藏。
53.《桂香书院条规》，《新平县志·教育》卷之四，民国二十二年石印本。
54.《经正书院条规》，光绪十七年刊刻于滇南盐署，云南省图书馆藏。
55.《西云书院章程》，光绪十八年刊刻本，云南省图书馆藏。
56.《金华书院藏书目录》，光绪十年刻本，云南省图书馆藏。
57.《育材书院课艺约刊》，光绪十五年刻印本，云南省图书馆藏。
58.《凤梧课札全集》，道光年间刊刻本，云南省图书馆藏。
59.《经正书院课艺》，初至四集，光绪二十三年至二十六年刊刻本，云南省图书馆藏。
60.《五华课艺初编》，五华书院藏板，五华书院刊刻本，刻印时间不详，云南省图书馆藏。

61.《五华课艺二编》，五华书院藏板，五华书院刊刻本，刻印时间不详，云南省图书馆藏。

（四）论文

1. 毛泽东：《湖南自修大学创立宣言》，《东方杂志》1923年3月第20卷第6号。
2. 胡适：《书院制史略》，《东方杂志》1924年2月第21卷第3号。
3. 曹松叶：《宋元明清书院概况》，《国立中山大学语言历史学研究所周刊》第10集第111—114期（1929年12月—1930年1月）。
4. 刘光智：《云南书院及其向学校的转化过渡》，《云南师范大学学报》1985年第2期。
5. 肇予：《五华、经正、育材书院考略》，《云南教育学校学报》1985年第4期。
6. 温梁华：《昭通地区历史上的书院及义学》，《昭通师专学报》1986年第2期。
7. 温梁华：《云南经正书院及其几位著名人物》，《昆明师专学报》1986年第4期。
8. 温梁华：《五华书院考略》，《昆明师专学报》1987年第3期。
9. 解炳昆、杨友苏：《清代云南的教育概况》，《云南民族学院学报》1987年第4期。
10. 熊巍：《云南的书院》，《云南教育》1990年第3期。
11. 王水乔：《云南藏书史略》，《云南学术探索》1998年第3期。
12. 党乐群：《云南古代的学校》，《云南教育学院学报》1998年第6期。
13. 李天凤：《明清云南书院发展述略》，《教育评论》2003年第2期。
14. 罗春梅：《清代云南临沧地区的学校教育》，《临沧师范高等专科学校学报》2007 年第 4 期。

15. 李兵:《元代书院与程朱理学的传播》,《浙江大学学报》(人文社会科学版)2007 年第 1 期。

16. 谢长法:《宋元时期书院的教化功能刍议》,《山西师范大学学报》(社会科学版)2008 年第 1 期。

17. 徐美君:《论中国古代书院的学术功能》,《四川教育学院学报》2008 年第 1 期。

18. 王建梁:《清代汉学与书院互动之规律初探》,《河北师范大学学报》(教育科学版)2008 年第 1 期。

19. 任佩:《云南古代书院遗影》,《云南档案》2008 年第 1 期。

20. 刘虹、张森:《明清河北书院与科举关系刍议》,《河北师范大学学报》(教育科学版)2008 年第 1 期。

21. 张黎波:《陈灿宦滇述论》,《贵州文史丛刊》2008 年第 2 期。

22. 张黎明:《明清建水书院及文化价值》,《云南农业大学学报》2008 年第 5 期。

23. 李黎:《明代云南书院探析——以方志文献资料为基础的研究》,《西南古籍研究》2010 年总第 7 期。

24. 郑升、赵锦华:《近三十年明清云南书院、文学研究综述与展望》,《长江大学学报》2011 年第 11 期。

25. 赵连稳:《北京清代书院经费支出考察》,《中央民族大学学报》(哲学社会科学版)2011 年第 6 期。

26. 肖永明、于祥成:《书院的藏书、刻书活动与地方文化事业的发展》,《厦门大学学报》(哲学社会科学版)2011 年第 6 期。

27. 张黎明:《尹壮图与云南的书院》,《重庆与世界》(学术版)2012 年第 10 期。

28. 张苇杭:《书院研究的传统和新空间——以云南清代书院既存研究为例》,《学园》2013 年第 12 期。

29. 朱汉民、唐云:《元初江南遗民书院及其文化特色》,《大学教育科学》2014 年第 5 期。
30. 肖雄:《明代云南书院考析——以明清云南方志为中心》,《中国边疆史地研究》2015 年第 2 期。
31. 胡立耘:《清代云南书院的藏书文化遗产》,《山东图书馆学刊》2015 年第 5 期。
32. 田景春:《试论明清时期云南的书院教育》,《昆明学院学报》2015 年第 5 期。
33. 顾建娣:《清代的旗人书院》,《近代史研究》2015 年第 6 期。
34. 何志魁:《明清时期云南书院的教育地位及其文化调适机制》,《大理学院学报》2015 年第 7 期。

后　记

2014年10月，我所主持的教育部人文社会科学研究项目终于顺利结题，本书是在此结题成果的基础上修改而成的。

2009年11月，我有幸获得教育部人文社会科学研究项目基金资助，从事云南传统书院的研究。资助的经费并不多，但已够我购买相关图书及复印资料所用，研究工作可以顺利展开，最终使我能够把研究所得撰写成文。教育部对我这项研究的支持，至今令我心存感激。

萌芽于唐代、兴盛于两宋时期的书院教育，在明代弘治年间进入了云南。通过云南书院的研究，以此为切入口考察云南文化教育发展的途径与历史，其意义与价值自不待言。然而，当庆幸有此经费的支持从事此项研究时，却发现有其研究的难度。

首先是资料收集不易。云南书院史料，主要散见于云南各地古方志中，收集就需要很多的时间。一些常见的古方志，被影印出版，可以复印得来，但有大量的云南古方志为明清刻印本或抄本，并无影印本，而大部分又收藏在云南省图书馆中，按照该图书馆的规定，一般不能复印与拍照，只能手抄，所以需要大量的时间。从2009年至2012年，在教学之余我基本是去云南省图书馆抄史料。在云南省图书馆查阅史料的过程中，除了古方志，还十分幸运地发现民国年间云南通志馆对云南省各地书院所做调查的手写本，整整两大本，我断断续续地用了两个多月时间才把它一字不漏地抄完。此外，还发现了许多由清代云南各书院刊刻的书院课考的优秀文集，部分书院的学规和章程，一些书院的藏书目录。当发现云南省图书馆收藏的这些重要书院史料时，我真有一种可遇不可求的感觉。除了上述书院史料外，我又大量阅读明清两代云南文人以及来自外省的宦滇官员的文集，努力寻找其中与云南书院相关的记载。为了收集更多的史料，我又委托我的研究生去大理、蒙自，我本人也去楚雄、建水，查找书院史料，踏访书院旧址。看着这些通过花费近三年多时间抄录或复印而来的史料，虽然自感辛苦，却有一种劳动之后的喜悦。

其次是资料难于整理。明清时期刊刻的古方志及一些文人的文集，是没有句读的，所以我边抄录边需断句。有限于本人的学力，断句时必须小心理解清楚文意，不厌其烦地反复推敲，力图切近撰写者的本意，害怕断错句误解了文章的本意而又贻误后人，所以这是非常痛苦的研究历程，既花时间又伤脑筋。

最后是项目研究成果的写作过程并不容易。经过三年多时间的史料收集与整理，通过反复阅读史料，进行史料归类，再拟定写作大纲，写作就此展开。写作起来有时思路打开，如山间清泉缓缓流来，绵绵不绝，但更多时候思路却堵滞难通，不知从何写起，不知路在何方，一片茫然。更由于教学工作的繁忙，世事的纷扰，写作的顺畅思路时常被打断；结束手头的工作与俗事，再回过神来进入写作时，思路又不知该如何续起。面对红尘滚滚的世界，我渴望一种简单的生活。当写到明清书院对云南文化教育的影响时，由于史料的缺乏，所写成的内容确实我自己也难能满意，只能有待于日后能有幸发现更多的相关史料，再做进一步的补充与修改。当然，研究最终坚持下来了，书稿最终得以初步完成，花费五年时间的研究最终结题了。令我欣慰的是，我以结题成果申报云南省哲学社会科学学术著作出版基金，却有幸获得资助，这是对我近五年艰辛努力的一种肯定，在此向云南省哲学社会科学规划办致一声诚挚的谢意。

回想我的一个教育部课题做了五年，我十分感谢教育部居然能让我顺利结题。想想诸多学术家们以半年或一年时间就能结题通过，我却用了五年，并且现在的成果并不令我自己十分满意，我真是愚笨啊！但是，反过来考虑，历史研究有其特殊的要求和学术成长规律，研究五年也并不为久了，我认为我应自觉需要并保持这种愚笨，我愿意努力与急功近利的当下偏流保持一定的距离，不愿做肉包子打狗式的课题。

在本书即将出版之际，我的眼前闪过诸多帮助过我的面孔，甚至想象中的面孔，我理应记住他们的名字。在史料整理过程中，我的能有同道之感的赵浴沛先生给我许多中肯的建议，纠正了我断句中的许多错误。史料收集中，我的学生杨雁峰、袁若鹏为我去书院旧址踏访和收集资料。研究初稿写成后，我的学生伏贞阅读了全部书稿，改正了诸多不妥之处；特别是我的恩师云南民族大学普同金先生、马兴东先生和张晓松先生，还有云南师范大学封海清教授、云南省委党校李根教授，给我的书稿提出了许多非常具有见地的修改意见，使我受益良多，这些帮助我必须记住，并深深地致一声感谢，虽然不能表达我的全部心意。当然，妻儿尽量不打扰百忙之中的我的研究工作，努力为我创造独立的思考空间，我也应把这记在心上。

出版过程中，我必须感谢中国社会科学出版社的责任编辑李炳青先生及其同事们，他们为我的书稿逐字逐句地仔细校对，改正了诸多输入错误与错别字，进一步理顺了书稿的文意。本书的出版，浸润着他们的心血，我应铭记于心。

肖　雄

2017 年 1 月于春城